Heinz-Georg Klös
Freundschaft mit Tieren

Heinz-Georg Klös

Freundschaft mit Tieren

Der Altdirektor des
Zoologischen Gartens Berlin
erzählt

Mit 135 Fotos

edition q

Die Deutsche Bibliothek – CIP-Einheitsaufnahme
Klös, Heinz-Georg:
Freundschaft mit Tieren : der Altdirektor des Zoologischen
Gartens Berlin erzählt / Heinz-Georg Klös. –
Berlin : Ed. q, 1997
ISBN 3-86124-331-8
NE: HST

Lektorat: Dr. Jürgen Schebera
Umschlaggestaltung: Atelier Höpfner-Thoma, München
Umschlagfoto: Archiv des Autors
Bildnachweis am Schluß des Buches
Druck- und Bindearbeiten: Ebner Ulm
Printed in Germany

ISBN 3-86124-331-8

Meiner Frau Ursula gewidmet,
in Dankbarkeit und Liebe

Inhalt

Einleitung

Der Altdirektor erzählt – verehrte Leserin, verehrter Leser, sind Sie etwa über den Untertitel meines Buches gestolpert? In der Politik ist es völlig legitim, von Altbundespräsident und Altbundeskanzler zu sprechen, wenn heute z. B. über Richard v. Weizsäcker oder Helmut Schmidt berichtet wird (die ich übrigens beide mehrmals durch unseren Zoologischen Garten führen durfte). Seit ich 1991 nach fünfunddreißigjähriger Tätigkeit in Berlin meinen beileibe nicht ruhigen Ruhestand antrat und das Amt des Zoodirektors meinem Nachfolger Dr. Hans Frädrich übergab, hat es sich nun eingebürgert, daß die Mitarbeiter des Zoologischen Gartens von mir als ihrem „Altdirektor" sprechen und mich auch so begrüßen. Das freut mich natürlich, drückt es doch Verbundenheit über viele Jahre aus, auch Anerkennung meines Lebenswerks, das zu wesentlichen Teilen eben diesem Kleinod inmitten der Millionenstadt Berlin gewidmet war und auch heute noch ist. Soviel zum Altdirektor.

Dem Zoologischen Garten Berlin – seiner Geschichte, seiner Entwicklung, seinen Leistungen – galt 1994 das gemeinsam mit Hans Frädrich und meiner Frau Ursula entstandene Buch „Die Arche Noah an der Spree". Eigentlich wollte ich es dabei belassen. Doch viele Freunde des Zoos, auch viele Leser meiner früheren Bücher fragten immer wieder: „Wollen Sie nicht einmal speziell von ihren Erlebnissen und Begegnungen mit den verschiedensten Tieren berichten?" So habe ich mich schließlich überreden lassen, als mir der Verleger Horst-Wolfgang Haase vorschlug, ein solches Buch zu schreiben.

Wo aber anfangen und wo aufhören, wenn ich zurückblicke auf die in der Tat zahllosen Begegnungen mit Tieren im Laufe von über fünfzig Jahren? Auf die Erlebnisse in der Welt des Zoos ebenso wie bei den zahlreichen Reisen, die mich und meine Frau in die freie Wildbahn ferner Kontinente führten? Es galt also auszuwählen: Ich habe mich dafür entschieden, in diesem Buch zum einen über Tierarten zu berichten, die mir besonders nahestehen, zum anderen über Erlebnisse mit Tieren auf einigen meiner Reisen. Vom Zoologischen Garten Berlin war ja an anderer Stelle schon oft die Rede – wenn ich etwa an unsere Welterstzüchtungen wie Großtrappe, Bandseeadler oder Jamesflamingo denke, oder an unseren legendären Gorilla Knorke und seine Familie, oder an die beiden Riesenpanda-Bären „Bao-Bao" und „Tjen-Tjen", Staatsgeschenk aus China, die Bundeskanzler Helmut Schmidt uns 1980 feierlich übergab.

Tiere waren "meine Welt" schon seit frühester Kindheit. Ich bin 1926 in unmittelbarer Nähe des Wuppertaler Zoos zur Welt gekommen. Mein Vater war wissenschaftlicher Chemiker in den Bayer-Werken, und während er in seinem Labor arbeitete, packte meine Mutter so manchen Tag schon den ganz kleinen Heinz in den Kinderwagen und fuhr mit ihm in den Zoo. Als dann später in der Schule erstmals Berufswünsche abgefragt wurden, nannte ich nicht den Lokführer oder den Automechaniker – damals üblicherweise die „Traumberufe" der Jungs –, sondern sagte ohne zu zögern: „Ich will einmal Zoodirektor werden!" Bald durfte ich im Wuppertaler Zoo, da es dort infolge des Krieges an Wärtern mangelte, nachmittags im Vogelhaus und im Aquarium aushelfen, bis ich selbst eingezogen wurde, als Luftwaffenhelfer und beim Reichsarbeitsdienst zunächst, danach bei der leichten bespannten Artillerie – ein Weg, den viele junge Männer des Jahrgangs 1926 gegangen sind. Dann war der Krieg zuende, ich kam bereits im Juni 1945 aus britischer Kriegsgefangenschaft in Belgien nach Wuppertal zurück und meldete mich unverzüglich wieder bei „meinem" Zoo, wo ich nunmehr in Vogelhaus und Aquarium als richtiger Wärter zu arbeiten begann. Als ich dann endlich zum Sommersemester 1947 die Zulassung zum Studium der Tiermedizin und Zoologie in Gießen bekam, nutzte ich jede Semesterferien, um weitere praktische Erfahrungen mit Tieren zu sammeln: Ich arbeitete als Tierpfleger in Carl Hagenbecks Tierpark in Hamburg-Stellingen, in den Zoos von München-Hellabrunn (unter Direktor Heinz Heck) und Frankfurt (unter Bernhard Grzimek), auch bei den Zirkusunternehmen Carl Hagenbeck und Franz Althoff sowie bei der Tiergroßhandlung Ruhe und in einer Großtierpraxis in Holstein. Auf allen diesen Stationen lernte ich den Umgang mit Tieren „von der Pike auf", wie man wohl dazu sagt.

1953 schloß ich mein Studium erfolgreich ab, im gleichen Jahr beendete ich auch meine Dissertation. Über die Note „summa cum laude" konnte ich mich freuen.

Es folgte eine Anstellung als wissenschaftlicher Assistent im Wuppertaler Zoo, kurz darauf übertrug man mir 1954 die Direktion des im Teutoburger Wald gelegenen Tiergartens Osnabrück, den ich zu einem Zoo umgestaltete – „mit 28 Jahren der jüngste Zoodirektor Deutschlands", wie die Presse damals schrieb. Dort erwarb ich meine ersten Sporen als Zoodirektor: Ich mußte selbst das Futter einkaufen, Gehege planen, den Zoo gestalten (u. a. entwarf ich dort ein dem Waldgelände angepaßtes Zebrahaus), Werbung und Pressearbeit intensivieren und die Verwaltung machen. Chronischer Geldmangel zwang dabei so manches Mal zum Improvisieren.

Dann kam das Jahr 1956. Gerade 30 Jahre alt, widerfuhr mir die große Ehre, am 3. Mai zum Direktor des Zoologischen Gartens Berlin berufen zu werden. Das war eine unglaubliche Herausforderung, der ich mich nach meinem Dienstantritt mit ganzer Kraft stellte. Man muß sich zurückerinnern, wie es damals aussah. Der Zoo Berlin war 1945 in den letzten Kriegstagen direktes Kampfgebiet gewesen, überall hatte man Schützengräben ausgehoben. Am 8. Mai bot sich dann das traurige Bild einer etwa 98prozentigen Zerstörung. Der Zoo mußte vollkommen neu aufgebaut werden. Meine unvergessene Vorgängerin Dr. Katharina Heinroth hatte diese Aufgabe infolge der überall herrschenden Material- und Geldknappheit erst allmählich anpacken können, ein Werk, das also 1956 längst noch nicht vollendet war. Hier erkannte ich meine Chance: nicht nur

11

Im Gespräch mit Prof. Bernhard Grzimek, 1984.

neu, sondern auch nach neuesten Erkenntnissen zu bauen, auch dann, wenn man das Alte erhielt. Dabei hat mich meine Frau Ursula, die ich 1954 bei einem Besuch im Frankfurter Zoo bei meinem Kollegen Prof. Bernhard Grzimek kennengelernt (sie arbeitete dort nach dem Abitur als erste weibliche Zoo-Volontärin Deutschlands) und 1956 geheiratet habe – es war „Liebe auf den ersten Blick" –, nach Kräften unterstützt. Sie hat z. B. das 1975 eröffnete Nachttierhaus entworfen, übernahm danach die Bauleitung und für 12 Jahre die wissenschaftliche Betreuung – alles ehrenamtlich. Und so schufen wir in diesen Jahren einzigartige artengerechte Gehege und damit die Voraussetzung dafür, die Artenvielfalt des Berliner Zoos wiederzugewinnen und neue, herausragende Zuchterfolge zu erreichen.

1962 unternahm ich – nach einem Besuch in Burma und Thailand 1960/61 – mit meiner Frau die zweite größere Fernreise.

Das Land Berlin hatte für den Wiederaufbau des Zoologischen Gartens 15 Millionen DM bewilligt – damals eine enorme Summe. Und da wir glaubten, daß uns die USA, wie auf vielen anderen Gebieten, auch auf unserem Fachgebiet überlegen seien, schickte mich der Aufsichtsrat auf eine 82tägige Tour durch mehr als 40 Zoos der Vereinigten Staaten. Das war ebenso instruktiv wie anstrengend, es gab unglaublich viele Begegnungen und Impressionen, allerdings mit dem Resümee, daß unsere amerikanischen Kollegen auch nur „mit Wasser kochten".

1963 ging es dann in die südafrikanische Provinz Natal, wo meine Frau und ich u. a. zwei Breitmaulnashörner für den Berliner Zoo entgegennahmen und auf der Reise nach Deutschland begleiteten – die ersten Exemplare überhaupt, die nach Europa kamen. Nashörner sind übrigens, das sei an dieser Stelle angemerkt, die eine Tierart, der meine besondere wissenschaftliche Hinwendung gilt. Die andere sind die Anatiden (Enten, Gänse, Schwäne) in ihrer ganzen Artenvielfalt – eine etwas ungewöhnliche Kombination, zugegeben. Auch darüber werde ich berichten.

Es folgten dann in den Jahren 1964 bis 1990 weitere ausgedehnte Studienreisen nach Afrika, Asien, Australien und Nordamerika (speziell Kanada), und natürlich während meiner gesamten Amtszeit von 1957 bis 1991 Besuche in wichtigen Zoologischen Gärten vieler Länder, jeweils anläßlich der Jahrestagungen des Internationalen Verbandes von Direktoren Zoologischer Gärten. Von verschiedenen Tieren, denen ich solchermaßen „on tour" begegnete, soll ebenfalls die Rede sein.

Was die Anordnung meiner Erlebnisberichte betrifft, so habe ich mich für die chronologische Variante entschieden und nicht für eine Gliederung etwa nach Tierarten. Dies bringt mehr Abwechslung in die Lektüre, wie ich finde, zugleich gibt es dem Leser auch die Möglichkeit, Einblicke in die Entwicklung meiner eigenen Persönlichkeit - als Zoologe, Tiermediziner und Zoodirektor - zu gewinnen.

Freundschaft mit Tieren: Möge das vorliegende Buch allen Tierfreunden einige Stunden der Erbauung bescheren, und möge

Mit Horst Schallon vom SFB vor der Eisbärenanlage des Berliner Zoos, bei der 1000. Sendung „Freundschaft mit Tieren" am 23. Mai 1975.

es dazu beitragen, daß wir Menschen uns ein weiteres Mal der Verantwortung bewußt werden, die wir – in einem Zeitalter zunehmender Weltbevölkerung und permanenter zivilisatorischer Eingriffe in die Natur – für den Erhalt unserer Tierwelt mit ihrer faszinierenden Artenvielfalt tragen. Niemand kann uns diese Verantwortung abnehmen.

Mein Dank gilt dem Sender Freies Berlin, der mir gestattete, den Titel „Freundschaft mit Tieren" für dieses Buch zu benutzen. So hieß meine allsonntägliche Sendung, die ich von 1957 bis zum 31. 8. 1991 insgesamt 1802mal zusammen mit den SFB-Reportern Hannes Borckmann, Horst Schallon und Hans-Dieter Kock gestalten konnte.

Berlin, Zoologischer Garten, im Herbst 1996

Heinz - Georg Klös

Prof. Dr. Dr. h. c. Heinz-Georg Klös

1
Treibjagd auf „Alex"

Der Wuppertaler Zoo war meine erste „Heimat", dort hatte ich bereits nach Rückkehr aus der Kriegsgefangenschaft ein Jahr als Tierpfleger gearbeitet. Und auch während des Studiums kehrte ich in den Semesterferien immer wieder in „meinen" Zoo zurück, um weitere praktische Erfahrungen zu sammeln. Dabei sollte ich auch Zeuge einer spektakulären Flucht und Beteiligter an der sich anschließenden tagelangen dramatischen Jagd nach dem Ausreißer werden.

Die Affenfreianlage des Wuppertaler Zoos hatte ihre Tücken. Denn trotz ihres 4 Meter breiten Absperrgrabens hatte noch jeder Affe, dem es danach gelüstete, den Weg in die Freiheit gefunden.

Dieser mißliche Umstand war Zoodirektor Dr. Müller schon lange ein Dorn im Auge, und da man gerade dabei war, das veraltete Affenhaus umzubauen, ging es im Frühling 1952 auch der Felsenanlage mit Hammer und Spitzhacke zu Leibe, und Student Heinz Klös arbeitete kräftig mit. Die Zooleute mutmaßten, daß den Affen die Absprungbasis genommen sei, wenn man dem Felsen zwei Meter seiner bisherigen Höhe wegnahm. Kurz vor Pfingsten 1952 war der Umbau vollendet.

Im Zoo Wuppertal war es seit altersher Sitte, zu den Feiertagen mit irgendeiner Neuerwerbung oder Ergänzung des Tierbestandes aufzuwarten. Die modernisierte Affenfreianlage gab dazu einen besonders willkommenen Anlaß.

Die ersten Pfingstbesucher, die sich bei strahlendem Sonnenschein früh morgens im Park einfanden, erlebten das eindrucksvolle Schauspiel, wie eine Herde von zwölf Dschelada-Pavianen ihren Einzug hielt. Der Anführer, ein riesiges

Während der Semesterferien 1950 und 1951 als Tierpfleger im Zoo Wuppertal, mit der Schimpansin „Zara" und der Asiatischen Elefantenkuh „Pengani".

Männchen mit einer langwallenden, zottigen Schultermähne, wirkte besonders attraktiv. Von seinen Untertanen, einem ausgewachsenen Weibchen mit einem Säugling an der Brust und einer gemischen Gruppe Halbwüchsiger, wurde er mit allen Zeichen tiefster Ergebenheit behandelt.

Anscheinend ging alles gut. Ungeniert zeigten sich die Paviane tagsüber vor den Besuchern, und am Abend ließen sie sich bereitwillig in den Nachtstall einsperren, den sie bequem durch eine eingebaute Luke erreichen konnten.

Am zweiten Tag nach dem Einzug der Pavianherde, kurz vor Schließung des Zoos, packte den alten Affenpascha dann plötzlich ein unwiderstehlicher Freiheitsdrang. Vielleicht war er des Angestarrtwerdens müde, vielleicht hatte er aber auch nur einfach keine Lust, den schönen Maiabend im dunklen Käfig zu verbringen – mit einem Riesensatz übersprang er jedenfalls plötzlich den Absperrgraben und verschwand zwischen den entsetzt zurückweichenden Besuchern im Gebüsch des Parks. Die Pavianfrau, die ihren Ehemann so ohne Abschied entschwinden sah, packte kurzentschlossen ihren jüngsten Sprößling beim Wickel und sprang blindlings hinterher.

Als der Tierpfleger Norbert Fahle, durch den Tumult herbeigerufen, eiligst auf der Bildfläche erschien und Großalarm schlug, war keine Spur mehr von ihnen zu entdecken. Jedes Gebüsch wurde sorgfältig durchkämmt, aber die Razzia blieb erfolglos. Schließlich traf das Suchkommando, dem ich mich angeschlossen hatte, ein paar Besucher, die beobachtet hatten, wie der Pavianmann die Zoomauer überkletterte.

Wie immer, wenn unserem Zoo ein Affe entsprang, kam auch diesmal die erste Nachricht von der benachbarten Hautklinik. Eine Krankenschwester, die man als Melder losgeschickt hatte, sprang atemlos vor dem Zootor vom Fahrrad und berichtete, ein großer Affe säße ungeniert auf dem Fensterbrett vor dem Arztzimmer. Unverzüglich nahmen wir die Spur auf; aber als wir an Ort und Stelle waren, hatte der Pavian längst wieder das Weite gesucht.

Natürlich war die Flucht der Paviane in Windeseile ruchbar geworden. Während wir die bewaldeten Hänge oberhalb des

Zoos durchstreiften, begegneten wir einer buntgemischten Schar von Spaziergängern, Anwohnern der umliegenden Häuser und einigen Patienten der Hautklinik in gestreifter Krankenkleidung, die sich an der Affenjagd beteiligten. An einem Bahnübergang der Burgholz-Kleinbahn trafen wir eine junge Dame mit ihrem Begleiter, die unserer bisher erfolglosen Pirsch endlich Richtung geben konnte. „Wir schlenderten gerade nichtsahnend den schmalen Pfad neben dem Gleis entlang, als uns etwas entgegenkam, das wir im ersten Augenblick für ein braunes, wolliges Schaf hielten", berichtete sie uns bereitwillig. „Es trottete gemütlich auf uns zu, aber als es dann auf wenige Meter rangekommen war, erkannten wir den großen Pavian, den wir noch kurz vorher auf dem Affenfelsen im Zoo bewundert hatten. Im gleichen Augenblick bog auch schon laut pfeifend ein Zug um die Kurve, und da schlug sich der Affe voller Schrecken seitlich in die Büsche. Wir sind dann schnell zum nächsten Haus gelaufen und haben den Zoodirektor angerufen. Wissen Sie, was er auf die Frage, was wir tun sollten, antwortete? ‚Beobachten Sie ruhig weiter!'" Das Pärchen beendete die Schilderung seiner Abenteuer halb entrüstet, halb lachend.

Unser malerischer Trupp, dem sich immer mehr Teilnehmer angeschlossen hatten, setzte sich sofort in die angegebene Richtung in Bewegung. Ein Schrebergärtner, den wir unterwegs um Auskunft baten, erzählte aufgebracht, daß ihm der Affe bereits am Vormittag begegnet sei und daß er in ihm just den Übeltäter erkannt habe, der bereits vor vier Wochen seine Frau belästigt hatte.

Überzeugt von der Aussichtslosigkeit, den Affen in dem dichten Unterholz aufzuspüren, und von der Hoffnung beseelt, daß er sich von allein wieder bei seiner Herde einfinden werde, traten die Tierpfleger ihren Rückzug zum Zoo an.

Doch noch bis zum Einbruch der Dunkelheit konnte ich die Amateur-Affenjäger bei der Jagd beobachten. Kläffte irgendwo ein Hund, dann rannte man hoffnungsfreudig in die Richtung. „Wenn einer Aussicht hat, den Affen zu fangen, dann ist es dieser Mann hier", erklärte ein Patient der Hautklinik und zeigte auf einen Genossen im gestreiften Anzug, der sich gerade

Der prachtvolle Dschelada-Pavian „Alex".

durch dichtes Gestrüpp hindurcharbeitete. „Der ist Berufsartist, starker Mann und Eisenfresser, so 'ne Art Fakir, dem kann auch der wildeste Affe nicht widerstehen. Bei uns in der Klinik hat er bereits drei Aschenbecher aus Bakelit und drei Glühbirnen mit Stumpf und Stiel verzehrt. Dem ist auch vor 'nem Affen nicht bange."

Die Schaffner und Passagiere einer vorbeifahrenden Bahn trugen ebenfalls dazu bei, die Affenjäger in Atem zu halten. Wild gestikulierend zeigten sie im Vorbeifahren in irgendeine Richtung, in der sie das Tier gesichtet haben wollten. Darauf setzte sich die ganze Truppe erneut in Bewegung.

Während sich oben auf den Höhen diese Possen abspielten, hatte sich der Pavian längst wieder im Zoo eingefunden. In einer abgelegenen Parkecke war er der Frau des Affenpflegers über den Weg gelaufen und hatte sie durch sein bösartiges Grimassenschneiden in die Flucht gejagt. Beinahe hätten ihn die Tierpfleger, von der wackeren Frau schleunigst zusammengetrommelt, erwischt, als er gerade durch das Kellerfenster des Verwaltungsgebäudes einsteigen wollte.

Aber eben nur beinahe!

Als die Dunkelheit der Jagd endgültig ein Ende setzte, wußten wir nur, daß sich der Pavian irgendwo im Gestrüpp am großen Teich verborgen hielt. Zwar waren wir am anderen Morgen vor Tau und Tag auf den Beinen, aber da hatte er sich im Schutze der Dunkelheit längst wieder aus dem Staub gemacht.

Vielleicht ahnte er, daß es ihm an den Kragen ging. Ein ausgewachsener Dschelada-Pavian hat das Gebiß eines Leoparden, die Größe eines Schäferhundes und die Kraft eines gut trainierten Ringkämpfers. So dekorativ er in sicherem Verwahr eines Zookäfigs wirken mag, so ungern sieht man ihn in der Nähe einer Großstadt frei herumstrolchen, und daher hatte die Polizei, von Dr. Müller unmittelbar nach der Flucht der Paviane alarmiert, Abschußbefehl gegeben. Aber dazu mußte man ihn natürlich erst einmal in der Schußlinie haben. Instinktiv schien er zu fühlen, von welcher Seite ihm Gefahr drohte. Harmlosen Spaziergängern lief er oft genug in den Weg. Sobald aber die mit Karabinern und Pistolen bewaffnete Polizei auf dem Plan erschien, nahm er schleunigst Reißaus.

Selbst des Nachts gab es für die Affenjäger keine Ruhe. Stündlich trafen bei der Polizei und bei der Zoo-Verwaltung neue Standortmeldungen ein.

Wie immer bei solchen Gelegenheiten gab es auch einige groteske Fehlanzeigen. „Kommen Sie schnell her, einer der entsprungenen Affen sitzt in unserer Speisekammer!" flehte eines Nachts eine aufgeregte Stimme am Telefon, und als die Besatzung des Peterwagens in meiner Begleitung mit gezückten Pistolen in die Kammer eindrang, entwischte gerade ein Eichhörnchen, das sich seelenruhig an den Vorräten gütlich getan hatte, aus dem Fenster.

Kein Wunder, daß wir skeptisch wurden. Und als am darauffolgenden Nachmittag wieder eine Meldung aus der Nachbarschaft eintraf, verfolgten wir die Spur mehr aus Pflichtgefühl als aus Überzeugung. „Nee, wat hab ich für 'nen Schreck gekriegt", wurde der Suchtrupp von einer aufgeregten Hausfrau an der Tür empfangen. „Ich wollte gerade meine Hühner füttern, und als ich dann wie immer mein ‚Komm – tuck – tuck' rief, da erschienen nicht nur das Federvieh, sondern gleichzeitig zwei Affen, um sich an den Körnern zu laben". Der Steckbrief, den sie anschließend gab, paßte haargenau auf das Pavianweibchen und seinen Sprößling. Als die Frau jetzt – diesmal unter Polizeibewachung – in den Garten eindrang, war von den beiden Affen zunächst nichts zu entdecken. Schon wollten wir resigniert die Suche aufgeben, als alle durch das ängstliche Gackern eines Huhnes aufmerksam wurden, dem die Paviane als Untermieter in ihrem Gehege nicht ganz geheuer vorkamen und das nun ihr Versteck verriet.

Als das Pavianweibchen die Verfolger so dicht auf den Fersen spürte, schüttelte es kurzentschlossen den Sprößling, der nach Affenkindermanier auf dem Rücken der Alten saß, ab und rettete sich in den Innenstall. Dort brütete eine Glucke auf den Eiern. Sie flatterte mit entsetzem Geschrei zur Tür hinaus, als sich der Affe in dem Nest zu verstecken suchte. Nach einem kurzen Handgemenge, bei dem der Tierpfleger Norbert das Hühnernest als Schild mißbrauchte, hielt er schließlich die Pavian-Dame fest beim Wickel. Das Affenkind hatte ich schon kurz vorher etwas weniger dramatisch beim Schwanz erwischt.

Nach beendeter, erfolgreicher Jagd fuhren wir mit unseren Gefangenen im Peterwagen zurück zum Zoo. „Drei Tage Arrest", meinte einer der Schupos vergnügt grinsend, als die Ausreißer wieder sicher waren.

Der Affenpascha, der nicht gewillt war, seine Freiheit um ein paar Weizenkörner zu verkaufen, hielt uns indes immer noch in Atem. Dabei war er aber keineswegs spurlos verschwunden. Es verging kein Tag, an dem er nicht von Spaziergängern oder den Anwohnern der Höhen am Zoo gesichtet wurde. Wie die Augenzeugen berichteten, schlich er durchaus nicht wie von schlechtem Gewissen getrieben einher, sondern promenierte mit der gemessenen Würde eines Potentaten über die Waldwege. Auf all zu enge Tuchfühlung legte er allerdings keinen Wert, sondern verschwand bei Annäherung im dichten Unterholz.

Nachdem er durch sein friedliches Verhalten bei solchen Begegnungen immer wieder bewiesen hatte, daß er keine aggressiven Absichten hegte, wurde der Abschußbefehl zurückgezogen, und wir beschlossen nun, ihn nach Möglichkeit lebend einzufangen.

Von alters her spielten Frauen eine ausschlaggebende Rolle, wenn es galt, dem Freiheitsdrang des Mannes Zügel anzulegen. Von dieser Binsenwahrheit ausgehend, wollten wir versuchen, den einsamen Pavianmann zu bezirzen. Eilig bauten die Zoohandwerker eine Kastenfalle, in der nun ein paar hübsche Pavianmädchen sozusagen als Animierdamen ihren Einzug hielten. Entweder aber war der Pavian doch standhafter als wir vermutet hatten, oder er hatte irgendwie Lunte gerochen: Die Pavianmädchen ließen ihre Reize umsonst spielen, buchstäblich für die Katz. Denn die einzige Ausbeute dieser listig erdachten Fangmethode war ein alter schwarzer Kater, dem wir am anderen Morgen mit ein paar unhöflichen Redensarten die Freiheit wiedergaben.

Am achten Tag nach seiner Flucht, als wir im Zoo fast schon die Hoffnung aufgegeben hatten, erwischten wir den Burschen endlich in einem Schrebergarten. Eine groß angelegte Treibjagd, die sechs Stunden dauerte und an der sich außer den Tierpflegern und mir das Überfallkommando, ein Peterwagen, der Brotwagen einer Bäckerei und ein Heer von Kindern und Erwachsenen beteiligte, war dem vorangegangen.

Gegen Mittag hatten die Bewohner einer Siedlung auf den östlichen Berghängen oberhalb des Zoos die Nachricht durchgegeben, daß der Pavian wie schon am Vortage in der Nähe herumstrolche.

Des dauernden Mißerfolges müde, beschlossen wir dieses Mal, Nägel mit Köpfen zu machen und verstärkten die Tierfang-Expedition, die aus dem Obertierpfleger Willi Becker, zwei Tierpflegern, mir und der Funkstreife bestand, durch weitere zehn herbeigerufene Beamte des Überfallkommandos.

Während der nun einsetzenden Treibjagd, bei der wir die umliegenden Waldstücke systematisch durchkämmten, wurde der Pavian verschiedene Male aus nächster Nähe gesichtet. Trotzdem gelang es ihm zum Schluß doch noch, sich im dichten Unterholz zu verbergen und den Verfolgern ein Schnippchen zu schlagen. Als die Funkstreife nach fast dreistündigem Einsatz die Suche abblies, hatten wir jede Spur verloren.

Zurück blieben die Tierpfleger und ich. Diesmal waren wir zum Äußersten entschlossen, und während wir uns in einer Gartenwirtschaft von den Strapazen der vorangegangenen Jagd erholten, faßten wir den Plan, die Jagd auf eigene Faust fortzusetzen.

Ein paar Kinder, die in der Nähe wohnten und die von ihren Streifzügen her jeden Weg und Steg kannten, schlossen sich uns als Pfadfinder an. In allerkürzester Zeit war ihre Zahl bereits auf über 40 angewachsen, so daß ein Uneingeweihter an einen Schulausflug denken mochte. Allerdings entsprachen der Obertierpfleger, der mit einem geschulterten Drilling die Spitze übernommen hatte, und die beiden anderen Tierpfleger, die seine Befehle an die „Truppe" weitergaben, nicht ganz den landläufigen Vorstellungen von einer Landpartie. In einem Tal trafen wir nach längerem, vergeblichen Suchen endlich wieder auf die Spur des Ausreißers. Ein hier ansässiger Mann erzählte sehr aufgebracht, daß sich der Affe bis vor einer halben Stunde in seiner Scheune herumgetrieben habe. Seine Frau hätte das Untier jedoch mit dem Besen verjagt, denn schließlich könne ihr niemand eine solche Nachbarschaft zumuten. Das Entsetzliche aber sei, daß nun auch sein zweijähriges Kind spurlos verschwunden sei.

Es dauerte eine ganze Weile, bis ich ihn überzeugt hatte, daß sich der Pavian von Gräsern, niemals aber von kleinen Kindern ernähren würde.

Nach diesem Zwischenfall setzte sich der Trupp erneut in Bewegung. Wir waren noch nicht weit gegangen, als eines der Kinder den Ausreißer mitten in einer saftig-grünen Wiese entdeckte. Während er sich seelenruhig ein Grasbüschel nach dem anderen einverleibte, hielten wir erneut Kriegsrat. Unterhalb des an die Wiese angrenzenden Waldstückes lag eine Schrebergarten-Siedlung, und darauf bauten wir nun unseren Plan. Falls es gelingen würde, den Pavian in die Siedlung zu treiben, die außerdem den vielversprechenden Namen „In der Hoffnung" trug, dann konnten wir ihn mit etwas Glück vielleicht in einen Schuppen oder in ein Haus lotsen.

Die Treiberkette, die dank der großen Kinderschar recht engmaschig gebildet werden konnte, schwärmte fächerförmig aus und trieb den Pavian, der wie vorgesehen in den Wald flüchtete, dicht vor sich her. Gelegentlich verloren wir ihn zwar für ein paar Minuten aus den Augen, aber wir wußten jetzt, daß wir ihm dicht auf den Fersen waren. Schon konnten wir beobachten, wie er programmgemäß über eine Wiese hinweg zur Gartensiedlung lief, als plötzlich ein großer Schäferhund auftauchte und ihn so wütend attackierte, daß er spornstreichs umdrehte und in den Wald zurückrannte.

Zum wiederholten Mal mußten wir daraufhin neue Treiberketten bilden und den Affen aus dem Wald zurück in die Siedlung jagen. Als wir schon ganz außer Puste geraten waren, sprang der Pavian über einen Gartenzaun und verschwand zwischen dem Gewirr der Gartenhäuschen und Schrebergärten in ein Brombeergestrüpp. Inzwischen war natürlich die ganze Siedlung auf den Beinen, und man nahm an der Affenjagd teil. Um das Grundstück herum wurde ein Treiberkessel gebildet, der langsam immer enger gezogen wurde, bis wir das Brombeergestrüpp auf wenige Meter eingekreist hatten. Zwischen den Ranken hindurch konnten wir das Gesicht des Affen erkennen, der seinen Widersachern wütend die Zähne zeigte.

Aber ewig konnten wir ihm auch nicht so Auge in Auge gegenüberstehen. „Ein Königreich für eine Kiste oder ein Fangnetz", dachte ich verzweifelt, während der Obertierpfleger von einem benachbarten Hause aus telefonisch die nötigen Fanggeräte herbeiorderte. Auch die Funkstreife hatte er vorsichtshalber alarmiert. Als die Schupos kurz darauf in der Siedlung auftauchten, schleppte gerade eine alte Frau hilfsbereit eine große Zinkwanne herbei, damit wir diese dem Pavian anstelle einer Kiste über den Kopf stülpen sollten.

26

Sei es nun, daß der Affenpascha diese Fangmethode für unter seiner Würde hielt, oder daß ihn das plötzliche Auftauchen der Gesetzeshüter so außer Fassung brachte: Mit einem verzweifelten Satz durchbrach er den Kreis und flüchtete über eine Hecke hinweg ins Nachbargrundstück.

Aber dieses Mal sollte er nicht wieder entwischen. Der Verfolger waren zu viele. Aus jedem Weg, aus jedem Haus tauchten neue Menschen auf, so daß er in seiner Not keinen anderen Ausweg fand, als sich in einen baufälligen Schuppen, einen ehemaligen Karnickelstall, zu retten. Als nun noch der Affenpfleger Norbert, der ihm am dichtesten auf den Fersen war, die Türe hinter ihm zusperrte, saß er endgültig in der Falle.

Inzwischen war auch der Zoodirektor Dr. Müller mit dem Lastwagen eingetroffen, auf dem sich eine große Transportkiste und ein weiteres Aufgebot von Tierpflegern befanden. Die schwierigste Aufgabe stand noch bevor: den Pavian aus dem Schuppen heraus in die Kiste zu lotsen, die wir nach einigem Herumprobieren mit ihrer Öffnung genau vor die Schuppentüre gebracht hatten, so daß ihm kein anderer Ausweg blieb. Während ein Schupo durch die Bretterritzen eine gehörige Portion Tränengas und Chloroform in den Schuppen hineinblies, warteten die Zuschauer und die Tierpfleger, die den Kistenschieber bedienten, gespannt auf die Wirkung der Betäubungsmittel. Ein paar Sekunden vergingen in atemloser Spannung, dann fegte plötzlich wie von Furien gejagt, eingehüllt in einer Wolke von Chloroform, der Pavian mit großem Gepolter in die Kiste. Als der Schieber blitzschnell hinter ihm zufiel, ging ein lautes, befreiendes „Aah" durch die Zuschauermenge, die sich immer dichter in dem Schrebergarten zusammengedrängt hatte. Damit war der Pavianjagd das Halali geblasen.

Auf schnellstem Wege ging es nun zurück zum Zoo. Denn wirklich beruhigt sein konnten wir erst, wenn der Pavian endlich wieder im sicheren Verwahr eines solide vergitterten Käfigs saß.

Das Wiedersehen mit seiner Herde verlief nach alter Affensitte mehr turbulent als rührend. Zunächst knallte er den gerade in bequemer Reichweite stehenden Untertanen – anscheinend um einer Gardinenpredigt vorzubeugen – ein paar gepfefferte Ohrfeigen an die Backe. Nachdem er so schlagend bewiesen hatte, daß er auch weiterhin als Herdenführer zu respektieren sei, gestattete er seiner Lieblingsfrau mit einer herablassenden Geste, ihm den Pelz zu lausen.

Von den Tierpflegern wurde er nun „Alex" getauft, und die Besatzung des Peterwagens „Alex III", die acht Tage lang in der freien Wildbahn rund um den Zoo auf Affenjagd gewesen war, stand dabei Pate.

Trotz seiner imponierenden Größe war „Alex" bisher nur einer von vielen gewesen. Jetzt aber wurde er zum Star Nr. 1, und vor seinem Käfig drängten sich täglich die Besucher, die alle mit eigenen Augen den Affen sehen wollten, der eine ganze Woche lang die Stadt in Atem gehalten hatte.

2
Als „Kutscher" und Volontär beim Zirkus

Zoodirektor wollte ich werden, das stand fest. Also war mir zu Beginn meines Studiums in Gießen völlig klar: Wenn ich diese Laufbahn einschlagen will, dann muß ich mir ein möglichst breites Spektrum praktischer Erfahrungen aneignen. Damals war der Studiengang noch anders aufgebaut als heute. Es gab das 14wöchige Sommersemester, auf das drei Monate Semesterferien folgten; und das 16wöchige Wintersemester mit anschließend zwei Monaten Ferien. Diese Ferienzeit war natürlich dazu gedacht, den Stoff des vorangegangenen Semesters gründlich aufzuarbeiten. Das tat ich auch, zugleich aber – da ich meine Studienarbeit ordentlich organisiert hatte – „stahl" ich mir jeweils 6 bis 8 Wochen für praktische Arbeit (außer in den Ferien vor dem Physikum und dem Staatsexamen). In den Zoo hatte ich bereits „hineingerochen", für ein Jahr als Tierpfleger in Wuppertal und dann auch in Carl Hagenbeck's Tierpark in Hamburg-Stellingen. Was lag also näher, als sich nun während der Semesterferien einmal dem fahrenden Zirkusvolk und seinen Tieren anzuschließen?

„Kutscher" beim Zirkus Carl Hagenbeck

Damals telefonierte man nicht, wenn man einen solchen Wunsch hatte, man schrieb einen Brief. Und das tat ich nun – und zwar an Fritz Wegener, den Enkel von Carl Hagenbeck und nunmehrigen Direktor des Zirkus, den ich von meiner Arbeit in Stellingen kannte. Er antwortete sehr rasch: „Wenn Sie eine Zeit mit uns reisen wollen – dem steht nichts im Wege. Sie werden natürlich nicht nur zuschauen können, sondern kräftig mitarbeiten müssen. Viel Geld ist dabei allerdings nicht zu verdienen." Ich war hocherfreut, trat im August 1949 bei Direktor Wegener an und wurde als Pferdepfleger eingeteilt, in der Sprache der Zirkusleute „Kutscher". Wir bereisten in dieser Zeit Nordrhein-Westfalen. In meine Heimatstadt Wuppertal kamen wir dabei leider nicht, dieses Vergnügen sollte ich erst ein Jahr später mit dem Zirkus Franz Althoff haben.

Mit Pferden hatte ich bereits zu tun gehabt, als Kind in den Ferien auf dem Bauernhof meines Onkels in Waldeck, und dann während der vormilitärischen Ausbildung sowie beim Militär. Damals mußte jeder Junge im Rahmen der HJ eine solche Ausbildung machen. Mein Vater, der mit dem System nicht viel am Hut hatte, wollte mir das so erträglich wie möglich gestalten. Also bewegte er seine Vorgesetzten der Elberfelder BAYER-Werke dazu, zwanzig Reitpferde zu kaufen. Mit denen wurde dann – für die Söhne seiner Freunde aus „gutem" Hause – in Wuppertal eine Reiter-HJ gegründet. Und alle ihre Mitglieder kamen dann später beim Kriegsdienst natürlich zur bespannten Artillerie. Vielleicht habe ich es also den Pferden zu verdanken, daß ich den Krieg heil und gesund überstand. Mein letztes Pferd „Hannibal" habe ich übrigens, bevor wir in Kriegsgefangenschaft gingen, im Osnabrücker Raum an einen Bauern übergeben.

Doch zurück zum Zirkus Hagenbeck. Jeder „Kutscher" war für vier Pferde verantwortlich, nicht mehr – aber damit hatte er den ganzen Tag ausreichend zu tun: Futter und Wasser heranschleppen, Ausmisten, Striegeln (eine der aufwendigsten Tätigkeiten: ganz wie beim Militär wurden auf der Stallgasse „Striche" ausgeklopft; aber während man bei der Armee 24 Striche je Pferd putzen mußte, wurden im Zirkus Hagenbeck 40 Striche verlangt!), Pflege des schönen Geschirrs (das immer zu glänzen und zu blitzen hatte), Vorbereitung und „Aufputz" der Tiere für die Vorstellungen sowie der „Abputz" danach. Die wippenden Federbüsche auf dem Kopf der Pferde sind übrigens Straußenfedern.

Hagenbeck reiste damals mit fast 100 Pferden (vor dem Krieg waren es immer über 150), wir waren also an die 25 „Kutscher", die jeweils zu sechst in einem Wohnwagen untergebracht waren. Dort ging es eng zu, wie man sich vorstellen kann. Außer den Betten, einem Tisch und einer winzigen Kochnische war kaum etwas vorhanden.

Hagenbeck hatte im Krieg seinen gesamten Zirkus in Wien verloren und mußte 1949 ganz neu anfangen. Dies gelang Lorenz Hagenbeck und Fritz Wegener sehr gut, das Unternehmen gehörte, als ich dort arbeitete, wieder zu den größten Zirkusbetrieben in Deutschland, nach Franz Althoff und Carl Krone. Wir reisten mit der Bahn, aber es gab auch bereits wieder Traktoren für den Transport innerhalb der Städte. Viele der Zirkusangestellten kannte ich bereits von meiner Arbeit in Stellingen her (wenn der Zirkus im Winter nicht reiste, arbeitete das Personal dort im Tierpark, keiner wurde arbeitslos), so daß ich nicht als der anonyme Student, sondern als „Heinz" aufgenommen wurde, was natürlich den Kontakt sehr erleichterte. Nun bekam ich also meinen Wohnwagen und „meine" vier Trakehner zugewiesen. Morgens um sechs wurde aufgestanden, das Fertigmachen ging angesichts einer einzigen Waschschüssel recht schnell, dann folgte ein nicht sehr reichhaltiges Frühstück am engen Tisch – und auf ging's bis zum späten Abend zu den Tieren, unterbrochen lediglich von den Mahlzeiten. Für den „Kutscher", und nicht nur für ihn, galt: 24 Stunden Residenzpflicht.

In jedem Zirkus sind die „Freiheitsdressuren" mit dem herrlichen Pferdebestand der Gipfel des dreistündigen Programms. Wir hatten Trakehner, hochbeinige schlanke Rappen mit der Elchschaufel, dem Gestütbrand, auf der linken Kruppe; die kleinen schnittigen Ungarnpferde, temperamentvoll stampfende Andalusier, die Engländer mit den Ramsnasen und den kurzen Schwänzen und, an Größe sie alle überragend, die schweren gescheckten Hannoveraner. Zum Schluß der hippologische Uradel: acht weiße Hengste aus dem habsburgischen Krongestüt Lipiza. Der Stammbaum dieser Vollblutaraber soll bis zum Leibpferd des Propheten Mohammed zurückreichen: Tausend-

Lorenz Hagenbeck 1951 im Tierpark Stellingen. Morgenbe-
grüßung mit Zwiebeln – ein Leckerbissen für Giraffen!

jährige Tradition und Zuchtauswahl haben hier Geschöpfe von vollkommener Schönheit erzeugt.

Wie da ein Hengst dem anderen gleicht – ebenmäßig und gerade sind die Rücken, zerbrechlich dünn Fessel und Gelenke, schön geschwungen die Hälse, rosa schimmernd Nüstern und Lippen, groß und leuchtend die ausdrucksvollen Augen. Die Lipizzaner sind junge Tiere, vier- bis sechsjährig. Sie sind zwar voll ausgewachsen, aber auf ihrem lichten Fell spielt noch die Fleckenzeichnung der Kindheit. Fast alle „Schimmel" werden „grau" geboren und färben sich erst gegen das zehnte Lebensjahr rein weiß.

Diese Pferde führt Rudolf Jurkschat vor, er „arbeitet" mit ihnen. (Eine Nebenbemerkung: Der Schauspieler spricht von seinem Debüt, er „spielt" – „tritt auf". Der Tierlehrer „arbeitet".) Jurkschat verbeugt sich, schmale Reiterfigur in schwarzem Frack. In der Rechten hält er eine lange weiße Peitsche, einen Zauberstab, mit dessen Schmiegsamkeit er die Luft in Kurven schneidet. Die Schnur schwingt schlangengleich und wirbelnd über seinem Kopf. Der rote Vorhang zischt auseinander, vom Sattelplatz preschen die Lipizzaner nach vorn, die „schönsten Pferde der Welt" kreisen um Rudolf Jurkschat. Sie brauchten nichts zu tun als sich nur zu bewegen und würden triumphieren, diese acht Schimmelhengste mit dem goldenen Zaumzeug und ihren dunkelvioletten Federkronen. Herrliche Geschöpfe, unverkennbar musikalisch, herausfordernd kokett, stürmisch, tanzgeboren und unnahbar stolz.

Nebenbei: Wer da glaubt, die lange Peitsche (in der Zirkussprache „Chambrière" genannt) sei ein derbes Strafmittel, der irrt sich gewaltig. Nur ein Meister beherrscht dieses Instrument. Es wird in seinen Händen Wegweiser, Lockung und Halteschranke, ein verlängerter Finger, der die vielfältigsten Zeichen gibt. Was der Zuschauer vielleicht als rohen, laut klatschenden Hieb zu erkennen glaubt, ist in Wirklichkeit ein Luftschlag, schlimmstenfalls ein auf den Zentimeter abgepaßtes Anrühren des Pferdes, eine Kunst, die man „touchieren" nennt.

Die Lipizzaner jagen in voller Karriere durch den Sand, beugen ihre Körper einwärts zum Mittelpunkt der Manege und prusten vor Behagen, daß sie nun ihr Temperament ganz entfal-

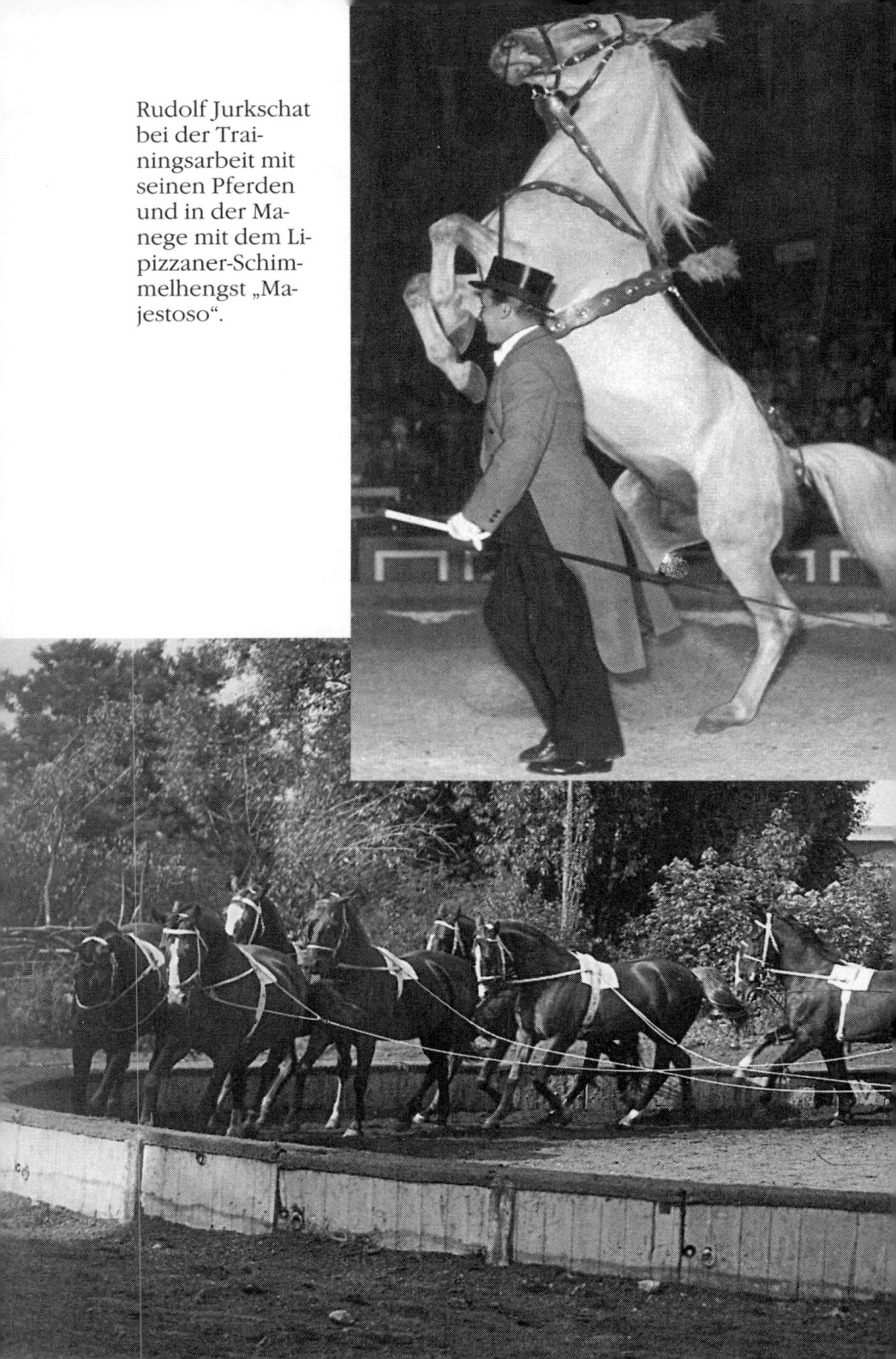

Rudolf Jurkschat
bei der Trai-
ningsarbeit mit
seinen Pferden
und in der Ma-
nege mit dem Li-
pizzaner-Schim-
melhengst „Ma-
jestoso".

ten können. Ein Ruf der Menschenstimme, das Stürmen verebbt, in einer Reihe stehen die Rosse vor dem Mann, die Peitsche senkt sich, schnellt wie ein Vogel hoch und reißt alle acht Hengste zur königlichen Lanzade mit sich in die Luft, stellt sie wie Marmorfiguren aufrecht auf die Hinterbeine. Das ist der Abgang der Lipizzaner.

Herr Jurkschat bleibt in der Manege, vom Scheinwerferlicht umflutet. Wiederum knallt die Peitsche, sechs ostpreußische Schecken traben herein. Alles ist bunt an ihnen, selbst die Mähnen sind gefleckt in rot, grau, schwarz und weiß. Wippend greifen die Hufe vor, die langen Schweife flattern um Bauch und Flanken. Jurkschat winkt, die Tiere drehen sich, formieren wechselnde Gruppen und steigern ihre Lebenslust zu rasanter Schönheit, bis sie beherrscht und ganz verhalten rückwärts aus der Manege schreiten, die Köpfe anmutig geneigt.

Wieder wirbelt die Peitsche. Jetzt kommt der große „Freiheitszug". Vierundzwanzig Trakehner preschen aus der Dun-

kelheit, schließen sich in der Manege zum Kreis, eine zweite, lebendig bewegte Piste.

Rappen, Goldfüchse und Eisenschimmel sind unter vielen Geschwistern als die besten ausgesucht, und Jurkschats Meisterschaft hat ihre angeborenen Fähigkeiten zur letzten Vollkommenheit geschult. Ich habe Tag um Tag bei den Proben gesessen und sah, mit welch nie erlahmender Geduld Rudolf Jurkschat um das Vertrauen seiner jungen nervösen Vollblutpferde werben mußte.

Herr Jurkschat tritt aus der Manege, stellt sich irgendwo in den Hintergrund, ein Zuschauer, sonst nichts. Die vierundzwanzig Trakehner sind nun ohne Kommando, ihr gemäßigter Zug löst sich auf, sie beginnen zu spielen, necken und beschnuppern sich, reiben ihre Hälse aneinander, kämpfen, keilen hinten aus, schütteln die Mähnen und tun, als ob sie auf der Weide wären. Ein Hengst bäumt im Überschwang hoch, haut mit den Vorderhufen einen wilden Wirbel in die Luft, dreht sich um seine eigene Achse und stolziert, plötzlich wieder auf allen Vieren gehend, zwischen den fuchsbraunen Stuten umher, prustet und schnaubt.

Langsam kommt der Meister an den Manegenrand, die Tiere tänzeln zu ihm, setzen die Vorderbeine auf die Piste und nicken so lange mit den schönen Köpfen, bis Jurkschat jedem ein Stück Zucker reicht.

Halblauter Zuruf, leise Musik. Die Pferde traben, alle in gleicher Richtung, rund um die Manege. Doch immer wieder wechselt eines davon seinen Platz, zwängt sich zwischen zwei andere, sucht anscheinend den richtigen Ort, bis das Publikum erkennt, daß Methode in dem Jagen ist: Jedes Pferd trägt auf der Hinterhand eine Nummer; wehe, wenn die „Acht" hartnäckig zwischen „Sechs" und „Sieben" läuft. Sie wird einfach hinausgedrängt, denn „Sieben" weiß, daß vor ihr die „Sechs" treten muß. Jurkschat spricht kein Wort, bewegt sich nicht, steht und schaut zu. Aber nach wenigen Minuten ist die Formation geglückt: Von eins bis vierundzwanzig traben die Trakehner, schließen in exakter Folge wiederum den Kreis.

Wenn sie dann paarweise walzerdrehend aus der Manege gegangen sind, saust wie ein Dämon der Lipizzaner-Schimmelhengst „Majestoso" noch einmal in die Manege, bremst, hält auf Handbreite vor dem Tierlehrer, richtet sich auf den Hinterbeinen hoch, eine silberne Flamme, und schreitet rückwärts durch den Raum, schnaubend, tänzerisch und voll elementarer Gewalt. Danach toben zwei Trakehner-Rappen aus der Gardine, steigen senkrecht auf. Anmutiger, nicht so wild, hüpfen sie vorwärts auf ihren Hinterbeinen, seltsam verwunschene Vögel mit flatternden Mähnen. Und schließlich tun drei Ponyhengste das Gleiche, balancieren wippend ihre Winzigkeit vor Rudolf Jurkschat.

Während die Beifallswoge immer wieder brandet, geht auch Herr Jurkschat. Eine dunkle Shetlandpony-Stute kommt in die Arena (das kleinste unter den ausgewachsenen Ponys, das ich je gesehen habe, vierundsiebzig Zentimeter nur beträgt die Rückenhöhe). Das Pony trabt durch den Kreis: Nichts geschieht als eine schöne Bewegung. Und wie ein Schatten hüpft zur Seite der Mutter ein winziges Etwas, lichtgeflaumtes, wolligglockiges Zwergfohlen. Es ist erst vor wenigen Tagen geboren. Wenn ich sein Kinderschnäuzchen kose, weht mir in seinem Atem die Lindheit südlicher Frühlingsluft entgegen. Der Anblick dieses kleinen, hochgestelzten Lebenswunders macht die Menschen ringsum still. In ihren Gesichtern steht das Lächeln früher Jugendtage.

Neben den beiden täglichen Vorstellungen wurde natürlich morgens zwischen 6.30 und 13.00 Uhr geprobt, wobei wir „Kutscher" stets die Tiere zur Manege und zurück zu bringen hatten. Elefanten üben, Pferde tänzeln, Seelöwen vervollkommnen ihre Geschicklichkeit, Zebras werden an der Longe im Kreis geführt, die silbergrauen indischen Zebus mit ihren langen, weitausgebuchteten Hörnern wiegen sich im zockelnden Trab. Immer neue Eindrücke, aber immer wieder die gleichen Grunderkenntnisse: Kein Mensch im Zirkus quält ein Tier! Es geht ganz ruhig zu bei diesen Proben. Natürlich hört man zuweilen scharfe Kommandos, auch klatscht wohl mal ein Peitschenschlag, denn die Erziehung gelingt nirgends ohne „fühlbare Aufmunterung", bei Tieren nicht wie auch nicht bei Menschen. Aber die Artisten wissen ganz genau, daß mit einem

Erich Hagenbeck, der jüngste Sohn von Lorenz Hagenbeck, bei der Arbeit mit „seinen" Seelöwen.

verprügelten, verängstigten Tier nichts anzufangen ist. Sie nützen jeder auf seinem Gebiet die ursprüngliche Veranlagung ihrer Kameraden aus und steigern sie – das ist Dressur im heutigen Sinne!

Das Futter wurde uns in jeder Stadt von den Futterhändlern geliefert – heute ein fast ausgestorbener Beruf. In meinen Notizen aus der Zirkus Hagenbeck-Zeit fand ich jetzt, was wir täglich an Futter für unsere Tiere benötigten: 30 Zentner Heu, 25 Zentner Stroh, 15 Zentner Hafer, 15 Zentner Kleie, 120 Zentner Gras, 4 Zentner Pferdefleisch, 10 Kilo Zucker, 80 große Brote und 20 Liter Milch. Von den Mengen an Obst, Fischen, Haferflocken, Reis und Keksen ganz zu schweigen. Für jeden Aufbau brauchten wir dazu um die 120 Zentner Sägemehl. Die tägliche Nahrung kostete damals zwischen 7.500 und 8.000 DM. Das machte bei 220 Spieltagen etwa 1,5 Millionen DM pro Jahr.

Größten Wert legte man bei Hagenbeck auf die Sauberkeit der Ställe. Also nicht nur ein-, zweimal pro Tag ausmisten, sondern das war eine permanente Aufgabe. Zwischen den „Kutschern" gab es natürlich auch Rivalitäten, doch ich als das „liebe Kind" wurde da nicht hineingezogen. Wann immer es möglich war, stahl ich mir die Zeit, um den berühmten Tierlehrer Rudolf Matthies bei seinen Proben mit der großen Hagenbeckschen Königstigergruppe zu beobachten.

Ich sitze auf der vordersten Bank, dicht an der Piste, jenem erhöhten Holzring, der die eigentliche Manege umrahmt, die traditionsgemäß einen Mindestdurchmesser von 13,5 Metern hat. (Es gibt auch Zirkusunternehmen, die ihre Spielfläche zu einem Durchmesser bis zu 18 Meter vergrößern. Sarrasani hatte immer eine 17-Meter-Manege im Chapiteau.) Rudolf Matthies

Im Reich der „Kutscher".

steht mitten in der umgitterten Arena. „Fertig", ruft er nach hinten, und nun trollen sie herein, einer nach dem anderen, die 15 Tiger, kommen langsam durch den dämmrigen Laufgang, blinzeln, bleiben wohl auch mal stehen, bummeln weiter, und wenn sie eine gewisse Stelle im Gittergang passieren, fällt von oben her warm leuchtendes Licht auf die rot- und schwarzgestreiften Katzen.

Nun sind sie alle im Rundkäfig. Friedlich wie ein Hirte steht der Dompteur, den wir heute treffender Tierlehrer nennen, unter ihnen, spricht mit leiser Stimme, setzt sich auf eines der Postamente und überläßt die Tiger ihren persönlichen Neigungen. „Indus" schleicht schnuppernd durch den Kreis, rollt die Schwanzspitze, krümmt den Rücken gleich einem Federbogen. „Amur" jault, die schlanke Bengaltigerin „Toni" scheuert ihre Flanken am kühlen Eisengitter. Zwei halberwachsene Königstiger fangen an zu spielen, umhalsen sich mit den Vorderpfoten, stehen auf den Hinterbeinen hoch wie die Boxer. „Toni" wälzt sich räkelnd im Sägemehl, zeigt ihren milchweißen, seidig glänzenden Bauch. Die jungen Tiger „Brahma" und „Kitty" wetzen ihre Krallen am Gerüst der Schaukel. Der gutmütige „Indus" mit der dicken Halskrause schreitet auf breiten Tatzen zu Rudolf Matthies, reibt prustend seine rosaschimmernde Nase gegen das Bein des Menschen und begrüßt auf diese Weise unverkennbar liebevoll den Freund. Die beiden Sumatratiger kommen ins Jagen, schnellen wie lebendige Flammen durch den Ring, springen federnd am Gitter hoch und recken ihre buntgeringelten Schweife wie lange Ruderblätter steil nach oben.

„An Platz!" Ganz ruhig, fast leise spricht der Tierlehrer, steht auf und knallt mit der Peitsche einen eleganten Luftschlag. 15 Sekunden später sitzen 15 Tiger auf ihren Stühlen, willig und ganz selbstverständlich. Rudolf Matthies geht von einem Tier zum anderen. Große, klare Pupillen blicken ihn an. Die meisten Tiger berührt er, tätschelt ihren Nacken, krault sie zwischen den Ohren, die alle mit dem gleichen schneeweißen Kreis geziert sind, und jedes Tier schnuppert freundlich der kosenden Hand entgegen. Auch der Sumatratigerkater „Romeo" ist friedfertig. Matthies spricht lange mit ihm, schimpft ein wenig und läßt den Raufbold mit „Ulla" zusammen auf die Pyramide klettern. Das geht ohne Streitigkeiten, zweimal, dreimal. Rudolf Matthies dreht sich zu mir. „Ein raffinierter Bursche. Bei der Probe ist er wie ein Lamm. Er weiß, daß er hier folgen muß, sonst gibts Wiederholungen ohne Ende. Während der Vorstellung, wenn alles eilig ist, haut er über die Stränge. Aber Sie sehen, frech ist er nicht und auch nicht heimtückisch. Solange er Respekt vor mir hat, geht es noch." Bis gegen 8 Uhr proben die Tiger, dann ertönt von irgendwoher eine Stimme: „Rudolf, geh nach Hause mit den Katzen. Die anderen wollen auch in die Manege!" Es ist der Regisseur vom Dienst. Arbeitsburschen kommen, zerlegen geschickt und schnell den Raubtierkäfig, und schon traben die Zebras prustend in den Ring.

Ich kannte Rudolf Matthies bereits aus Stellingen – zur damaligen Zeit gehörten die Tiere noch dem Unternehmen, der Tierlehrer war Angestellter. (Früher sprach man von Dompteur, doch mit der von Carl Hagenbeck 1880 eingeführten „zahmen Dressur" änderte er auch die Bezeichnung des „Meisters" der Tiere.) Und wenn Zirkus Hagenbeck nicht reiste, arbeitete Matthies als Tierpfleger in Stellingen. Er war übrigens als einziger Tierlehrer Deutschlands mit der goldenen Tierschutzmedaille ausgezeichnet worden. Sein Prunkstück war die Tigerin „Rani", ein völlig zahmes Tier, das er an einer dünnen Lederschnur durchs Zirkusgelände führte. „Toni", die Mutter von „Rani", ließ er bei der Vorführung 6 Meter weit und durch einen engen Reifen springen, und dieser wurde wegen der Attraktivität des Vorgangs immer enger gefaßt, bis er schließlich einen Durchmesser von nur noch 46 Zentimetern aufwies. Das hatte noch keiner auf der Welt gezeigt. Bei einer Vorstellung nun kam „Toni" nicht mehr hindurch und riß den Reifen am Bauch mit sich. Seelenruhig ließ Matthies daraufhin das herrliche Tier nochmals springen, packte dabei mit aller Kraft mit beiden Händen den Reifen, und „Toni" kam durch. Ein strahlender Matthies, den Reifen in den erhobenen Händen, konnte danach den verdienten Beifall des Publikums entgegennehmen. Dieses Glanzstück verbreitete sich bei uns natürlich wie ein Lauffeuer.

Rudolf Matthies
mit seiner zahmen
Tigerin „Rani" und
mit „Toni"
während der Rei-
fennummer.

Da wir in jeder Stadt höchstens vier bis fünf Tage gastierten, war der Lebensrhythmus zudem stark vom Auf- und Abbau des ganzen Betriebs bestimmt, was übrigens eingespielt und wie am Schnürchen ablief. Ich hätte mich gern an dieser Knochenarbeit – denn das ist sie – beteiligt, doch dazu war ich zu unerfahren, hätte nur den minutiös geplanten Ablauf durcheinandergebracht.

Wie verläuft nun ein Abbau? Am Abbautag wlrd selbstverständlich das volle Programm gezeigt. Nur die Spielfolge läuft anders ab. Die Raubtiere arbeiten zuerst, damit beim Schluß der Vorstellung die Gitter nicht im Wege sind. Nach der Pause läuft die Vorstellung genauso wie jeden Tag. Während vor der roten Gardine Nummer um Nummer sich produziert, bröckelt die Zeltstadt auseinander. Eben wird das Tuch vom Stallzelt hochgenommen. Auch der Hof ist vollkommen leer. Affenkäfige, Papageienringe und die nicht aktiv mitspielenden Tiere – der rollende Hagenbeck-Zoo – sind bereits weggepackt. Hinter dem Sattelplatz liegt etwas Stroh auf der Erde und ein Häufchen Sägemehl. Über den freien Platz laufen die Kamele, paarweise von den Stallburschen geführt. Nach dem Abschiedsmarsch der Kapelle um 23.10 Uhr greifen in idealer Vollkommenheit alle Kräfte ineinander. Unsere 40 Musikanten ziehen ihre Uniformröcke aus. Das Heer der Zeltarbeiter, Requisiteure, Kutscher und Burschen stürzt sich ins Chapiteau. Es wird kein Wort gesprochen, aber gleich klappert es an allen Ecken des gestuften Innenraumes. Jeder Mann tut zwei Handgriffe, Rückenlehne und Sitzbrett wird umgeklappt, schon kommt die nächste Bank dran. Die Seitenwände des Zeltes sind bereits abmontiert. Große Kastenautos fahren ganz dicht ans Gerüst und nun gleiten die Bretter der Sitzeinrichtung von oben her unmittelbar in den Wagen. Es geht wie am laufenden Band, nirgends ein Befehl, nur helles Knallen von Holz, ein lustiges Geräusch, beinahe im Takt. Auch die Logen verschwinden, die Klappstühle und Sessel. Alles fliegt auf die Plattform des Lastwagens, wird in peinlicher Ordnung geschichtet. Kein Quadratzentimeter Hohlraum ist zu sehen. Immer höher türmt sich die Fracht, und wenn ein Lastwagen voll ist, rattert ein neuer an seine Stelle.

Seltsam nackt schält sich das Gerippe des Spielzeltes hervor. Man könnte meinen, es handle sich hier um einen Wettkampf. Und in der Tat: Zwei Parteien bekämpfen sich im friedlichen Wettstreit, die Pfälzer und die Böhmen. Merkwürdigerweise stammen nämlich die Zeltarbeiter in fast allen Zirkusunternehmen der Welt aus der Pfalz oder aus Böhmen. Dort gibt es Dörfer, die im Sommer ohne Männer sind, weil sie alle zum Zirkus gehen. Durch Generationen vererbt sich ihr Talent zum Zeltauf- und -abbau und zur Musik. Denn alle Musiker sind zugleich auch Zeltarbeiter.

Im Zirkus Carl Hagenbeck gibt es zwei Zeltmeister, der eine kommt aus der Pfalz und hat seine Mannschaft mitgebracht. Der andere ist ein Böhme, ebenso wie seine Leute. Jeder schwört auf sein Volk, ob er nun die Kapelle dirigiert oder das Zelt aufbaut. Bei ihm klingt die Musik besser und seine Leute sind die rascheren Arbeiter. Damit nun der Streit nicht ausartet, gehört ein für allemal die linke Seite den Pfälzern, die rechte – beim Auf- und Abbau – den Böhmen.

Jeder Zirkus hat eine andere Methode beim Reisen. Der eine macht möglichst viel Radau, sucht sich die belebtesten Tageszeiten für seinen Einzug in die Stadt aus, liebt Verkehrsstockungen, scheut auch keinen „konstruierten" Unfall, weil das die Aufmerksamkeit bei den Bewohnern steigert und somit eine „improvisierte" Reklame ist. Der andere veröffentlicht in den lokalen Zeitungen tags zuvor allerlei Einzelheiten, beispielsweise, zu welcher Stunde die Elefanten von der Bahn geführt werden, wann das Zelt hochgeht, wie die Kolonnen zusammengesetzt sind, kurz, er zieht planmäßig Zuschauer nach dem Platz – eine andere Form der Reklame. Direktor Fritz Wegener vom Zirkus Carl Hagenbeck bevorzugte dagegen das Prinzip der Exaktheit und der Stille.

10 Minuten nach Mitternacht, eine Stunde seitdem der Schlußmarsch ertönte, ist das große 54-Meter-Chapiteau völlig ausgeräumt, das wie ein lichtgrüner Riesenpilz gegen den blauen Himmel wuchs. Es stehen nur noch festgefügt die vier Hauptmasten, die den Pilz des Leinwanddaches tragen. Nicht mehr lange. Schon fassen die Vorarbeiter an die Flaschenzüge, und

Das eben aufgebaute Chapiteau – ein beeindruckendes Bild.

weich, mit bedächtiger Gleichmäßigkeit, senkt sich die Kuppel. Ruckweise sinkt die Hülle, immer tiefer. Jetzt liegt sie fast am Boden, bläht sich noch einmal hoch, ist wie ein Ozean, wirft Wellen und bettet sich endgültig zur Erde. Von allen Seiten springen die Zeltarbeiter hinzu, links wieder die Pfälzer, rechts die Böhmen. Sie tragen Filzpantoffeln, damit die helle Leinwand nicht schmutzig wird. Schnell sind die Nähte gelöst, der Riesenkreis der Leinwand zerfällt in schmale Bahnen. Jede Kolonne rollt ihr Stück zu einer dicken Zylinderwalze auf, knotet sie in eine Schutzhülle. Wie aus dem Boden gewachsen ist der Lastwagen da, in den die einzelnen Stücke verfrachtet werden.

Nur noch die vier Hauptsäulen ragen vom Boden auf, mannsdicke Stahlrohre, die Masten, die unser Chapiteau getragen haben. Aber auch jetzt ist der Umriß des Spielzeltes noch zu er-

Auf- und Abbautage bedeuten besondere Anstrengungen, auch für die „Kutscher".

kennen, denn von den Masten schwingen sternförmig Glühbirnenketten durch die Luft herunter an den Boden: die abertausend kleinen Flimmerlichter, die das Zelttuch umsäumten. Auch sie werden mit den Flaschenzügen niedergeholt, es senken sich die Fahnen, die jeden Mast krönen, und nun kommt das Schwierigste, das Niederlegen der Masten selbst. Immer wieder kann ich mir nicht vorstellen, wie die Masten umgelegt werden. Und es ist doch so einfach: Wenige Männer, unsere kräftigsten allerdings, treten an die schräggespannten Taue. Der Zeltmeister löst den Flaschenzug, ein Pfiff, ganz langsam schreiten die Männer mit den Tauen vom Manegemittelpunkt geradeaus, indem sie sich scheinbar an den Stricken halten, und in seltsamer Verkoppelung, mit der gleichen mühelosen Langsamkeit sinken die beiden links stehenden Masten, neigen sich in ganz kleinen Rucken und schweben, ja, die massigen Stahlrohre schweben nach außen, legen sich um, schmiegen sich gewissermaßen zärtlich ins Gras, ganz ohne Geräusch.

Wieder tönt ein Flaschenzug, wieder laufen Männer über den Boden und ziehen am Tau, der dritte Mast sinkt ohne sichtbaren Kraftaufwand. Nun, die drei Masten sind durch den Gegenzug des vierten so einfach umgelegt worden. Aber wie wirds mit dem letzten gehen? Ebenso einfach. Denn ihn halten ja die schrägen Absegelungstaue, und das Kräftespiel ist auch hier vollkommen ausbalanciert. Ein wenig stürmischer fällt er allerdings und poltert am Ende mit Geräusch zu Boden.

Konnte ich mich auch an dieser faszinierenden Tätigkeit nicht beteiligen, so hatte ich mich am Auf- und Abbautag eben um mehr Pferde zu kümmern. Alle Tiere mußten ja am Zügel zum Bahnhof geführt werden und in der nächsten Stadt wieder zum Spielort.

Die sechs Wochen vergingen wie im Fluge, und als ich mich von „meinem" Zirkus Hagenbeck verabschieden mußte, stand bereit fest: Diese Erfahrung wirst du wiederholen.

Erster Kontakt mit Zirkus Franz Althoff

Während meiner Studentenzeit schrieb ich regelmäßig die Zooberichte für den „General-Anzeiger für Elberfeld-Barmen" – ein angenehmer Nebenverdienst, der so manchen zusätzlichen Bücherkauf möglich machte. Diese Tätigkeit brachte es mit sich, daß ich bald in der Redaktion als zuständig für alles galt, was mit Tieren zu tun hatte.

Im April 1950 erhielt ich den Auftrag, eine Reportage über den Zirkus Franz Althoff zu schreiben, der in den nächsten Tagen nach Wuppertal kommen sollte.

Ich fuhr also mit der Straßenbahn in die Nachbarstadt, wo Althoff gerade gastierte, und meldete mich bei der Pressechefin, Fräulein Helma Vogt. Die Dame teilte mir als erstes mit – beim Zirkus muß man immer auf Superlative gefaßt sein –, sie sei das einzige weibliche Wesen, welches in einem deutschen Zirkus einen solchen Posten ausfülle. Das bewunderte ich pflichtgemäß; welche Anforderungen an die Nerven diese Tätigkeit stellt, habe ich erst später begriffen.

Dann lud mich Fräulein Vogt zum Rundgang durch das Zirkusgelände ein. Es war das Übliche. Unruhig strichen die großen Raubkatzen am Gitter ihrer Käfigwagen entlang, ihr scharfer Geruch hing wie eine erregende Dunstwolke über dem ganzen Platz. Vorbei an langen Reihen schöner, gepflegter Pferde gelangten wir zu den Elefanten. Im schwachen Licht des Stallzelts erkannte man zunächst nur die Umrisse ihrer massigen Körper, die sich in pendelndem Rhythmus zur Begleitmusik der klirrenden Fußketten wiegten. Am Ende der Reihe stand ein Jungtier. „Das ist ‚Tuffi‘ “, erklärte mir Fräulein Vogt. „Ein etwa zweijähriges Elefantenmädchen, das erst in diesem Frühjahr mit einem Tiertransport von Indien nach Deutschland gekommen ist.“ „Tuffi“ streckte bettelnd ihren Rüssel aus, und die Pressechefin gab ihr einige Stücke Würfelzucker. Sie sei erst seit zwei Monaten bei Althoff, wurde mir erklärt, aber in dieser Zeit habe die junge Elefantendame schon erstaunliche Taten vollbracht, die im allgemeinen nicht zu den Gewohnheiten der Elefanten gehörten.

In verschiedenen Gastspielstädten war sie mit der Straßenbahn gefahren, in Oberhausen hatte sie den Herrn Stadtdirektor persönlich in dessen Amtszimmer im dritten Stockwerk des Rathauses besucht, und in Solingen hatte sie sogar ein Baugerüst bestiegen.

Wen sollte ich nun mehr bewundern: das reklametüchtige Fräulein Vogt, Direktor Franz Althoff und seine Dressurkünste oder die kleine, würfelzuckerkauende Madame „Tuffi“?

„Tuffi“ und der Wuppertaler Schwebebahn-Sturz

Nun wurde der junge Reporter aus Wuppertal in die Überlegung einbezogen, welche neue Attraktion man wohl der Bevölkerung am nächsten Auftrittsort bieten könne. Fräulein Vogt klatschte dem kleinen Elefanten impulsiv auf den borstigen Schädel und rief: „Ich hab's! ‚Tuffi‘ fährt mit der Straßenbahn zum Wuppertaler Zoo und besucht dort ihre Artgenossen!"

„Hm", stimmte ich grinsend zu und freute mich in Gedanken schon auf das Schauspiel, denn unsere dortige „Suma" war eine etwas zimperliche alte Elefantenjungfer, eine ausgesprochene Einzelgängerin, die bisher noch jedem Artgenossen die kalte Schulter oder, besser gesagt, ihr faltenreiches Hinterteil in schroffer Ablehnung gezeigt hatte. Aber immerhin, die Idee war nicht schlecht, für den Zirkus war das eine ebenso gute Reklame wie für unseren Zoo, so daß auch mein väterlicher Freund, der Zoodirektor Dr. Richard Müller, diese Idee bestimmt gutheißen würde.

Während ich mir das so durch den Kopf gehen ließ, meinte ich ganz nebenbei und mehr im Scherz: „In Wuppertal fährt man übrigens mit der Schwebebahn." Der Gedanke, daß ein Elefant wirklich mit der Schwebebahn fahren könnte, erschien mir ziemlich grotesk. Außerdem kannte ich die Beförderungsbedingungen, die ausdrücklich vermerkten, daß Tiere von der Mitfahrt ausgeschlossen sind. Nun, damals kannte ich eben die gute Helma Vogt noch nicht näher. Was ich nur so, als eher dumme Bemerkung dahergeredet hatte, erschien ihr mit ihrem sechsten Sinn für alles, was Reklame hieß, als glänzende Idee, und augenblicklich stand für sie fest, daß „Tuffi" in Wuppertal dieses und kein anderes Verkehrsmittel benutzen würde.

Und als der Zirkus nach einer Woche seine Zelte in Wuppertal aufschlug, da hatte sie das Unglaubliche trotz aller Widerstände seitens der Behörden geschafft: Zum ersten Mal seit ihrem Bestehen würde ein Elefant mit der Schwebebahn fahren!

Als ich am Vormittag des denkwürdigen 21. Juni 1950 zur festgesetzten Zeit an der Schwebebahnhaltestelle „Alter Markt" erschien, staute sich dort bereits eine vielköpfige Menschenmenge. Ein Lautsprecherwagen des Zirkus lockte mit seiner lärmenden Ankündigung immer mehr Menschen herbei, und die Verkehrspolizisten hatten große Mühe, wenigstens einen Teil der Fahrbahn freizuhalten.

Die Presse war bereits vollzählig versammelt. Nicht nur Reporter aller lokalen Zeitungen, sondern auch zahlreiche Vertreter aus benachbarten Städten hatten sich eingefunden. Pressechefin Helma Vogt wuselte aufgeregt herum und gab die letzten Regieanweisungen: „Wir fahren mit unserem Autobus die Straße an der Schwebebahn entlang. ‚Tuffi' wird mit Direktor Franz Althoff und den Elefantenkutschern ein reserviertes Abteil besteigen und die erste Fahrt allein antreten. An einer verabredeten Stelle hält dann die Bahn, damit ‚Tuffi' aus dem Fenster mit ihrem Rüssel Winke-Winke machen kann. Dabei können Sie dann Ihre Bilder schießen. Wenn alles gutgegangen ist, können wir dann die Rückfahrt gemeinsam mit ‚Tuffi' antreten."

Gerade hatte sie ihre Anweisungen beendet, da tauchte an der Straßenkreuzung auch schon die lange Reihe der fünfzehn Dickhäuter des Zirkus Althoff auf. „Tuffi", die Hauptperson, trabte als letzte im Gänsemarsch, von ihren Artgenossen, die ihr das Geleit zum großen Auftritt gaben, um einiges überragt. Als Zirkuselefant an lärmende Menschenversammlungen gewöhnt, ließ sie sich auch jetzt von ihrem Herrn gutwillig von der Herde weg zur Haltestelle führen. Nachdem sie am Schalter mit einer graziösen Rüsselbewegung ihre Fahrkarte in Empfang genommen hatte, stieg sie ohne Zögern die Stufen zum Bahnsteig hinauf. Auch hier oben, sieben Meter über dem Bett der Wupper, zeigte sie keine Spur von Erregung.

Während wir alle gespannt auf die Einfahrt der Bahn warteten, steckte sie neugierig-verspielt den Rüsselfinger durch die Maschen des Drahtnetzes, das an jeder Station als Sicherung über den Abgrund gespannt ist. Ein, zwei normale Züge passierten die Station, dann kam endlich unsere Bahn mit dem reservierten Abteil. Der für die Auswahl Verantwortliche war ganz bestimmt frei von Aberglauben, denn sonst hätte er für dieses ungewöhnliche Unternehmen sicher nicht den Wagen Nr. 13 ausgesucht, noch dazu an einem Freitag!

Ich glaube, die wenigsten achteten aber in diesem Augenblick auf ein solches Detail, denn schon schob „Tuffi" ihr breites Hinterteil durch die Wagentür. Blitzlichter flammten auf, und nachdrängend versuchte jeder, sich einen günstigen Platz in dem engen Abteil zu sichern. Von der gemeinsamen Fahrt im Autobus war plötzlich gar keine Rede mehr. Irgend jemand – ich glaube, es war ein Kameramann von der Wochenschau – hatte die Verabredung über den Haufen geworfen und war hinter „Tuffis" Begleitung einfach mit eingestiegen. Nun wollten wir natürlich auch nicht zurückstehen, und wie eine geschlossene Hammelherde drängte alles hinterher.

Die Abteile der Schwebebahn sind schätzungsweise 2,50 m breit und 3,50 m lang. Auf diesem engen Raum zusammengepreßt, standen nun vier Angehörige des Zirkus, drei Beamte der Schwebebahn, ungefähr 20 Reporter und ein Elefant, und um das Gedränge noch etwas zu vergrößern, hatten sich auch noch ein paar neugierige Fahrgäste aus den Nachbarwagen eingeschmuggelt.

Mit leisem Surren setzte sich die Bahn in Bewegung. „Tuffi" stand mit ihrem Herrn vorn auf dem etwas geräumigeren Platz am Eingang. Daneben ein Elefantenkutscher und Harry, der 12jährige Sohn von Direktor Franz Althoff, der als echtes Zirkuskind schon recht geschickt mit allen möglichen Tieren umzugehen wußte. Die Bildberichterstatter, die sich gegenseitig im Wege standen, versuchten vergeblich, ihre Kameras über die Köpfe der Kollegen hinweg in Anschlag zu bringen.

„Tolle Reklame, was?" Pressechefin Vogt, die neben mir am Anfang des Seitenganges stand, stieß mich mit befriedigtem Lachen in die Rippen: „Mit einem solchen Andrang der Presse hatten wir gar nicht gerechnet, hoffentlich ..."

Sie kam nicht mehr dazu, ihren Satz zu beenden, denn nun überstürzten sich die Ereignisse schneller, als ich sie hier schildern kann. Als „Tuffi", die bis dahin alles geduldig über sich hatte ergehen lassen, in einer Kurve das Quietschen der Schwebebahn vernahm, antwortete sie sofort mit einem hellen, durchdringenden Trompeten und drehte sich ohrenklappend in die vermeintliche Richtung des Geräusches. Dabei trat sie dem Nächststehenden etwas unsanft auf die Füße.

Die hinten Stehenden, die die Vorgänge nicht genau beobachten konnten, drängten neugierig vor, während man vorn begreiflicherweise nach rückwärts auszuweichen versuchte. Der dadurch entstehende Tumult, das allgemeine Schieben und Drängen fiel nun aber selbst der dickfelligen „Tuffi" auf die Nerven: Sie versuchte quietschend und rüsselschlagend dem Menschengewühl zu entweichen.

Es kam so, wie es kommen mußte. Mensch und Tier steiger-

Tuffis" Wuppersprung
GRUSS AUS WUPPERTAL.

"Tuffi" und der Sturz aus der Schwebebahn waren eine Sensation. Kurz darauf entstand diese Fotomontage, die lange Zeit als Ansichtspostkarte reißenden Absatz fand.

ten sich gegenseitig in eine wachsende Panikstimmung hinein. Mit dem Ruf: „Der Elefant wird wild!" begann ein wilder, ungeordneter Rückzug zum Nachbarabteil. Schon waren ein paar Fotoapparate demoliert, schon war die vorderste Sitzbank unter dem Gewicht des Tieres zusammengekracht, als dieses sich jetzt in seiner Angst gewaltsam einen Ausweg brach. Unter dem Druck des harten Elefantenschädels zersplitterte das Fensterglas in tausend Scherben, einen Augenblick sah man noch das rauhe Hinterteil in der Fensteröffnung zappeln, dann ein Ruck, ein vielstimmiger Aufschrei – und „Tuffi" stürzte kopfüber in die Tiefe.

Während die Bahn wildschaukelnd ihre Fahrt fortsetzte, versuchten wir vergeblich nach dem abgestürzten Tier Ausschau zu halten. Niemand zweifelte daran: „Tuffi" konnte den Sturz aus dieser Höhe in den seichten, steinigen Fluß unmöglich heil überstanden haben.

Es ist erstaunlich, was einem in einer solchen Schrecksekunde alles durch den Kopf geht. Neben meiner Bestürzung über den unerwarteten Ausgang der Fahrt, neben dem Mitleid mit dem abgestürzten Tier, das meiner Meinung nach entweder tot oder schwer verletzt unten in der Wupper lag, blendete sich plötzlich die groteske Vorstellung ein: „Was werden die Passanten, die nichtsahnend unten auf der Straße vorbeikamen, wohl für idiotische Gesichter gemacht haben, als da plötzlich ein Elefant aus der Schwebebahn herausfiel? Bestimmt haben sie doch an ihrem eigenen Verstand gezweifelt!"

Wenige Sekunden, bevor „Tuffi" aus dem Fenster sprang, war mir Fräulein Vogt ohnmächtig in die Arme gesunken. Beim Versuch, den durchgehenden Elefanten aufzuhalten, hatte sie einen Tritt ins Gesicht und vor die Brust erhalten. Vorsichtig legten wir sie auf einen der Polstersitze, denn in dem quirlenden Durcheinander konnten wir vorläufig doch nicht mehr für sie tun.

Aber da hielt die Bahn auch schon an der Station „Adlerbrücke". Gerade konnte ich noch unsere Beine in Sicherheit bringen, da drängte es auch schon in wildem, ungeordnetem Wettlauf hinaus. Jeder wollte natürlich als erster an der Absturzstelle eintreffen. Zurück blieben nur ein Schaffner, die immer noch ohnmächtige Helma Vogt, ich selbst und ein Bodensatz plattgetretener Reporter-Sonnenbrillen.

Erst auf der Fahrt zum Krankenhaus, in dem eiligst herbeigerufenen Krankenwagen, kam die Ohnmächtige langsam wieder zu sich. Ihre erste Frage galt der kleinen „Tuffi". Was sollte ich ihr darauf sagen? Daß ich für das Leben des Tieres keine fünf Pfennig gäbe? So brutal konnte man doch nicht sein, und daher versuchte ich sie, so gut ich es eben konnte, zu beruhigen.

Im Krankenhaus konnte der Arzt bei der Untersuchung außer einigen kleinen Prellungen und oberflächlichen Schnittwunden, die von ihrer zerbrochenen Brille stammten, keine ernsthaften Verletzungen finden, und unter der Wirkung eines Beruhigungsmittels löste sich dann allmählich der Nervenschock.

Inzwischen hatte sich am Ufer der Wupper das Drama längst schon in eine einzigartige Komödie verwandelt. Als der Reporterschwarm – weit voraus an der Spitze Direktor Franz Althoff – dort eintraf, bot sich ihm ein überraschendes Bild. Die totgeglaubte „Tuffi" plätscherte vergnügt und unbeschädigt in den Wupperwellen!

Es war wirklich so etwas wie ein Wunder geschehen. Ausgerechnet an der Absturzstelle betrug der Wasserstand ungefähr anderthalb Meter. Das hatte genügt, um den Aufprall des schweren Körpers sanft abzufangen. Auch fehlten hier auf einer kurzen Strecke Geröll und Schutt, und der Grund war mit weichem Schlamm bedeckt.

Die Fotografen, todunglücklich, daß auch nicht einem einzigen von ihnen der Schnappschuß des sensationellen Fenstersturzes geglückt war, wollten wenigstens jetzt bei der Elefantenjagd in der Wupper zum Schuß komme. Der Eifer trieb sie bis zum Gürtel ins Wasser. Nun, so ganz einfach war es aber nicht, „Tuffi" wieder einzufangen. Für den ausgestandenen Schreck wollte sie als Belohnung wenigstens ihr Bad in Ruhe beendigen dürfen. Schließlich fügte sie sich aber doch dem energischen Zuspruch ihres Herrn und kletterte folgsam aus dem Fluß heraus.

So kam es, daß nur knapp eine Viertelstunde nach Beginn der sensationellen Schwebebahnfahrt ein triefnasser Elefant mit ebenso triefnassen Begleitern seinen Rückmarsch durch die Straßen unserer Stadt antrat.

Als ich mit der verletzten Organisatorin des Spektakels kurze Zeit später in einer Taxe zum Zirkus zurückfuhr – ein Anruf hatte uns vom glücklichen Ausgang des Abenteuers unterrichtet –, wurden bereits die ersten Extrablätter ausgerufen.

„Tuffi" war die Sensation des Tages!

Die Lokalpresse brachte den Wuppersprung in mehrspaltigen, ausführlichen Berichten, und von da aus nahm er seinen Weg durch die gesamte Weltpresse. In Europa, Amerika, auf den Philippinen und in Afrika – überall sprach man von „Tuffi". Eine französische Zeitung brachte das Ereignis sogar in großer Aufmachung auf der Titelseite, mit einer reißerischen Zeichnung. Es war ein sehr effektvolles Bild, und der Schöpfer hatte nicht mit phantasievollen Ausschmückungen gespart: Aus einem Triebwagen, der in voller Fahrt über einen Eisenbahnviadukt donnerte, sprang ein Elefant heraus, der mit verzweifelten Rüsselschlägen das halbe Inventar mit sich in die tiefabstürzende Schlucht hinabriß.

In den darauffolgenden Wochen schüttete die Post Tag für Tag eine steigende Flut von Zuschriften über die ahnungslose und von ihrem Ruhm völlig unberührte „Tuffi" aus. Für sie aber blieb auch weiterhin Würfelzucker das Schönste in ihrem Elefantendasein.

Volontär bei Franz Althoff

In den auf dieses medienträchtige Ereignis folgenden Semesterferien durfte ich für mehrere Wochen die Tournee des berühmten Zirkus Franz Althoff als Volontär, also: als Mädchen für alles begleiten. Das traditionsreiche Unternehmen aus Dörnigheim bei Frankfurt war nur ein Zweig einer alten Zirkusfamilie, zu der auch Carola Althoff-Williams gehörte, die nach ihrer Heirat gemeinsam mit ihrem Gatten Harry den Zirkus Williams führte. Franz Althoff war ein absoluter „Macher". Er hatte nach dem Krieg das Unternehmen sehr schnell wieder in Deutschland an die Spitze gebracht, reiste als erster Zirkus mit drei Manegen – damals eine absolute Sensation. Und Althoff war ein „Tiermensch", besonders Pferden und Elefanten zugetan, deren Nummern stets zu den Höhepunkten des Programms gehörten. Wenn er die fünfzehn Elefanten des Zirkus Althoff voller Eleganz vorführte, so saß seine Frau Olga stets auf dem ersten Tier. Ganz hinten trottete übrigens unter vier Jungtieren auch die bereits erwähnte PR-„Granate" „Tuffi". Franz Althoff hatte meiner Bitte, doch für einige Wochen mit-

Franz Althoff mit seinen geliebten Pferden. Hier in seiner Glanz-
nummer, einer Dressur mit 66 Tieren in 3 Manegen.

reisen zu dürfen, gerne entsprochen. „Alle Einzelheiten besprechen Sie mit Fräulein Vogt, die kennen Sie ja bereits", sagte er bei meinem Antrittsbesuch im Direktionswagen. Ich hatte das Gefühl, er mochte den Heinz Klös und nahm ihn gern mit. Öfters erkundigte er sich dann nach meinen Fortschritten, fragte, ob man mir auch alles zeige, denn: „Der Heinz Klös soll das alles lernen!"

Fräulein Helma Vogt empfing mich in gewohnter Hektik. „Wir haben im Zirkus jetzt einen eigenen Tierarzt, und Du kannst als Student im 7. Semester sicherlich dort eine Menge lernen. Auch wirst Du mir bei der Presse- und Reklamearbeit helfen können. Untergebracht wirst Du im Wohnabteil des Kassenwagens, zusammen mit drei jungen ,Kutschern'. Alles klar?" Ich freute mich über das ganz natürliche Du, nahm meinen Koffer und trat hinaus auf das Gelände. Es war früher Abend, der Einlaßrummel zur letzten Vorstellung – es war gerade Abbautag – hatte bereits eingesetzt, glitzernde Glühbirnengirlanden und mehrere starke Scheinwerfer beleuchteten die buntbemalte Fassade und tauchten den Vorplatz in ein grelles Licht. Aus den Lautsprechern dröhnten unablässig die neuesten Schlager und übertönten das vielstimmige Gemurmel der Menschenmassen, die sich, an den goldbetreßten Kontrolleuren vorbei, zu den Eingängen drängten.

„Der Kassenwagen wird am Abbautag alsbald verladen", hatte Fräulein Vogt mir auf den Weg mitgegeben, „geh also schon mal zum ‚Neuner' hinüber, die ‚Kutscher' können Dir etwas beim Einrichten behilflich sein."

Aus dem Einrichten wurde an diesem Abend nicht mehr viel. Ich hatte mich kaum im „Neuner" umgesehen, da kam bereits ‚Kutscher' Herbert, den ich bei einem früheren Besuch schon kennengelernt hatte. „Einrichten", meinte er etwas skeptisch, nachdem wir uns begrüßt hatten, „das lohnt sich doch heute Abend nicht mehr. Nehmen Sie nur Ihr Waschzeug und den Schlafanzug aus dem Koffer. Alles andere erledigen Sie besser morgen früh bei Tageslicht. In einer Stunde spätestens rollt der ‚Neuner' ab, und wenn wir uns vorher noch etwas waschen wollen, dann müssen wir uns beeilen."

Damit drückte er mir auch schon eine Wasserkanne in die Hand, bewaffnete sich selbst mit einem Eimer, und da es in solchen Situationen immer das beste ist, sich möglichst genau an die Anordnungen der Eingeweihten zu halten, folgte ich ihm ohne langes Fragen über den ganzer Zirkusplatz, bis wir hinter einem Stallzelt zu dem Hydranten kamen, der beim Zirkus die Rolle des Dorfbrunnens spielt. Nachdem wir die schweren Wasserbehälter wieder in unseren Wagen zurückgeschleppt und uns nacheinander in einer Zinkschüssel gewaschen hatten, polterte ein weiterer Schlafgenosse die Wagentreppe herauf. Er war völlig außer Atem, weil die Tiger von Gilbert Houcke, genannt „Tarzan", beim Einsperren nach ihrem Auftritt Schwierigkeiten gemacht hatten.

„So, das hätte ich noch geschafft", japste er und begann sich auszuziehen. „Wenn ich Glück hab, kann ich mich heute sogar noch waschen. Fritz Mey, der Betriebsinspektor" – er war erst vor fünf Monaten aus sowjetischer Kriegsgefangenschaft zurückgekehrt und gründete 1955 den Zirkus Sarasani wieder, dessen Direktor er bis zu seinem Tode 1993 blieb –, „koppelt bereits den ersten Wagenzug zusammen". Und ohne sich mit weiteren Reden aufzuhalten, goß er das für ihn aufgesparte

Gilbert Houcke, genannt „Tarzan", bei seiner Tigernummer.

Wasser in den Zuber. Gerade, als seine Waschung so weit gediehen war, daß er mit einem eingeseiften Bein in der Schüssel stand, verlöschte plötzlich die elektrische Deckenbeleuchtung. Draußen schrie eine Stimme: „Vorsicht, Herbert!", dann folgte ein kräftiger Ruck, der für einen Augenblick sämtliche Einrichtungsgegenstände ins Wanken brachte, und schon rumpelte und polterte unser „Neuner" als letzter in einer Kette von drei Wagen hinter einer Zugmaschine vom Platz.

Zirkusalltag, vom Wohnwagen aus betrachtet

Während Herbert, leise vor sich hinschimpfend, beim Schein einer nur noch schwach brennenden Taschenlampe versuchte, die Überschwemmung, welche die plötzliche Abfahrt verursacht hatte, so gut wie möglich zu beseitigen, kletterte ich in eine unserer übereinander gebauten Kojen. Wegen der relativ kurzen Entfernungen zwischen den Städten des Ruhrgebiets reisten wir nicht mit der Bahn zum nächsten Auftrittsort. Statt dessen rumpelte unser Wagen nun über die Landstraßen und meine Koje hatte sich in ein Trampolin verwandelt, das mich im Rhythmus der Achsenstöße waagerecht in die Luft warf. Von Zeit zu Zeit, wenn wir in den Bereich einer Straßenlaterne kamen, fiel durch die schmalen Oberlichter diffuses Licht, und für einige Sekunden war dann das Innere unseres Wagens geisterhaft erhellt. Schon halb im Einschlafen merkte ich noch, wie sich das gleichmäßige Rumpeln des Wagens plötzlich in ein sehr unsanftes Schlingern und Stoßen verwandelte. Die Wagenkolonne hatte die Straße verlassen und fuhr nun über ein holpriges Gelände. Anscheinend waren wir am Ziel unserer Fahrt, auf dem neuen Zirkusplatz, angelangt. Ich merkte noch, daß wir einige Male hin und her rangiert wurden, hörte halblaute Kommandos und Zurufe . . . dann war ich endlich fest eingeschlafen.

Unser „Neuner" beherbergte außer den vier Schlafkojen einen Ofen, einen Tisch, zwei oder drei Klappstühle, einen Sessel, eine winzige Kommode und eine Topfbank. Unter den Betten standen die Koffer, die Waschschüsseln hatten ihren Platz zwischen den Sesselbeinen, und unter der Topfbank waren Eimer, Kochtöpfe und Wasserkannen verstaut. Kurz, es gab nicht ein Eckchen, das nicht mit irgendeinem Möbelstück oder Gebrauchsgegenstand vollgestopft war.

Das Erstaunliche aber war, daß der Raum trotz seiner Enge nichts an Wohnlichkeit entbehrte. Wahrscheinlich lag es daran, daß als Leitmotiv und oberstes Lebensgesetz der strenge Grundsatz: „Jedes Ding an seinem genau vorgeschriebenem Platz!" beachtet wurde.

Ordnung halten war aber schon von jeher mein wunder Punkt, und als ich nun anfing, den „Neuner" tagsüber zeitweise als Tierapotheke einzurichten, hatte ich meistens innerhalb weniger Minuten mit Hilfe meiner Spritzen, Tuben, Verbandsutensilien und was ich sonst so noch aus meiner Tasche holte, ein Chaos geschaffen, in dem sich niemand mehr zurechtfand und das mit Recht die Mißbilligung meiner Mitbewohner erregte. Das Leben im Wohnwagen erfordert eine Routine, die man sich erst mühsam aneignen muß, wenn sie einem nicht über Generationen vererbt ist.

Eine der gefährlichsten Klippen im Tageslauf war das morgendliche Aufstehen. Seit Kindesbeinen gehöre ich nicht zu den Menschen, die den Tag mit einem fröhlichen Lied auf den Lippen beginnen. Wie ein kalt gewordener Motor brauche ich vielmehr erst eine gewisse Anlaufzeit.

Leider waren aber meine Abteilgenossen nicht glücklicher veranlagt, und daher wird sich niemand wundern, daß morgens beim Aufstehen im „Neuner" eine reizbare Stimmung herrschte, wie sie etwa in einem Pantherkäfig kurz vor der Fütterung zu beobachten ist. Der nichtigste Anlaß führte zur Explosion, und in der drangvollen Enge, in der vier Männer gleichzeitig versuchten, ihre Morgentoilette so schnell wie möglich zu beenden, war natürlich an Zündstoff kein Mangel.

Stand man z. B. mit eingeseiftem Gesicht, die Augen blind vom Schaum, vor der glücklich eroberten Waschschüssel, dann konnte man Gift darauf nehmen, daß man schon im nächsten Augenblick statt in die Waschschüssel ins Leere griff, denn einer der anderen hatte den aus einem Klappstuhl improvisierten Waschtisch stillschweigend beiseite geschoben, um ausgerechnet an dieser Stelle mit dem Aufwischen des Fußbodens zu beginnen.

Das gemütliche Summen des Kaffeewassers, das in einem kleinen Kessel auf einem Spirituskocher zum Kochen aufgesetzt war, beendete dann wie auf ein Signal die allgemeine Kampfstimmung, und beim Frühstück saßen wir wieder in ungetrübter Harmonie beisammen.

Vor jeder neuen Gastspielstadt schickte ich ein Stoßgebet zum Himmel: „Hoffentlich wird der ‚Neuner' möglichst dicht neben dem Hydranten aufgestellt!" In Witten war dies der Fall, und wir gingen mit dem kostbaren Naß höchst verschwenderisch um, am laufenden Band wurde gewaschen, geputzt und geplanscht. Wenige Tage später, auf dem nächsten Platz, sah das bereits ganz anders aus. Wenn man nämlich das Waschwasser für vier Personen und das Wasser zum Kochen und Putzen eimerweise quer über den ganzen Zirkusplatz schleppen muß und bei diesem anstrengenden Geschäft – das passierte mir in Hagen – unversehens von dem bösartigsten aller Zirkusgäule, der seine Box ausgerechnet neben dem Hydranten hatte, in das verlängerte Rückgrat gebissen wird, dann sinkt der Wasserverbrauch von selbst auf ein Mindestmaß herab.

Wir hatten die „Hausfrauen"-Pflichten so eingeteilt, daß jeder abwechselnd für einen Tag das Putzen, Kochen und Einkaufen übernehmen mußte. Kam die Reihe an mich, dann schaute ich morgens als erstes besorgt zum Fenster hinaus, denn bei Regenwetter nahm das Putzen kein Ende. Der Zirkusplatz verwandelte sich in kurzer Zeit in einen zähflüssigen Morast, und wie auf Verabredung fiel es plötzlich allen Zirkusbewohnern ein, sich zu einer kurzen Stippvisite im „Neuner" einzufinden – und natürlich die Schmutzspuren ihrer Stiefel zu hinterlassen. Einmal, als ich gerade wieder zum x-ten Male den Boden gesäubert hatte, stand plötzlich der junge Dompteur Jean Albert Hoppe – genannt „Djengel" – im Türrahmen, und bevor ich das kommende Malheur richtig begriff, drängte sich seine gesamte vierbeinige Dressurgruppe, die aus 8 Hunden verschiedenster Rassen und Größen und dem dicken Kragenbär „Otto" bestand, in den engen Raum.

„Wir kamen gerade vorbei und wollten schnell mal Guten Tag sagen", meinte ihr Herr und Meister mit einem entwaffnenden Lächeln, während sich die Hunde eifrig bemühten, mit ihren buschigen Schwänzen sämtliche Einrichtungsgegenstände durcheinander zu wedeln und „Otto" mit seinem massigen, nassen Hinterteil gemütlich auf der hellen Couchdecke Platz nahm.

Nach dieser Erfahrung war ich auf alles gefaßt, und ich hätte mich kaum gewundert, wenn der Raubtierdompteur Gilbert Houcke seine Löwen zu einer Kaffeevisite mitgebracht hätte.

Nach fünfzehn Tagen beim Zirkus Althoff kam der Morgen, da ich mein letztes sauberes Hemd anzog. „Warum bringst Du Deine Wäsche nicht zu Frau Knopf? Die wäscht doch für den ganzen Zirkus!" raunzte mich Herbert beim Aufstehen, als ich diesen Mißstand verkündete, in einem so ungnädigen Ton an, als sei die Unkenntnis von der Existenz dieser wichtigen Persönlichkeit eine bedenkliche Lücke meiner Allgemeinbildung.

Frau Knopf, eine gemütliche Frau von undefinierbarem Alter, die mit ihrer kleinen, kugelrunden Figur ihren Namen nicht zu Unrecht trug, war die Frau eines Zeltarbeiters. Obwohl sie mit ihrer schier unübersehbaren Kinderschar Arbeit genug haben mochte, hatte sie die alte Zirkussitte, nach der auch die Ehefrauen irgendeinen Posten in dem großen Getriebe übernehmen, fortgeführt und sich das Wäschereimonopol gesichert. Alle unverheirateten Artisten, Angestellten und Arbeiter, die weder Zeit noch Gelegenheit hatten, ihre Wäsche selbst zu waschen, gehörten zu ihrem festen Kundenkreis, und da sie die Sachen innerhalb weniger Tage sauber und gebügelt zurückerhielten, zahlen sie willig die durchaus nicht schüchtern festgesetzten Preise.

Frau Knopf besaß noch eine zweite, ebenfalls recht ergiebige Einnahmequelle. Sie führte die Oberaufsicht über die Damentoilette, die in einem eigens zu diesem Zweck konstruierten Wagen untergebracht war. Während der Tierschau und der Vorstellung floß damit ein reicher Groschensegen in ihre Kasse.

„Is alles vom Wetter abhängig", erklärte sie mir eines Tages sachkundig, als ich mich höflich nach dem Gang ihrer Geschäfte erkundigte. „Jetzt is nich viel los. Am besten is et immer bei kühlem Regenwetter. Wissen Se, dat schlägt so auf die Blase!"

Außer den exotischen Tieren, die in den Stallzelten und Käfigwagen untergebracht waren, hielten sich die meisten Artisten eine Menge ganz gewöhnlicher Haustiere: Hunde und Katzen, Hühner, Enten und Gänse. Bei einer seßhaften Lebensweise ist das nichts besonderes, aber wenn der Stall alle paar Tage in einer anderen Umgebung steht, bedeutet es keine geringe Anforderung an die Anpassungsfähigkeit der Tiere.

Diese führten freilich ein beneidenswert freies Dasein. Die Hunde schnüffelten überall auf dem weiten Platz umher, wenn sie es nicht vorzogen, im Schatten zwischen den Rädern der

Wohnwagen ein Nickerchen zu halten. Die Hühner legten auf ihrer Suche nach Grünfutter und Regenwürmern oft sehr weite Strecken zurück; die Enten und Gänse hielten Ausschau nach einem Tümpel oder Wassergraben, und die Katzen stromerten bei ihren unkontrollierbaren Abenteuern und Raubzügen durch die halbe Stadt. Trotzdem habe ich nie gehört, daß sich eines der Tiere etwa verlaufen hätte, denn abends waren sie alle wieder pünktlich zur Stelle.

Ein tierpsychologisches Phänomen erschien mir aber jedes Mal ihr Verhalten am Abbautag zu sein. Obgleich ihnen natürlich niemand mit Worten klarmachen konnte, daß es nun wieder weiterging zur nächsten Stadt, mußten sie es doch an irgendwelchen Anzeichen schon vorher bemerkt haben. An solchen Tagen entfernten sie sich nie sehr weit vom Platz, und selbst die Katzen ließen ihr Abenteuer Abenteuer sein und fanden sich rechtzeitig zur Abfahrt im Wohnwagen ein.

Selbst wenn die Zirkusleute einen besonders ausgeprägten Sinn für Romantik besessen hätten, wäre ihnen dieser schon aus Zeitmangel bald vergangen. Der Tag war bis zum Rande angefüllt mit Proben,Vorstellungen und mit der Pflege der Tiere und Requisiten. Hinzu kam das ständige Wanderleben, das den Frauen die Besorgung ihres Haushaltes erschwerte, zumal sie fast alle noch einen Nebenposten auszufüllen hatten. Für Romantik war da einfach kein Raum.

Dreimal im Monat, meist an den Tagen, da die Gage ausgezahlt wurde, gab es in einem Kino in der Nähe des Zirkusplatzes – das Fernsehen hatte damals noch keinen Einzug gehalten – eine Extra-Vorstellung für das fahrende Volk. Doch konnte man sich dieses Vergnügen natürlich erst nach Beendigung der Abendvorstellung leisten, so daß der Film meist nicht vor Mitternacht begann. Da während der anderen Zeit des Tages niemand Zeit hatte, ein Kino zu besuchen, erfreute sich diese Einrichtung allgemeiner Beliebtheit, und vom letzten Stallburschen bis zu Direktor Franz Althoff versäumte niemand, daran teilzunehmen.

Solange das Licht im Saal noch brannte, herrschte eine erwartungsvolle, ausgelassene Stimmung. Die Zirkusleute freuten sich wie die Kinder auf das bevorstehende Vergnügen. Aber schon bei der Wochenschau konnte man beobachten, wie einer nach dem anderen den Kopf auf die Schulter seines Nachbars sinken ließ, und bevor der Film seinen Höhepunkt erreicht hatte, war bereits die Mehrzahl der Zuschauer in Morpheus' Arme gesunken.

Am nächsten Tag begann dann eine Art Puzzle-Spiel. „Haben Sie zufällig die oder jene Stelle mitgekriegt?" so fragte jeder jeden, und mühselig wie bei einem Mosaik wurde nun Teilchen zu Teilchen gefügt, bis glücklich doch noch alle über den Verlauf der Filmhandlung im Bilde waren.

Sobald der Zirkus in einer Stadt länger als drei Tage gastierte, spürte man bei seinen Bewohnern eine merkwürdige innere Unruhe und Unzufriedenheit, die dann aber am Abbautag plötzlich wieder wie weggeblasen war. Eine Stadt mochte noch so schön sein, ihre Vorzüge mochten noch so deutlich auf der Hand liegen, sobald der Abbautag kam, packte jeder glückselig seine Sachen zusammen und verließ den gastlichen Ort ohne eine Spur von Bedauern. Weiter, endlich weiter, so ging es wie ein spürbares Aufatmen durch den ganzen Zirkus.

Wie schon bei meiner ebenfalls kurzen Fahrenszeit mit dem Zirkus Hagenbeck konnte ich dieses Gefühl allerdings nicht teilen. Meine Ahnen waren eben keine Fahrenden gewesen, und meine durchaus vorhandene Lust am Herumzigeunern beruhte eben nicht auf dem soliden Fundament einer generationenlangen Tradition. Im Grunde war ich immer bereit, an einem angenehmen Ort für einige Zeit Wurzeln zu schlagen.

Für die richtigen Zirkusbewohner ist aber weder ein bestimmtes Land noch eine bestimmte Stadt Heimat im eigentlichen Sinne. Ihre Wurzeln sind vielmehr tief in der Welt des Zirkus verhaftet, und solange sie in diesem Milieu atmen können, sind sie glücklich und zufrieden. Alles was außerhalb der Zirkusumzäunung ist, bedeutet ihnen im Innersten nicht viel mehr als das ständig wechselnde Bild der Wolken, die wir vom Fenster unserer Wohnung aus vorüberziehen sehen.

Reklame ohne „Tuffi“ – undenkbar!

Teils ging ich dem Zirkus-Tierarzt zur Hand, teils durfte ich Fräulein Vogts unermüdliche Reklame-Aktivitäten begleiten und unterstützen. Die nun kreisten natürlich immer wieder um „Tuffi“, so daß uns der Name – nicht das liebe kleine Elefantenmädchen – allmählich zum Halse heraushing. In jeder neuen Gastspielstadt stürzte sich die Presse einmütig wie eine Meute halb verhungerter Köter auf den inzwischen bereits etwas angeschimmelten Knochen der „Tuffi“-Sensation. Von den drei Raubtiernummern im Althoff-Programm, von den fliegenden Menschen, den Freiheitsdressuren der herrlichen Pferde und den anderen Attraktionen nahmen sie nur am Rande Notiz.

Das war so auf der Pressekonferenz vor der Premiere, und es setzte sich fort beim Empfang danach: „Tuffi“, „Tuffi“ und kein Ende. Nicht anders beim Publikum. Ab zwei Uhr nachmittags, wenn sich die Menschenmassen, allen voran die Kinder, zum Einlaß für die Nachmittagsvorstellung drängten, klang auch hier das Volksgemurmel wie ein wohl einstudierter Chor: „Tuffi, Tuffi, Tuffi . . .“

Doch im gleichen Maße, wie unsere Nerven unter der allgemeinen „Tuffi“-Hysterie litten, füllten sich die Kassen. Es gab inzwischen natürlich Tuffi-Postkarten, aus Wuppertal kam die Nachricht von Tuffi-Torten und sogar Tuffi-Schnürsenkeln. Ich hätte mich nicht gewundert, wenn Eltern ihre Kinder von nun an auf den Namen Tuffi getauft hätten.

Und Direktor Franz Althoff brütete immer neue Ideen aus, um das Interesse an seinem „Zugpferd“ nicht vor dem Ende der Saison einschlafen zu lassen. „Morgen geht es mit dem Elefanten zum Namensvetter vom Chef, zum Kaufhaus Althoff“, verkündete Helma Vogt eines Mittags, als wir gerade bei unserem Standardgericht, Nudeln mit Tomatensoße, zusammensaßen. „Als besonderen Clou für die Presse hat er zusammen mit dem Werbechef des Kaufhauses die Story ‚Ein Elefant im Porzellanladen‘ ausgeheckt.“

Am nächsten Tag um 10. 30 Uhr ging es los. Der Zirkusplatz lag eine gute halbe Stunde vom Stadtzentrum entfernt. Es war sehr heiß. Wir hatten noch nicht die Hälfte des Weges hinter uns, da japsten Helma Vogt und ich bereits wie Karpfen, die aufs Trockene geraten sind. „Tuffi" hatte einen Schritt am Leibe, bei dem uns glatt die Puste wegblieb. Franz Althoff grinste uns schadenfroh zu. Dann erreichten wir endlich den Ort des vorgesehenen Spektakels. Vor dem Kaufhaus standen bereits die ganze Reporter-Meute und der Werbechef zum Empfang bereit. Ich merkte Helma Vogt an, daß sie am liebsten in einer Versenkung verschwunden wäre.

„Tuffi" voran, stiegen wir die breiten Treppen bis zum 3. Stockwerk empor, in die Abteilung für Haushaltswaren, Glas und Porzellan. Auf einem großen Tisch standen dort ausrangierte, leicht beschädigte Kaffeekannen, Tassen, Teller, Schüsseln, Vasen und Suppenterrinen. In dieses dichtgedrängte Arrangement streute eine Verkäuferin höchst listig Zuckerstückchen, für welche „Tuffi" bekanntlich nun einmal eine besondere Leidenschaft hatte. Die Reporter standen mit ihren schußbereiten Kameras rundum und warteten gespannt auf den wohl unausbleiblichen Scherbenhaufen. Aber „Tuffi" hatte mal wieder ihren eigenen Kopf. Wohl ließ sie sich willig von ihrem Herrn an den Tisch heranführen – soweit ging alles planmäßig. Dann aber angelte sie geradezu aufreizend geschickt mit ihrem Rüsselfinger ein Stück Zucker nach dem anderen heraus, und als das letzte verschwunden war, stand das todgeweihte Porzellan immer noch unversehrt an seinem Platz. Die Fotografen schnitten lange Gesichter. Offensichtlich fühlten sie sich genarrt und um ihren Schnappschuß betrogen. Diesmal lag das schadenfrohe Grinsen bei mir, als ich Franz Althoff anschaute.

Inzwischen hatte der Werbeleiter unter Assistenz einer Verkäuferin das Porzellan noch um einige Grade kippliger aufgebaut. Wir wagten es kaum anzuschauen, damit es nicht vorzeitig herunterfiel. Auch die Zuckerstücke wurden noch raffinierter verteilt.

Man hätte sich all diese Mühe sparen können, denn auch dieses Mal brachte „Tuffi" keine einzige Tasse zum Absturz. Jede Hausfrau hätte sich an ihrer Vorsicht begeistert und sie umgehend als Spülmädchen engagiert. Dem Werbeleiter, dessen ganze schöne Idee vom „Elefant im Porzellanladen" durch „Tuffi" zunichte gemacht worden war, platzte der Kragen. Mit einer wütenden Handbewegung wischte er nun seinerseits das Porzellan vom Tisch. Am anderen Morgen aber bestaunten die Zeitungsleser die Bilder, auf denen „Tuffi" inmitten einer wüsten Trümmerstätte stand.

Nachdem die Abteilung für Hausrat und Porzellan ihre Sensation gehabt hatte, wollte die Möbelabteilung auch nicht zurückstehen. Auf einer schönen, breiten Couch lud man unsere junge Elefantendame zum Sitzen ein. Platznehmen, das hatte sie schon in der Dressur gelernt. Sie ließ sich also nicht lange nötigen. Die Stahlfedern ächzten zwar gequält, als „Tuffi" ihre 14 Zentner in die Polster sinken ließ, doch sie hielten tapfer stand.

In diesem Augenblick zuckte hinter uns ein greller Lichtschein auf, und meinem Nebenmann riß es den Hut vom Kopf. Entsetzt schauten wir uns um. „Entschuldigung", murmelte einer der Bildberichter, „mein Blitzgerät hatte 'ne Panne, und da hat mir eine Verkäuferin eine Tüte Magnesium aus der Fotoabteilung geholt. War wohl ein bißchen reichlich", fügte er mit einem verlegenen Lächeln hinzu. Der Mensch hatte Nerven!

Allem Anschein nach hatte „Tuffi" den kleinsten Schreck davongetragen. Vielleicht war es auch gut, daß sie gerade saß und mit ihrem dicken Hinterteil nicht so schnell hochkam.

„Stell Dir das Gesicht von dem Werbefritzen vor, wenn ‚Tuffi' statt des ollen Porzellans die schönen neuen Polstermöbel zertrümmert hätte", bemerkte Helma Vogt feixend, als wir uns später in einem Café von den Strapazen des Kaufhaus-Abenteuers erholten. Wir waren gespannt, was Franz Althoff wohl noch alles aushecken würde.

Die nächste Stadt war Gelsenkirchen. Franz Althoff hatte herausgefunden, daß einer der jungen Elefanten, das kleinste Tier aus der Herde, mit der „Tuffi" vor einigen Monaten aus Indien nach Deutschland gekommen war, im Gelsenkirchener Zoo sein neues Zuhause gefunden hatte. „‚Tuffi' besucht Reisekamerad im Zoo. Ein rührendes Wiedersehen nach langer Trennung". Im Geiste sah er bereits die dicken Schlagzeilen auf den Titelseiten prangen.

Gottlob war der Weg zum Zoo so weit, daß wir ihn diesmal unmöglich zu Fuß bewältigen konnten. An dem verabredeten Morgen fuhren wir daher ganz vornehm mit dem Auto, während „Tuffi" in einem Requisitenwagen, den man eigens zu diesem Zweck hinter eine Zugmaschine gespannt hatte, in einigem Abstand folgte.

Vor dem Eingang zum Zoo standen bereits Zoodirektor Dr. Hermann Steinmetz und die üblichen Reporter bereit. Als wir zum Elefantenhaus kamen, streckte uns „Birma", eine riesige Elefantenkuh, witternd den Rüssel über die Absperrung entgegen. Von dem kleinen Elefantenbullen namens „Kumpel" war vorerst nichts zu sehen. Plötzlich entdeckte ich zwischen „Birmas" hohen Säulenbeinen etwas Graues. Der kleine Bursche hatte Lunte gerochen und sich rechtzeitig in Sicherheit gebracht.

Als wir nun zu allem Überfluß auch noch mit „Tuffi" im Freigehege erschienen, bekam er es erst recht mit der Angst zu tun. Quietschend und trompetend, mit hoch erhobenem Rüssel und vorgeklappten Ohren, ergriff er die Flucht. „Birma", die ihren Schutzbefohlenen in ernster Bedrängnis glaubte, machte schon Anstalten, uns alle samt und sonders als lästige Eindringlinge aus dem Gehege zu fegen. Erst als ihr der erfahrene alte Berliner Elefantenpfleger Karl Preuß begütigend zuredete, beruhigte sie sich wieder. Vorsichtshalber legte er sie auch noch an die Fußketten.

„Tuffi" aber tat, als ginge sie das alles gar nichts an. Ihr Interesse galt einzig und allein dem üppigen Freßkorb, den ihr Karl Preuß zum Willkommen überreicht hatte. Während „Kumpel", noch immer mißtrauisch, die unlautere Konkurrenz, die da plötzlich aufgetaucht war und mit ihrem rotweißen Lederkopfputz reichlich fremdartig aussah, zwischen den Beinen der Pflegemutter hervor beäugte, verschlang „Tuffi" Brot, Bananen, Maiskolben und Möhren mit der selbstverständlichen Sicherheit einer Dame von Welt.

Zirkustiere

Das ist letzten Endes überhaupt das typische Merkmal der Zirkustiere: Die Gelassenheit, mit der sie allen Situationen begegnen. Natürlich gibt es artenmäßig oder individuell bedingte Gradunterschiede, aber ganz allgemein gesehen ist der Unterschied zwischen ihnen und den Zootieren, die nie oder nur selten ihre Umgebung wechseln, der gleiche wie zwischen weitgereisten Globetrottern und linkischen Provinzlern.

Außer den Raubtieren, den Seelöwen und den Affen, die am Abbautag den Weg vom Zirkuszelt zu den Verladerampen des Güterbahnhofs in ihren Käfigwagen zurücklegten, maschierte alles, was vier Beine hatte, zu Fuß durch die Stadt. Das gesamte Zirkuspersonal und jeder, der bereit war, gegen ein Trinkgeld mit anzufassen, bekam den Halfter eines Tieres in die Hand gedrückt.

An diesen Abenden entwickelte Franz Althoff den Instinkt eines Schäferhundes. Ich weiß nicht, wie er es fertigbrachte, aber immer tauchte er mit fast nachtwandlerischen Sicherheit gerade dort auf, wo es anfing, brenzlig zu werden. Ein paar kurze Anweisungen, ein paar Handgriffe, ein derber Anpfiff, und schon klappte die Sache.

Als ich versuchte, dem Geheimnis seiner Allgegenwärtigkeit auf die Spur zu kommen, geriet ich schnell außer Puste. „Geschwindigkeit ist keine Hexerei", meinte er amüsiert. „Das lernt man eben, wenn man von Kindesbeinen an im Zirkus ist und wenn man für alles die Verantwortung trägt. Für sämtliche Zwei- und Vierbeiner und . . . Nehmen Sie den hier, damit er schnell wieder bei seiner Mutti ist", unterbrach er sich und drückte mir ein Shetland-Ponyfohlen in die Arme. Es war am Vormittag zur Welt gekommen, ein schwarz-weiß geschecktes, zittriges Wesen. Behutsam legte ich die Enden meines Mantels um das winzige Tierkind und trug es hinter seiner Mutter, die von einem Stallkutscher am Halfter zum Bahnhof geführt wurde. Alle paar Schritte drehte sie den Kopf nach mir um. Es war ihr erstes Baby, und sie hatte anscheinend Angst, daß man es alleine zurücklassen würde.

Lamas, Kamele, Büffel und sogar die von Natur aus ein wenig

zur Hysterie neigenden Zebras ließen sich willig am Halfter durch die Straßen führen. Die Elefanten imponierten mir am meisten. Sie maschierten mit der eisernen Disziplin einer Kompanie Soldaten zum Güterbahnhof. Nur daß alles seltsam lautlos vor sich ging. Ihre federnden Sohlen verschluckten jeden Lärm. Ein paar halblaut gesprochene Kommandos, ein leichtes Antippen mit dem Elefantenhaken, und schon maschierten sie in die gewünschte Richtung. In Gruppen von jeweils 2 oder 3 – je nach Größe der Tiere – bezogen sie ihre Plätze auf der Rampe; einer nach dem andern, so wie sie mit Namen aufgerufen wurden, trat aus der Gruppe heraus und kletterte willig in den ihm zugewiesenen Waggon.

Das ungeschriebene Gesetz: „Die Arbeit in der Manege rangiert vor jeder Art von Privatleben", galt nicht nur für die Artisten, sondern auch für die Tiere. Vom Zoo her kannte ich es nicht anders, als daß z. B. eine Raubtier-Mutter, die Junge aufzog, wie ein rohes Ei behandelt wurde. Schon Tage vor dem freudigen Ereignis wurde der große Käfig mit Brettern verschalt, damit die Wöchnerin ihre Jungen in völliger Ruhe und Abgeschiedenheit zur Welt bringen konnte. Lagen die Neugeborenen dann glücklich im Stroh, ging jeder auf Zehenspitzen durchs Raubtierhaus, und die Kinderstube stand noch tagelang im Mittelpunkt.

Im Zirkus passierte das alles nur am Rande. Das Ereignis wurde freudig zur Kenntnis genommen, aber es berührte nicht den Ablauf des gewohnten Zirkus-Alltags.

Als wir wieder einmal eines Morgens auf dem neuen Platz die Köpfe aus dem Wagen herausstreckten, nachdem wir die ganze Nacht im „Neuner" eingeschlossen über die Schienen gerollt waren, erfuhren wir sozusagen in einem Atemzug, daß „Pluto", die große Dogge, auf einer nahegelegenen Wiese über ein Schaf hergefallen war; daß „Suleika", die Löwin, Drillinge geboren hatte und daß der Toilettenwagen noch immer auf dem Güterbahnhof stand und nicht vor Mittag zu erwarten war.

Den Umständen angemessen traf uns die letzte Nachricht besonders hart, während wir für die beiden anderen im Augenblick nicht mehr als ein schwächliches „Oh" aufbrachten.

Ich war noch nicht lange genug beim Zirkus, um nicht immer wieder von dem rasanten Tempo beim Auf- und Abbau fasziniert zu sein. Den ganzen Tag trieb ich mich zwischen den Zeltarbeitern herum. Abends um 20.00 Uhr, pünktlich wie immer, fing die Premiere an. Es war unbehaglich schwül, fast konnte man die Luft mit den Händen greifen. Aus dem Chapiteau klangen Fetzen von Musik zu mir herüber. „Aha", dachte ich, „jetzt arbeiten die Löwen".

„Suleika"! Im Trubel des Aufbautages hatte ich sie und ihre Drillinge total vergessen. Froh, meinem Herumschlendern ein Ziel geben zu können, eilte ich zu den Raubtierwagen hinüber. Sie standen gleich neben dem Artisteneingang. Von „Suleika" war keine Spur zu entdecken. „Ob man ihr einen anderen, ruhigeren Platz zugewiesen hat?" überlegte ich und ging an den Käfigen der Tiger, Leoparden und Bären vorbei. Von einer Löwen-Wochenstube fand ich nicht die geringste Spur. Vielleicht wußte es Marcel?

Marcel war 6 Jahre alt, der jüngste Sohn des Löwendompteurs Gilbert Houcke. Wir waren Freunde vom ersten Tag unserer Bekanntschaft, obwohl er kaum ein Wort Deutsch verstand und meine französischen Sprachkenntnisse sich auf wenige, kümmerliche Worte beschränkten. Daher waren unsere Gespräche manchmal etwas kompliziert, aber immer amüsant.

Im dunklen Schlagschatten des Wohnwagens wäre ich beinahe über Marcel gestolpert. Er hockte auf dem Boden und bewachte einen großen Wäschekorb. Den Inhalt konnte ich nicht gleich erkennen. „Bon soir", begrüßte er mich artig, nachdem wir uns von dem gegenseitig eingejagten Schreck erholt hatten. „Voila, ce sont Bambini von ,Suleika', Löwin ist in Chapiteau".

Das konnte doch gar nicht sein! Erst in der vergangenen Nacht hatte sie ihre Jungen zur Welt gebracht, und nun arbeitete sie schon wieder in der Manege? Ungläubig beugte ich mich über den Wäschekorb. Tatsächlich! Auf einem buntkarierten Kopfkissen krabbelten drei winzige Löwenbabies. Ich erfuhr weiter, daß Marcel für die Zeit, die die Löwin in der Manege arbeitete, von seinem Vater als Löwenkindermädchen bestellt worden war.

Im Anschluß an die Premiere saß ich mit Franz Althoff, Helma Vogt und den Presseleuten in einem benachbarten Gasthaus zusammen. Wie üblich wurde das Thema „Tuffi" breitgewalzt. Helma warf mir verzweifelte Blicke zu, aber was konnte ich dagegen tun? Schließlich hatte sie sich die Sache mit „Tuffi" selbst eingebrockt.

Später, auf dem gemeinsamen Rückweg zum Zirkusplatz, fand ich endlich Gelegenheit zu einer Frage, die mir schon den ganzen Abend auf der Zunge gelegen hatte: „Verrichtete ‚Suleika' heute ihre Arbeit vernünftig und willig wie immer, während sie ihre Kleinen allein wußte?"

„Das ist alles Erziehung und Gewohnheit", antwortete Franz Althoff „Sehen Sie, ‚Suleika' ist es nicht anders gewohnt, als daß sie zweimal täglich ihre Arbeit in der Manege verrichtet. Es gehört sozusagen mit zum Rythmus ihres Tagesablaufs, und sie weiß auch genau, daß sie anschließend wieder ihre Jungen in den Käfig bekommt. Wozu soll sie sich da erst aufregen? Nur wenn wir plötzlich etwas ganz Ungewohntes von ihr verlangen, dann würde sie sicher streiken. Außerdem kennen Sie doch die Löwennummer von A bis Z. ‚Suleika' darf gar nicht fehlen, sonst kommt die ganze Nummer zum Platzen. Die Arbeit steht nun einmal im Zirkus an erster Stelle. Das ist manchmal etwas hart, aber uns allen geht es ja auch nicht besser."

Sturmalarm

Wie immer bei der Premierenbesprechung war es auch diesmal spät geworden. Von irgendwoher schlug eine Uhr die zweite Stunde, als wir endlich in unsere Kojen krochen. Es war zum Ersticken schwül, obgleich die beiden Fenster im „Neuner" weit offenstanden. Schon seit Stunden hing ein Gewitter in der Luft. Erst wenn es zur Entladung kam, würde man wieder freier atmen können.

Lange konnte ich noch nicht geschlafen haben, als ich durch ein gewaltiges Krachen aufgeschreckt wurde. Von dem grellen Schein der Blitze, die im Abstand von wenigen Sekunden aufzuckten, war unser Wagen taghell erleuchtet. Ich sah Herbert

aufrecht im Bett sitzen. „Du hast aber einen gesegneten Schlaf",
rief er mir halb ärgerlich, halb belustigt zu. „Neben Dir können
ja Häuser einstürzen, bevor Du Dich rührst!"

Wir horchten auf. Durch das Krachen der Donnerschläge und
das Heulen des Sturms klang plötzlich ein anderer Ton: Ein
Gong, aufgeregte Stimmen. „Sturmalarm!" schrie Herbert und
sauste aus dem Bett. Wir griffen die erstbesten Kleidungs-
stücke, die wir erwischten, und dann waren wir auch schon
draußen. Zwischen den Wagen kribbelte es wie in einem auf-
gestörten Ameisenhaufen. Zeltarbeiter, Stallkutscher, Artisten,
Frauen und Kinder stürmten notdürftig bekleidet aus den
Wagen heraus. Zuerst noch verschlafen, dann aber durch den
strömenden Regen und angesichts der Gefahr, die dem Chapiteau, dem Herz des Zirkus, drohte, augenblicklich hellwach.

Verzweifelt hängten wir uns an die Abseilungen, an flattern-
de Stücke der Zeltplane, denn wenn der Sturm erst einmal eine
Lücke, einen Eingang in das Innere fand, dann war das große
Zelt verloren.

Meine Hände brannten schon nach kurzer Zeit von der Anstrengung des Festhaltens wie Feuer. Regenschauer, vermischt
mit erbsengroßen Hagelkörnern, prasselten kalt und schmerz-
haft auf den Körper ein. Ich sah die Verbissenheit auf den Gesichtern ringsrum, die keuchende Anstrengung, und hielt aus.
Tief im Inneren war ich fest davon überzeugt, daß alles verge-
bens sei, denn das Zelt gebärdete sich wie ein bockendes Pferd.

Ruhig und bestimmt, als ginge es in dieser Stunde nicht um
die Existenz des Zirkusunternehmens, gab Franz Althoff seine
Anweisungen. Zugmaschinen rollten heran, schoben die
Wohn- und Käfigwagen zu einem dichten Ringwall an das Zelt
heran. Kleinere Lücken wurden mit Brettern und Requisiten
zugestopft, denn unten an der Basis bot sich dem Sturm die
beste Angriffsfläche. Ich glaubte, Stunden seien vergangen, als
die Absicherung endlich geschafft war und wir etwas Luft holen
konnten. Dabei war, wie ich mit einem Blick auf die Arm-
banduhr feststellte, erst eine knappe halbe Stunde seit dem
Alarm vergangen. Was in der Kraft der Menschen stand, war
getan. Nun konnte man nur noch abwarten.

Zitternd vor Kälte, die durch die triefnassen Kleider drang,

74

hockten Herbert und ich nebeneinander auf der Treppe vor dem „Neuner". Wir waren viel zu aufgeregt, um jetzt an das Nächstliegende, an trockene Kleider zu denken.

Im Osten tagte es schon, als der Sturm allmählich an Kraft verlor. „Ich glaube, wir können uns jetzt wieder getrost aufs Ohr legen." Es war „Onkel" Adolph Frohn, der Seelöwendompteur, der das sagte. „Heute ist es ja nochmal gutgegangen, aber einmal vor Jahren in Norwegen, als ich mit einem Zirkus durch die skandinavischen Länder reiste, kam es zu einer Katastrophe. Der Zirkusplatz lag auf einem Felsplateau, von dem man eine wunderbare Aussicht über den Fjord genoß. Fünfzig Meter hinter dem Platz fiel der Felsen schroff ab, nur durch einen schmalen Küstenstreifen vom Wasser getrennt. Am zweiten Gastspieltag, kurz vor der Nachmittagsvorstellung, brach plötzlich mit ungeheurer Wucht ein orkanartiger Sturm los, alles was Hände hatte, hing an den Abseilungen, krallte sich in der Leinwand fest, bis die Nägel abbrachen und die Finger bluteten; aber es war umsonst. Der Sturm wühlte sich ins Chapiteau hinein, die starken Masten zerknickten wie Streichhölzer, und plötzlich hob sich das ganze Zelt wie ein riesiger Windvogel in die Luft, trieb über den Rand des Abgrunds hinweg und landete unten am Strand, nur wenige Meter von der Meeresbrandung entfernt.

Die Nachmittagsvorstellung war natürlich zum Teufel. Aber am nächsten Tag hatten wir das Chapiteau, wenn auch noch etwas provisorisch, wieder aufgebaut. Die Vorstellung wurde ein toller Erfolg. Anscheinend hatte es den Leuten mächtig imponiert, daß wir nicht willens waren, uns von einem Schicksalsschlag unterkriegen zu lassen. Trotz des schlechten Wetters kamen sie von weither, und es machte ihnen nichts aus, daß sie mit aufgespannten Regenschirmen dasitzen mußten, denn die Leinwand hatte durch die Luftreise eine Menge Löcher abgekriegt."

„Na, mir hat die kleine Kostprobe von heute schon gereicht", meinte ich, als wir endlich noch ein Stündchen in unsere Kojen kriechen konnten.

Franz Althoff und seine Elefanten zu Besuch bei uns im Zoo, anläßlich eines Berlin-Gastspiels des Zirkus Althoff 1958.

Auch später mit dem Zirkus verbunden

Bald danach war auch mein zweites Zirkus-„Gastspiel", diesmal bei Franz Althoff, beendet. Ich hatte dabei viel gelernt, vor allem, was Menschenführung, Improvisation und Großzügigkeit betrifft. Wie zuvor schon Lorenz Hagenbeck und Fritz Wegener, so hatte sich auch Franz Althoff mir gegenüber äußerst freundlich und hilfreich gezeigt. Die Begegnungen mit dem „fahrenden Volk", den wunderbaren Tierlehrern, Artisten, Angestellten und Arbeitern, haben sich mir tief eingeprägt. Von meinem Ziel, Zoodirektor zu werden, konnten mich diese fast drei Monate bei Hagenbeck und Althoff freilich nicht abbringen.

Als ich dann später Direktor des Zoologischen Gartens Berlin wurde und dieses Amt fast vierzig Jahre innehatte, gehörten freilich Begegnungen mit dem Zirkus zum festen Programm. Schon meine Vorgängerin, Frau Dr. Katharina Heinroth, hatte in der bitteren Zeit nach dem Krieg Paula Busch und ihren Tieren Unterkunft im Zoologischen Garten geboten, ihr Zirkus spielte gar für einige Monate dort. Auch ich lernte Paula Busch dann kennen, die ich nicht nur schätzte, sondern liebte, ebenso wie ihre Tochter Michaela. In meiner Amtszeit gehörten dann selbstverständlich die Berliner Gastspiele der großen Zirkusunternehmen immer zu den Höhepunkten. Ich war stets Ehrengast bei der Premiere, dabei traf ich dann Franz Althoff und auch Rudolf Matthies wieder und viele andere Spitzenleute des fahrenden Volks. Und Althoffs Elefanten marschierten vom Lützowplatz in den Zoologischen Garten, um ihren Artgenossen in unserer Elefantenanlage einen Besuch abzustatten, der natürlich auch für Werbezwecke genutzt wurde – wie einige Jahre zuvor „unsere Tuffi" bei Althoff!

3
Nashörner und Wasservögel – meine Favoriten

Ein Zoodirektor darf keine „Lieblingstiere" haben, alle Tiere sind gleich – das gilt als eherne Regel. Doch wenn man dann ganz ehrlich ist in seinem Herzen, so sind eben doch einige Tiere „gleicher": meine besondere Liebe gilt seit jungen Jahren den Nashörnern und zugleich der schillernden Welt des Wassergeflügels. Diese Kombination mag auf den ersten Blick verwundern, handelt es sich dabei doch um extrem unterschiedliche Arten – das riesige Säugetier und die possierlichen Wasservögel. Ich will also erzählen, wie es zu dieser Neigung kam.

Von Haus aus bin ich ein reiner „Säugetier-Mann", in erster Linie ausgebildet zum Tierarzt und erst in zweiter Linie als Zoologe, weil mein Vater das so wollte. Studium und erste Praxis waren also auf Säugetiere ausgerichtet. Und wie nun gerade Nashörner?, wird der geneigte Leser fragen. Das geht bei mir, wie so viele ernsthafte Neigungen des Menschen, auf Jugenderlebnisse zurück.

Unsere Familie verbrachte den Sommerurlaub in schöner Regelmäßigkeit an der Nordsee, in Cuxhaven-Duhnen. Der Rheinländer fährt an die Nordsee, der Berliner an die Ostsee – das ist nun eben einmal so. Als der Urlaub 1935 sich dem Ende zuneigte und es an die Rückfahrt ging – wir reisten per Motorrad mit Beiwagen, ich durfte bereits den Platz auf dem Soziussitz einnehmen –, sagte mein Vater: „Nun wollen wir dem Jungen noch einen Tag in Hagenbecks Tierpark schenken." Ich war damals neun Jahre alt und natürlich hocherfreut. Kurz darauf betrat der Knirps dann zum ersten Mal die Stätte so vieler künftiger Erlebnisse. (1995 habe ich übrigens mit Hagenbecks das sechzigjährige Jubiläum dieses Tages gebührend gefeiert.)

Ich kannte bereits den Wuppertaler Zoo, wo man mich fast täglich voller Begeisterung antreffen konnte, und auch den Kölner Zoo. Einige Male hatte mein Vater – der oft beim Vorstand des IG Farben-Konzerns in Frankfurt a. M.-Hoechst zu tun hatte und mich dann gelegentlich mitnahm – mir auch schon den Frankfurter Zoo gezeigt, der bereits damals eine bedeutende Rolle spielte und das Spitzmaulnashorn „Faru" besaß. 1938 nahm er mich sogar auf eine Dienstreise nach Holland mit, wo ich dann den berühmten Amsterdamer Zoo sehen sollte, damals einer der führenden Gärten Europas. Auch dort bewunderte ich das seltene Spitzmaulnashorn. Doch zurück ins Jahr 1935 nach Hamburg.

Hagenbeck machte zu dieser Zeit riesige Reklame mit der Tatsache, daß er als einziger in Europa ein nepalesisches Panzernashorn zeigen konnte, eine Dame namens „Nepali", so benannt, weil Carlo Hagenbeck sie 1930 nach schwierigen Verhandlungen mit dem Maharadscha aus Nepal geholt hatte. Dies war nach dem Ersten Weltkrieg das erste Exemplar seiner Art in Europa und damals eine solche Rarität, daß es selbst der Firma Hagenbeck nie gelingen sollte, einen Partner für sie aufzutreiben. Erst nach ihrem Tode 1955 holte Dietrich Hagenbeck 1957 aus Assam eine neue „Nepali".

Nun stand ich also vor diesem Tier, ich erinnere mich noch ganz genau daran. Hagenbeck hatte gerade ein ganz modernes neues Elefantenhaus errichtet, architektonisch vollendet in die Landschaft hineingebaut. (Es war viele Jahrzehnte gültiger Standard. Erst 1992/93 wurde es wesentlich verändert und um zwei weitere Freianlagen vergrößert, weil Dr. Claus Hagenbeck, der jetzige Seniorchef, dort auch Elefanten züchten will, was für die Bullenhaltung größere Umbauten nötig machte. Innerhalb von vier Jahren, bis Mitte 1996, sind schon sechs asiatische Elefantenbabies geboren worden.)

Dieses Elefantenhaus nun hatte einen Anbau mit Freianlage – die neue Heimat von „Nepali". Ich stand davor, registrierte jede Bewegung der Nashorndame, studierte ihren Körperbau und war hellauf begeistert. Natürlich hatte ich den ganzen übrigen Tierpark ebenfalls bewundert, doch dies war zweifellos der Höhepunkt. Man sieht, was geschickte Werbung schon damals, vor mehr als sechzig Jahren, bei einem Neunjährigen bewirken konnte!

Daß ich einmal Direktor des Zoologischen Gartens Wuppertal werden würde, daran bestand bei mir schon als kleiner Junge absolut kein Zweifel. Und als wir dann also wieder daheim in Wuppertal waren, sagte ich zu meinem Vater im Brustton der Überzeugung: „Das erste, was ich als Wuppertaler Zoodirektor einmal anschaffen werde, ist ein indisches Panzernashorn!" Vater hatte sich längst, um der Neigung seines Sohnes enstprechend gerecht werden zu können – er selbst war Chemiker –, Brehms Tierleben zugelegt und ausführlich studiert. So konnte er mir antworten: „Schön und gut, aber es gibt ja auch noch andere Nashörner. Denk bitte auch daran (sparsam ging es im Hause Klös stets zu!): Ein Spitzmaulnashorn kostet nur ein Drittel von einem Panzernashorn. Das wird es dann wohl auch machen!"

Von diesem ersten Besuch bei „Nepali" an beschäftigte ich mich intensiv mit Nashörnern. Mein Vater registrierte das und sagte kurz darauf: „In Köln gibt es ein Spitzmaulnashorn, das schauen wir uns jetzt einmal genau an." Auch das war eine Rarität, zu dieser Zeit gab es in Deutschland lediglich bei Hagenbeck, in Berlin, in Frankfurt und eben in Köln je einen Vertreter der Familie der Nashörner, an Züchtung etwa war überhaupt noch nicht zu denken. In Köln stand ich mit gleicher Begeisterung vor dem seltenen Tier, später dann auch in Frankfurt – ich weiß noch: das dortige Spitzmaulnashorn hatte den Namen „Faru". Das war, wie mir mein Vater erklärte, Kisuaheli und bedeutete ganz einfach „Nashorn".

Inzwischen hatte ich gelernt, daß es noch fünf lebende Arten von Nashörnern gibt: Spitzmaulnashorn und Breitmaulnashorn (auch fälschlicherweise „weißes Nashorn" genannt – mit einer südlichen und einer nördlichen Rasse) in Afrika, dazu in Asien Panzernashorn, Sumatra-Nashorn und Java-Nashorn. Fünf verschiedene Arten also.

Die Vorliebe für Nashörner begleitete mich dann auch während meiner Jahre von Studium, erster Praxis als wissenschaftlicher Assistent im Zoo Wuppertal und als Zoodirektor

Mit dem gerade bei uns eingetroffenen „Meru", 2. Juli 1957.

in Osnabrück, ich las die entsprechende Fachliteratur und ver-
vollkommnete mein Wissen um diese faszinierenden Tiere.

Später in Berlin wollte ich dann gern alle diese Arten in mei-
nem Zoo haben, das ist mir aber nicht gelungen. Als ich mein
Amt antrat, fand ich lediglich ein Spitzmaulnashorn vor, die
„Arusha". Auch der große Berliner Zoo hatte immer nur ein
Spitzmaulnashorn gehabt, dazu vor dem Ersten Weltkrieg al-
lerdings zeitweise auch zwei Panzernashörner, ein Sumatra-
und ein Java-Nashorn. Ein Breitmaulnashorn gab es zu keiner
Zeit – dennoch eine gute Besetzung.

Wen kann es nach dem Gesagten wohl verwundern, daß der
neue Berliner Zoodirektor Klös als eine seiner ersten Aktionen
verkündete: „Jetzt muß ,Arusha' einen Mann kriegen"? Ich fuhr
also nach Hamburg und sagte zu Carl-Heinrich Hagenbeck:
„Bei Ihnen steht das Spitzmaulnashorn ,Meru'. Das möchte ich

für Berlin haben." Er meinte darauf: „Einverstanden", er war ja Tierhändler von Hause aus.

So bekam ich also den „Meru". Ich mußte dafür 15.000 DM bezahlen, das war 1957 ein enormer Betrag, ein Drittel meines Etats für Tieranschaffungen. Wir hatten damals einen sehr strengen Aufsichtsratsvorsitzenden. Ich weiß noch genau, wie er in der entsprechenden Sitzung, auf der ich mir den beabsichtigten Kauf von „Meru" bewilligen lassen mußte, recht kritisch reagierte. Doch unser Aufsichtsratsmitglied Dr. Hans-Karl von Jena, ein Bankier, sprang mir zur Seite und sagte: „Wenn Herr Klös ein zweites Nashorn haben will, dann hat er sich ja selbst beschnitten – denn der Etat wird ja nicht erhöht. Doch das muß er selbst entscheiden. Meine Herren, ich jedenfalls stimme dafür!" Das gab dann den Ausschlag, und der Aufsichtsrat stimmte am Ende geschlossen dem Kauf von „Meru" zu.

Am 2. Juli 1957 war also der Nashornbulle da. Wir verfügten über keinerlei Erfahrung, wie man die beiden Tiere zusammenbringen sollte. „Arusha" war ein sehr zahmes Tier, lebte schon reichlich drei Jahre im Berliner Zoo, ich hatte sie sofort ins Herz geschlossen. Mein erfahrener Tierinspektor Georg Johst meinte: „Wir müssen das Gehege durch ein Gitter teilen, damit die beiden sich erst einmal nur beriechen können, bloß nicht gleich zusammenbringen!" Das wurde dann gebaut. Als alles fertig war, ließen wir die beiden Tiere in ihre nebeneinander liegenden Gehege herein. Und nach einigen Tagen wurde an beiden Enden des Gitters ein Feld geöffnet, so daß die Tiere rundherumlaufen konnten. Wir standen atemlos dabei. Das erste, was „Arusha" tat, war, ihren neuen Gefährten mit dem Horn im wahrsten Sinne des Wortes in die Luft zu schleudern – sie hat ihn anerkannt, so glaubten wir und waren happy. Doch weit gefehlt, denn bei „Meru" war damit der umgekehrte Effekt erzeugt worden: Er unterstellte sich „Arusha", sie war das „Alpha"tier. Bis zu seinem Tode zwanzig Jahre danach hat er nicht einmal versucht, aufzumucken, und er hat sie auch nicht einmal gedeckt. Mit der ersten stürmischen Reaktion war die Entscheidung ein für allemal gefallen: Frau im Haus ist „Arusha"! Und meine Hoffnung auf Nachzucht war damit

Mit „Meru" und
„Arusha", 1965.

Die Spitzmaulnas-
hornkuh „Kilaguni"
mit ihrer 26 Tage
alten Tochter „Saba"
im März 1991.

fehlgeschlagen. Das Ziel – also Nachwuchs – war so nicht zu erreichen. Die „Pleite" mit „Meru" sprach sich natürlich in der „Familie" der Zoos mit Windeseile herum. Was bedeutete, daß „Meru" auch nicht mehr zu verkaufen war! Wir hatten ihn mehr als zwanzig Jahre, ehe er starb.

Nun saß ich also da mit meiner „Arusha" und meinem „Meru". Doch das Glück kam mir zu Hilfe. Es ergab sich 1975 die Gelegenheit, von einem Tierhändler einen jungen Nashorn-Bullen und zwei junge Kühe zu erwerben. Meine Bedingung war, daß er bei diesem Geschäft „Arusha" in Zahlung nehmen mußte, da sie nicht zu dem jungen Trio paßte. So geschah es, und alsbald trafen die drei Tiere in Berlin ein. Den Bullen nannten wir „Mbololo", die Kühe „Kilaguni" und „Kitani" – nach einem Berg bzw. zwei Lodges ihrer ostafrikanischen Heimat im Tsavo-Nationalpark, in deren Nähe sie gefangen worden waren.

Doch mein Tieretat gab eigentlich – das „Gegengeschäft" mit „Arusha" eingerechnet – nur den Kauf von einem Nashorn her. Was tun? Nun gab es ja jeden Sonntag meine SFB-Sendung mit Horst Schallon „Freundschaft mit Tieren", dort sprach ich ganz offen über das finanzielle Problem. Und das hörten zwei große Gönner des Berliner Zoos, Herr und Frau Ebbinghaus, die übrigens direkt gegenüber vom Elefantentor in dem großen Hochhaus wohnen. Die Sendung war noch nicht zu Ende, da läutete das Telefon: „Hier Ebbinghaus. Ich will Ihnen nur sagen, Herr Klös – die Hälfte bezahlt meine Frau, die andere Hälfte ich!" Muß ich sagen, wie erfreut ich war? Und was tut darauf dieser Tierhändler? Er ruft mich an und teilt mit, nun sei auch noch ein drittes weibliches Jungtier verfügbar. Das war so verlockend, ich konnte nicht nein sagen. Auch dieses Geld wurde vom Ehepaar Ebbinghaus gespendet, und alsbald traf „Mzima", wie wir sie nannten, in Berlin ein.

Diese vier Jungtiere wuchsen und gediehen, wurden bei uns gemeinsam groß, gemeinsam geschlechtsreif, interessierten sich für einander und „Mbololo" deckte alle drei Kühe. Am Heiligabend 1981 kam das erste Spitzmaulnashorn in der Geschichte des Zoo Berlin zur Welt. Unser Vorrat an sinnvollen geographischen Namen war erschöpft, so schlug meine Frau vor, doch „Schneeflocke"' zu wählen, da es gerade schneite, auf

Kisuaheli „Theluji", wie es dann auch geschah. Danach ging es rasant weiter, bis 1996 sind im Berliner Zoo elf Spitzmaulnashörner geboren und erfolgreich aufgezogen worden.

Im Januar 1988 lag „Mbololo" tot in seinem Stall. „Meru" und „Arusha" waren kein einziges Mal krank gewesen. Doch: mehr Tiere – mehr Krankheiten, das mußten wir an dieser Stelle wieder einmal lernen.

Spitzmaulnashörner können u. a. sehr leicht eine Myoglobinurie bekommen, also roter Muskelfarbstoff im Harn. Dadurch tritt dann Nachhandschwäche, Muskelzittern oder Muskelsteifheit auf, woran ein Nashorn sehr schnell stirbt. Bis heute ist die Ursache dieser Krankheit leider noch nicht erfolgreich erforscht, und entsprechend gering sind die Möglichkeiten für Prophylaxe wie Therapie. So liegen Freude und Leid eng beieinander – wir haben zwar 11 Nashörner gezüchtet und großbekommen, aber zur gleichen Zeit auch drei verloren.

„Mbololo" war also tot. Was sollten wir tun? Uns kam eine inzwischen eingeführte Neuerung zu Hilfe, der ein etwas größerer Abschnitt gewidmet sein soll: die Arbeit mit den Zuchtbüchern zur Erhaltung bedrohter Tierarten. Dabei kann der Zoo Berlin sowohl auf eine gute Tradition wie auf bemerkenswerte Leistungen zurückblicken.

Mit der Gründung der Internationalen Gesellschaft zur Erhaltung des Wisents 1923 im Zoo Berlin unter dem Vorsitz des Frankfurter Zoodirektors Dr. Kurt Priemel und der Einführung eines Zuchtbuches für Wisente trat unser Garten zum ersten Mal als Stätte des Naturschutzes nach außen in Erscheinung. Damals gab es nur noch 56 Wisente auf der ganzen Welt. (Inzwischen hat sich ihre Zahl allein in den Zoos wieder auf rund 1.800 erhöht. Damit sind die Wisente gerettet.) Dieses Zuchtbuch war seinerzeit ein absolutes Novum, denn zu jener Zeit schienen die Bestände an Wildtieren unerschöpflich zu sein, und es war leicht, ein gestorbenes Zootier schnell durch einen Wildfang zu ersetzen. Erst zu Beginn der zweiten Hälfte unseres Jahrhunderts wurde deutlich, welch erschreckendes Ausmaß die Zerstörung der Lebensräume in allen Teilen der Erde als Folge der explosionsartigen Zunahme der menschlichen

Bevölkerung angenommen hatte. Die beängstigend schnelle Entwicklung der Technik und jahrzehntelange Kriege trugen das ihre dazu bei, weite Lebensräume zu verseuchen, zu vergiften, zu roden, abzubrennen oder trockenzulegen. Lebewesen, die seit undenklichen Zeiten mit ihrer Umwelt in Einklang gelebt hatten, drohten ganz plötzlich innerhalb weniger Jahrzehnte vom Erdball zu verschwinden. Diese Entwicklung hatte natürlich auch Auswirkungen auf die Zoologischen Gärten.

Naturschutzgesetze auf internationaler oder nationaler Ebene erschwerten den Import von Tieren aus den ehemaligen Kolonialgebieten. Hinzu kamen veterinärpolizeiliche Hürden mit strengen Quarantäneauflagen, um die Einschleppung von Krankheiten zu verhindern, die den Nutztierbeständen gefährlich werden konnten. Angesichts der damit verbundenen Bürokratie stellten viele Tierfänger und -händler ihre Arbeit ein. Von regelmäßigem Nachschub aus dem Freiland abgeschnitten, mußten sich die Zoologischen Gärten bemühen, vom Konsumenten zum Produzenten zu werden und die noch vorhandenen Bestände züchterisch wirksam zu nutzen. Da dies nur in Absprache mit anderen Einrichtungen geschehen konnte, rückten die Zoos enger zusammen und verstärkten ihren Gedankenaustausch. Von nun an wurde das Tier immer weniger als Handelsware betrachtet, sondern als Leihgabe der Natur, die dem Menschen lediglich treuhänderisch anvertraut ist. Seltene Arten gibt man heute nicht mehr dorthin, wo sie den höchsten Preis erzielen, sondern wo die Gewähr besteht, daß sie sich erfolgreich vermehren. Als wichtiges Hilfsmittel erweisen sich dabei die internationalen Zuchtbücher.

Seit 1966 ist der Zoo Berlin für die afrikanischen Nashörner und den Gaur verantwortlich, seit 1976 auch für den Pampashirsch. Der Sinn eines Zuchtbuches besteht darin, alle in Menschenobhut gehaltenen Exemplare einer bestimmten Tierart zu registrieren, den Bestand zu analysieren und Empfehlungen auszusprechen, die auf möglichst breiter genetischer Grundlage ein dauerhaftes Überleben der betreffenden Art gewährleisten sollen. Derartige Zuchtbücher werden in regelmäßigen Abständen veröffentlicht und damit allen Haltern zugänglich gemacht.

Bisher erschienen, erarbeitet durch Heinz-Georg Klös und Dipl.-Biol. Reinhard Frese, fünf Ausgaben der Zuchtbücher für das Spitzmaul- und das Breitmaulnashorn (die sechste bearbeitete Dr. Reinhard Göltenboth) sowie fünf Hefte für den Gaur (auch hier liegt inzwischen ein sechstes vor, bearbeitet von Dr. Andreas Ochs). Das von Dr. Hans Frädrich geführte Pampashirsch-Zuchtbuch erschien dagegen erst zweimal, da es nicht möglich war, die südamerikanischen Zoologischen Gärten zu regelmäßigen und korrekten Meldungen über ihren Bestand zu bewegen. Bei solch mangelnder Kooperation steht der Zuchtbuchführer natürlich auf verlorenem Posten.

Was 1923 im Berliner Zoo mit dem Wisent-Zuchtbuch seinen Anfang genommen hatte, ist inzwischen Selbstverständlichkeit geworden, und so werden laufend neue Zuchtbücher angelegt. Europäische Erhaltungszuchtprogramme (EEP's), an denen auch wir mitwirken, tragen dazu bei, die Zuchtbemühungen zu koordinieren.

Zunehmend gelingt es, im Zoo geborene Tiere wieder im Freiland anzusiedeln, viele spektakuläre Projekte in Übersee sind ein Beweis dafür. Der Zoo Berlin hat dazu beitragen können, den Bestand des Europäischen Uhus zu stabilisieren. Von 1965 bis 1990 haben wir über 50 bei uns geschlüpfte Junguhus Vogelschutzstationen übergeben, wo den Vögeln beigebracht wurde, selbständig Beute zu schlagen. Anschließend wurden sie in Lebensräumen ausgesetzt, die genügend Nahrung und ausreichende Brutmöglichkeiten bieten. Diese Wiedereinbürgerung war anfänglich mit großen Verlusten verbunden. Inzwischen sind alle verfügbaren Brutplätze in Deutschland wieder mit dieser größten einheimischen Eule besiedelt worden, so daß es wenig Sinn hätte, weitere Tiere freizulassen. Dies nur als kleines Beispiel dafür, wie Zoologische Gärten ihre Aufgabe als moderne „Arche Noah" wahrnehmen können. Wir müssen uns aber darüber im klaren sein, daß sie nur ein verhältnismäßig kleines Rädchen im großen Getriebe sind. Selbst bei noch so gutem Willen werden es insgesamt nur wenige Tierarten sein, deren sich die Zoologischen Gärten der Welt wirksam annehmen können, denn ihr Fassungsvermögen ist begrenzt und die für solche Vorhaben notwendigen Mittel sind es ebenso. Die Zucht in Menschenobhut sollte im Prinzip eine Maßnahme sein, die den Biotopschutz begleitet – doch leider wird es künftig immer mehr Tiere geben, die nur noch im Zoo eine Überlebenschance haben.

Lebensräume zu schützen, erfordert einen großen Aufwand an Verwaltungsarbeit und Geld. Fast jede Woche tritt man an uns heran mit der Bitte, dieses oder jenes Naturschutzprojekt zu fördern. Die Bittsteller vergessen dabei, daß auch wir Zuwendungsempfänger sind und die uns zur Verfügung gestellten Mittel lediglich dazu benutzen dürfen, um den täglichen Betrieb des Gartens zu gewährleisten. Glücklicherweise ist die Spendenbereitschaft der Berliner Bevölkerung groß. Um diese Spenden wirksam einzusetzen, arbeiten wir eng mit den übrigen im Verband Deutscher Zoodirektoren zusammengeschlossenen Gärten zusammen und finanzieren Vorhaben, die dem WWF Deutschland besonders dringlich erscheinen. Wir sind ein wenig stolz darauf, daß unser Zoo im deutschsprachigen Raum dabei die Spitzenstellung einnimmt. Von 1970 bis 1992 haben wir dem WWF Deutschland über 500.000 DM zur Verfügung stellen können, die wir im „Spendenbrunnen" gezielt hierfür sammeln konnten. Nur wenige Male ging das Geld in die Ferne, so wurde 1976 ein Pampashirsch-Projekt in Argentinien gefördert, 1981 gingen 50.000 DM nach China, um den Lebensraum des Großen Panda zu sichern. Wir unterstützten ein Forschungsprogramm auf den Philippinen, das dem Schutz des Prinz-Alfred-Hirsches zugute kam, und ein weiteres zur Erforschung des legendären Kouprey. Im übrigen wurden die Spenden weitestgehend dafür verwendet, um durch Landankauf ökologisch wichtige Gebiete zu vergrößern und damit zu sichern. Das geschah zunächst in der „alten" Bundesrepublik, so z. B. im niedersächsischen Neustädter Moor, im Tiddischen Drömling im Kreis Wolfsburg, in Schleswig-Holstein, im rheinland-pfälzischen Naturschutzgebiet Hördter Rheinaue, später auch im Feuchtgebiet Untere Havel und im Kremmener Luch, unmittelbar vor den Toren von Berlin. Dieser bedeutende Kranichrastplatz war zu DDR-Zeiten intensiv beweidet und dadurch offengehalten worden. Die Abschaffung der Rinder bewirkte eine zunehmende Verbuschung des

Morgendlicher Rundgang mit den leitenden Tiergärtnern. Die Aufnahme von 1987 zeigt Zoodirektor Prof. Dr. Klös (im Zentrum) mit seinem Vertreter und späterem Nachfolger Dr. Frädrich (2. v. l.) sowie weiteren Mitarbeitern.

Geländes und damit eine Verschlechterung der Lebensbedingungen für den Kranich. Mit der Abnahme von Heu aus jenem Gebiet haben wir erreichen können, daß es nun wieder stärker gepflegt wird, so tragen wir durch diese Maßnahme ein wenig zum dringend notwendigen Biotopschutz bei.

Nicht nur Geld ist in Naturschutzdingen gefragt, sondern auch Sachverstand. Deshalb arbeiten die wissenschaftlichen Mitarbeiter unseres Zoos in mehreren internationalen Gremien mit, die von der IUCN ins Leben gerufen wurden. Zu nennen sind in diesem Zusammenhang die „Captive Breeding Specialist Group", die „Pigs and Peccaries Specialist Group", die

90

„Species Survival Commission" für Süßwasserfische und Reptilien sowie die „Bison Specialist Group". Außerdem beraten wir regelmäßig die Zollbehörden im Hinblick auf die Einhaltung des Washingtoner Artenschutz-Übereinkommens, diesem Thema ist auch eine Vitrine in unserem Zoo-Aquarium gewidmet. Daß unser Zoo als Anlaufstelle für Naturschutzfragen im engeren Berliner Bereich angesehen wird, etwa im Hinblick auf den Vogel-, Fledermaus- oder Amphibienschutz, sei nur am Rande erwähnt. Das nähere Umland Berlins ist in den letzten Jahren stärker in unser Interesse gerückt. So arbeiten wir mit im Vorstand des Landschaftsfördervereins Oberes Rhinluch, im wissenschaftlichen Beirat des Großtierreservats Schorfheide und im Verein deutsch-polnischer Nationalpark Untere Oder. Die wichtigste Aufgabe unseres Zoos wird es aber nach wie vor sein, einen ausgewogenen Tierbestand so zu präsentieren, daß er beim Besucher immer wieder einen nachhaltigen Eindruck hinterläßt und ihm deutlich macht, welchen Verlust es bedeuten würde, sollten diese Geschöpfe durch Unachtsamkeit oder Egoismus des Menschen eines Tages von der Erde verschwinden. Gut gehaltene Zootiere sind die besten Anwälte für die Belange ihrer freilebenden Artgenossen, denn nur das, was er kennt, ist der Mensch zu schützen bereit.

Doch zurück zu „meinen" Nashörnern. Wie bereits erwähnt, wurde 1966 auf der Tagung des „Internationalen Verbandes von Direktoren Zoologischer Gärten" in Colombo die Einrichtung von weiteren Zuchtbüchern für viele vom Aussterben bedrohte Tiere beschlossen, also die weltweite Erfassung des jeweiligen Bestandes in allen Zoologischen Gärten und dessen ständige Aktualisierung zum Ende eines jeden Jahres – man kann sich vorstellen, mit wieviel akribischer Arbeit, Korrespondenz und Kommunikation dies verbunden ist. Da habe ich mich gemeldet und gesagt: „Was Spitzmaul- und Breitmaulnashörner betrifft – diese Zuchtbücher übernehme ich." Das bedeutete zwar viel Arbeit, brachte aber dem Berliner Zoo den Standortvorteil, nämlich Information über die Bestände weltweit, über Todesfälle, Geburten usw. Der Zuchtbuchführer ist gleichzeitig der EEP (Europäisches Erhaltungszuchtprogramm)-Koordinator. Somit entscheidet er, wohin ein Zoo welches Tier zu Zuchtzwecken auszuleihen hat.

Um dem Leser einen Eindruck von der Arbeit des Zuchtbuchführers zu vermitteln, sei nachfolgend ein Text zitiert, den ich anläßlich der Veröffentlichung des ersten Zuchtbuches 1980 geschrieben habe:

„Einleitung zur Aufstellung des Internationalen Zuchtbuches für das Spitzmaulnashorn.

Als ich im Herbst 1966 auf der 21. Jahrestagung des ‚Internationalen Verbandes von Direktoren Zoologischer Gärten' (IUDZG) in Colombo in Übereinstimmung mit der International Union for Conservation of Nature and Natural Resources (IUCN) den Auftrag erhielt, ein Zuchtbuch für das Spitzmaulnashorn (Diceros bicornis) anzulegen und zu führen, war das Spitzmaulnashorn zwar aus dem ehemals weiten Verbreitungsgebiet in Reservate und Nationalparks zurückgedrängt worden, der Bestand schien aber nicht ernstlich gefährdet.

In den letzten 10 Jahren hat sich jedoch die Lage bedrohlich verschlechtert. In China und Nordjemen – den Hauptabsatzgebieten für Nasenhorn – steigt die Nachfrage ständig. Nach Erhebungen von Esmond Bradley Martin gelangt der größte Teil des afrikanischen Nasenhorns in chinesische und südostasiatische Apotheken, wo es als fiebersenkendes Mittel verkauft wird und nicht, wie man bisher annahm, zur Stärkung der Potenz. Nur in Indien wird es als Aphrodisiakum benutzt, und zwar in Gujerat afrikanisches Nasenhorn und in Bengalen indisches. In Nordjemen benutzt man es zur Herstellung der traditionellen Kurzschwerter. Mit dem Anstieg des Lebensstandards in jener Region wuchs auch das Bedürfnis nach den früher unbezahlbaren Schwertgriffen aus Nasenhorn. Der Preis für ein kg Nasenhorn stieg zwischen 1969 und 1978 um etwa 450% auf 675 US-Dollar. Diese Summe bietet einen starken Anreiz zum illegalen Abschuß und Schmuggel. Zwischen 1972 und 1978 wurden jährlich ca. 2.500 Nashörner in Ostafrika getötet; der Bestand verringerte sich von 1969 bis 1979 um etwa 90%! Während man die Zahl der Spitzmaulnashörner in Kenia 1969 noch auf 15.000-20.000 Tiere schätzte, waren es 1977 nur noch 2.000-4.000 und 1979 weniger als 1.500! Die Gesamtzahl der in Afrika lebenden Spitzmaulnashörner gibt das Red Data Book für das Jahr 1981 mit 15.000-20.000 an, wobei die untere Grenze die wahrscheinlichere ist. Die starke Bedrohung der Art rechtfertigt die Führung eines Zuchtbuches.

Die Voraussetzung für den wissenschaftlich/statistischen Wert eines Zuchtbuches ist neben der sicheren Identifikation der Tierindividuen in ihrem Heimatzoo die Bereitwilligkeit der Tierhalter zur Mitarbeit. Jedes im Zuchtbuch erfaßte Tier erhält eine Zuchtbuchkarte mit einer Zuchtbuchnummer und einem Zuchtbuchnamen, der auf den Geburtsort des Tieres bzw. den ersten Halter hinweist. Bei den Zuchtbuchnamen hielten wir uns an die Kurzbezeichnungen für Großstädte, wie sie im internationalen Luftdienst üblich sind."

Daß der Zuchtbuchführer dabei auch für seine eigene Zucht einen Standortvorteil hat, versteht sich von selbst. Ich fragte also weltweit nach einem jungen Nashornbullen zwecks weiterem Berliner Nachwuchs. Zu dieser Zeit war es nicht länger üblich, zu diesem Zweck unbedingt Tiere zu kaufen, sondern es hatte der heute allseits bekannte Tiertransfer zwischen den Zoos eingesetzt. Nur wenige Wochen nach meiner Briefaktion meldete sich der Zoo Sydney und teilte per Telex mit: Ihr könnt leihweise unseren „Cody" bekommen. Er traf im Juli 1988 bei uns ein. Vorher stellte der Zoo Leipzig zur Zuchtgemeinschaft seinen Bullen „Klaus" bei uns ein.

Im April 1994 haben wir dann auch noch den „Leihvater" „Kibo" aus dem Magdeburger Zoo bekommen, von dem im Mai 1996 ein Jungtier zur Welt kam.

Angefangen hatte alles mit „Arusha", untergebracht seinerzeit noch im Elefantenhaus . . .

Soviel zu den Spitzmaulnashörnern im Berliner Zoo.

Nun zu den Panzernashörnern, die ich mir natürlich auch in den Kopf gesetzt hatte. Seinerzeit gab es drei große Tierhandlungen in Deutschland: Carl Hagenbeck und Otto Fockelmann in Hamburg, dazu Ludwig Ruhe in Alfeld an der Leine. Ich fuhr also im Dezember 1957 zu Carl-Heinrich Hagenbeck und fragte, ob er mir wohl ein Paar Panzernashörner besorgen könne. Die hatte er natürlich nicht auf Lager, und seine neue „Nepali" war verständlicherweise unverkäuflich. Er könne sie aber besorgen, meinte er, es würden etwa 50.000 Mark pro Nashorn zu zahlen sein, im Herbst 1958 könne ich wohl damit rechnen. Ich stimmte zu. Der Herbst zog ins Land, jedoch keine Panzernashörner, wie Hagenbeck mir ziemlich kleinlaut mitteilte. Kurz danach kam dann die endgültige Absage. Von meiner Absicht abzulassen, kam indes gar nicht in Frage. Ich schrieb also an Otto Fockelmann – damals schrieb man noch Briefe und beschränkte sich nicht auf Telefonate –, den ich gleichfalls seit langem kannte und der mich mochte. Er antwortete: „Zwei Panzernashörner, das ist sehr schwierig. Doch Otto Fockelmann hat bisher noch jedes Tier, für das sich ein Zoodirektor interessiert, beschafft. Allerdings habe ich noch nie Panzernashörner besorgt. Ich werde meine Ehre und meine Erfahrung aus vierzig Jahren Tierhandel daransetzen, um Ihren Wunsch zu erfüllen." Fockelmann kooperierte mit dem italienischen Tierhändler Terni der Firma Molinar in Turin, der über gute Beziehungen nach Indien verfügte. Zur gleichen Zeit war Professor Wolfgang Ullrich Zoodirektor in Dresden, den ich gut kannte und mit dem ich befreundet war. Man nannte ihn scherzhaft den „Gastprofessor", da er viel auf Forschungsreisen in der ganzen Welt unterwegs war. Im Ergebnis sind dann seine schönen Bücher entstanden. Dabei hatte es Wolfgang Ullrich mit Hilfe der DDR-Botschaft in Neu Delhi geschafft, die Genehmigung für den Export eines Panzernashorns aus Indien nach Dresden zu bekommen. Das Tier stand auch bereits auf der Forststation Kohora im Kaziranga-Nationalpark in Assam zum Transport bereit. Und hier tauchte nun – mein Freund Wolfgang möge es postum verzeihen! – im Auftrag Fockelmanns der Emissär von Herrn Terni auf und schaffte es in der Tat, das für Dresden vorgesehene Tier für Fockelmann – und damit für Berlin – zu erwerben, man frage nicht wie.

Nun gehörte das Panzernashorn, ein junger Bulle, also Otto Fockelmann. Im September 1959 traf es mit dem deutschen Schiff „Reichenfels" endlich in Antwerpen ein und wurde von uns mit einem Lkw abgeholt. Die ganze Geschichte hatte sich natürlich in Zookreisen wie ein Lauffeuer herumgesprochen. Und wie aus dem Boden gestampft standen auf einmal sechs Zoodirektoren und fünf Tierhändler dort am Kai, um die Sensation persönlich in Augenschein zu nehmen. Alle sprachen den gleichen Satz: „Nun wollen wir doch erstens einmal sehen, ob es sich hier tatsächlich um ein Panzernashorn handelt, und zweitens, ob es wirklich an den Zoo Berlin geht!" Ich blickte Fockelmann an, und dieser sagte, für alle vernehmlich: „Herr Doktor, hiermit übergebe ich Ihnen das Panzernashorn ‚Arjun'. Von nun an gehört es Ihnen." Und so kam „Arjun" zu uns.

Nun gibt es ja den schönen Satz: „Wat dem einen sin Uhl, ist dem anderen sin Nachtigall." Die erste und erfolgreichste Panzernashornzucht der Welt betrieb der Zoo Basel. Dort war 1956 das erste Junge in Menschenobhut überhaupt zur Welt gekommen. Doch nach einigen Jahren verstarb plötzlich ihr Bulle „Gadadhar", und die beiden zuchtfähigen Damen „Joymothi" und „Moola" standen verwaist da. In ganz Europa gab es nur eine Alternative: unseren Bullen in Berlin. Eines Tages stand dann also Professor Ernst Lang, der Baseler Zoodirektor, in meinem Büro und sagte: „Verkauf mir den ‚Arjun'." Ich erwiderte: „Lieber Ernst, es gibt zwei Möglichkeiten. Erstens, ich leihe ihn Dir. Du hast zwei Weibchen, und dann bekommt jedes zweite Jungtier, das aus dieser Zuchtgemeinschaft hervorgeht, der Zoo Berlin. Oder zweitens, ich bekomme Dein weibliches Jungtier ‚Miris' und Dein männliches Jungtier ‚Gauhati' und Du behältst dafür – ohne einen Pfennig Geld – unseren ‚Arjun'." Er überlegte einige Zeit, dann willigte er in Variante zwei ein. Und hat gut daran getan, denn „Arjun" hat dann in Basel viele Jungtiere gezeugt, die auch alle großgezogen werden konnten. Und ich hatte in Berlin plötzlich zwei kleine Panzernashörner. Die wuchsen zusammen heran, ohne zunächst Nachwuchs zu bekommen.

Bei den Panzernashörnern gibt es nämlich eine Besonderheit. Die Weibchen sind zuchtfähig mit vier Jahren, die Bullen erst mit zehn Jahren. Also schickten wir „Miris" 1970 wieder nach Basel zu „Arjun", mit Erfolg, denn im April 1972 wurde der Bulle „Kumar" geboren, den wir – es mußte ja auch einmal Geld hereinkommen – dann an den Zoo Amsterdam verkauf-

Panzernashörner – unsere „Miris" mit ihrem Jungen „Heiner",
1976.

ten. Noch einmal mußte „Miris" nach Basel reisen und brachte
am 18. Februar 1976 ein männliches Jungtier zur Welt, das wir
nach meinem Sohn, der am selben Tag Geburtstag hatte, „Heiner" tauften. Jetzt endlich besann sich „Gauhati" seiner Vater-
pflichten, und im August 1979 wurde das Weibchen „Terai" geboren. „Heiner" und „Terai" fanden im Zoo von Oklahoma-City
ihre endgültige Heimat und haben dort miteinander gezüchtet. Leider wurde „Miris" dann nicht mehr tragend. Wir brauchten also eine neue Nashornkuh.

Damals war unser ehemaliger Regierender Bürgermeister Richard von Weizsäcker Bundespräsident und stand kurz vor
einem Besuch in Nepal. Ich hatte ihn in seiner Berliner Zeit gut
kennengelernt, also schrieb ich ihm einen Brief und schilder-
te meine Probleme mit dem Nashorn-Nachwuchs. Er antwortete umgehend: „Ich werde versuchen, Ihnen eine Nashornkuh
mitzubringen" – das war Richard von Weizsäcker! So kam im

96

Sommer 1988 „Narayani" in den Berliner Zoo, wo man sie heute noch bestaunen kann.

Das Glück stand uns bei, als wir für sie einen Mann brauchten. Im Tierpark Berlin-Friedrichsfelde war am 1. Januar 1990 der Bulle „Belur" geboren worden, der seit Juni 1993 bei uns im Zoo steht. Allerdings wird noch eine Zeit vergehen, bis er sein „verflixtes 10. Jahr" erreicht, doch wir sind voller berechtigter Hoffnung.

Nun zu den Breitmaulnashörnern. Wegen ihnen hatte ich mich schon 1958 offiziell an die Regierung der Republik Südafrika gewendet und abschlägigen Bescheid erhalten. Damals gab es in der freien Wildbahn noch gerade 2.000 Tiere der südlichen Unterart, die in zwei südafrikanischen Nationalparks in Natal leben, dem Umfolozi- und dem Hluhluwe-Reservat (meinen Erlebnissen im Umfolozi-Reservat ist ein anderes Kapitel des Buches gewidmet). Der Zoo Antwerpen besaß damals zwei Tiere der nördlichen Unterart, je zwei weitere lebten noch in London, New York und St. Louis, USA. Nur acht Breitmaulnashörner – alle von der nördlichen Rasse – gab es also in Menschenobhut außerhalb Afrikas.

Dann bekam ich im Herbst 1962 einen Brief von der südafrikanischen Regierung: „Lieber Herr Doktor, vor fünf Jahren haben wir auf Ihre Bitte abschlägig reagieren müssen. Jetzt aber ist es soweit: Die Breitmaulnashörner haben sich so gut vermehrt, daß wir die ersten in gut geleitete Zoos abgeben können. Jedes Nashorn kostet f. o. b. (free on board) Durban 1.800 englische Pfund." Das englische Pfund wurde damals mit DM 13,50 gehandelt. Ein Nashorn kostete also 24.300 DM. Dazu kam dann noch der Preis für die Schiffsreise nach Bremen in Höhe von je 4.600 DM, so daß jedes Nashorn in Wirklichkeit 29.000 DM kostete. Die Tiere stehen heute noch bei der Inventur mit diesem Betrag zu Buche.

Nachdem ich mit Herrn Tengelmann, einem großen Gönner des Zoos und Besitzer des Bekleidungshauses Leineweber, gesprochen hatte, der aus Anlaß des 75jährigen Geschäftsjubiläums eine große Tierspende machen wollte und mit dem Kauf der beiden Breitmaulnashörner einverstanden war, telegraphierte ich: „Wir kaufen ein Paar ein- bis zweijährige Breitmaulnashörner." Und so kamen die ersten beiden Breitmaulnashörner der südlichen Unterart überhaupt nach Europa, in den Zoologischen Garten Berlin. Wie das geschah, darüber berichte ich in Kapitel sechs.

„Kuababa" und „Hlambamans" stellten das wertvollste Tiergeschenk dar, das der Zoo Berlin jemals in seiner über 150jährigen Geschichte von privater Seite erhielt, und waren zugleich eine der vom Standpunkt der Tiererhaltung wichtigsten Neuerwerbungen überhaupt. Breitmaulnashörner zählen nach den Elefanten zu den wichtigsten Tiergestalten der Erde, leider jedoch auch bereits zu den seltensten. Erst 1817 entdeckt, galten sie schon 100 Jahre später als fast ausgerottet. Es erfüllt uns mit Dankbarkeit und Stolz, daß gerade der Zoo Berlin durch die Großzügigkeit des Hauses Leineweber die Möglichkeit erhielt, als erster Zoo in Deutschland ein Paar der kostbaren Breitmaulnashörner zu erwerben.

Bei der Haltung dieser Nashörner haben wir auch wieder gelernt. Heute wissen wir: Breitmaulnashörner müssen in größerem Familienverband gehalten werden, etwa zwei Bullen mit etwa fünf Kühen. Dann erst läuft die Zucht mehr oder weniger leicht, mit nur einem Paar aber nicht. Deshalb gab es in meiner Dienstzeit leider auch keinen Nachwuchs.

Auf lange Sicht werden wir im Zoo Berlin nur noch Panzernashörner und Spitzmaulnashörner halten. Im Rahmen des „Ergänzungsprogramms", das die Aufsichtsräte des Zoos und des Tierparks beschlossen haben, nachdem der Zoo Berlin 1993 die Geschäftsanteile des Tierparks gekauft hat, sollen die Breitmaulnashörner nur noch im Tierpark Berlin-Friedrichsfelde gehalten werden, da dort mehr Platz ist, um eine größere Gruppe zu halten.

Die Brücke von den Nashörnern zum Wassergeflügel führt erneut über meine Jugendjahre. Schon als kleines Kind, noch vor der Schulzeit, war ich stolzer Besitzer verschiedener Tiere: Kaninchen in verschiedenen Rassen: Holländer, Schwarzloh, Deutsche Riesenschecken usw.; Meerschweinchen in den verschiedensten Zuchtrichtungen wie Glatthaar, Rosetten, Angora; Rassebrieftauben und Millefleures Zwerghühner. Diese Zwerghühner sind die schönsten überhaupt. Dann wuchs ich allmählich in den Zoo Wuppertal hinein, den ich fast täglich durchstreifte. Kurz vor dem Krieg, mit zwölf Jahren, wünschte ich mir zu Weihnachten ein Pärchen Braut- und ein Pärchen Mandarinenten und bekam sie auch! Zwei besonders hübsche und zierliche Schwimmenten. Sie sind schon seit langem bei Züchtern freifliegend gehalten worden; man trifft diese Enten deshalb heute hin und wieder auch völlig wildlebend in unseren Parkanlagen. Versuche, die Brautente bei uns einzubürgern, sind besonders von Dr. Oskar Heinroth Anfang des Jahrhunderts im Großen Tiergarten gemacht worden. Ich hatte

Als Siebenjähriger mit meinem Schäferhundbastard „Männe".

1955 in Osnabrück mit der Löwin „Ilonka", als „jüngster Zoodirektor Deutschlands", wie die Presse damals schrieb.

über seine Versuche, die er in aller Ausführlichkeit beschrieben hat, gelesen. Beim Mandarinerpel sind die segelartigen Schulterfedern besonders auffällig: sie können bei Verlust innerhalb einer Mauserperiode dreimal erneuert werden. Beim Fliegen verschwinden sie unter dem Schultergefieder, so daß sich das Aussehen des Erpels völlig verändert.

Später begann ich, wie schon eingangs dieses Buches berichtet, in den Semesterferien im Zoo Wuppertal als Tierpfleger zu arbeiten. Und wie es sich fügte, war dort ab 1947 Dr. Martin Schlott Direktor, ein begnadeter Zoologe, der bis zum Ende des Krieges den berühmten Zoo Breslau geleitet hatte und von dem ich viel gelernt habe. Von Haus aus war er Ornithologe. Dieser trotz aller seiner Erfolge schlichte und bescheidene Mann kümmerte sich mit viel menschlicher Wärme um den jungen Heinz-Georg Klös, der gleich ihm von der Liebe zum Tier erfüllt war und der die gleiche berufliche Laufbahn einschlagen wollte. In tiefer Dankbarkeit denke ich an die schöne Zeit des Zusammenarbeitens mit meinem verehrten Lehrer zurück, die leider nur vier Semesterferien dauerte. Er verstarb bereits im März 1950 im Alter von 58 Jahren.

Auf den Teichen des im Kriege unzerstörten Zoos Wuppertal, der aber infolge Kriegs- und Nachkriegsjahren kaum noch Tiere besaß, hatte Martin Schlott in nur zweieinhalb Jahren eine einmalige Anatidensammlung aufgebaut. Der „normale" Zoodirektor tut so etwas nur selten. Er kauft lieber einen weiteren Elefanten. Ganz anders Martin Schlott: Er verzichtete lieber auf eine dritte Giraffe und schaffte dafür seltenste Enten an. Natürlich übertrug sich seine Neigung auch auf mich, der ich diese Vögel ohnehin schon immer geliebt hatte.

Dann wurde 1954 die Stelle des Direktors des Zoo Osnabrück vakant. 56 teilweise ernstzunehmende Bewerber meldeten sich, darunter der 28jährige Heinz-Georg Klös. Und hier kommt erneut der Tierhändler Otto Fockelmann ins Spiel. Er kannte mich bereits von meinem Praktikum in der Großtierhandlung L. Ruhe in Alfeld a. d. Leine her, wo er damals Teilhaber war. Er mochte mich offenbar. Inzwischen hatte er in Hamburg eine eigene Firma gegründet, „Otto Fockelmann – Exotische Tiere, Vögel und Reptilien – Import, Export, Großhandel". Er besuchte mich im Zoo Wuppertal und fragte ganz offen: „Herr Dr. Klös, wollen Sie den Posten in Osnabrück wirklich oder ist das nur eine Aktion, damit die Wuppertaler Stadtverwaltung sieht, daß Sie auch andere Möglichkeiten haben?" Das verneinte ich heftig, denn ich wollte nach dem bekannten Satz handeln: „Der Oberarzt geht an eine andere Klinik, um nach einigen Jahren als Chefarzt an seine alte Klinik berufen zu werden." Mein Ziel war es ja, einmal Direktor des Zoos Wuppertal zu werden, wenn der damalige Direktor Dr. Müller pensioniert wurde. Darauf sagte Otto Fockelmann: „Dann werde ich Ihnen helfen, daß Sie in Osnabrück Direktor werden. Wie, lassen Sie bitte meine Sorge sein." Er fuhr nach Osnabrück, suchte den Aufsichtsratsvorsitzenden auf und verkündete ihm: „Wenn der Aufsichtsrat Dr. Klös wählt, dann stellt meine Firma Ihnen auf mein Risiko kostenlos zwei Löwen, zwei Streifenhyänen, zwei Zebras, zwei Bartaffen, zwei Mandrills, zwei Rosapelikane, zwei Kronen-, zwei Jungfern- und zwei Saruskraniche, zehn Flamingos, zwei Gänsegeier, zwei Bartgeier, zwei Schmutzgeier und eine große Kollektion Teichgeflügel ein."

Darauf wurde er gefragt, warum er ein solch risikoreiches Angebot unterbreite. Fockelmann erwiderte verschmitzt: „Wenn Sie Dr. Klös nehmen – und ich bin überzeugt, jetzt werden Sie ihn nehmen –, wird er gleich so viel Reklame machen (und mit diesen wertvollen Tieren kann er das leicht), daß die Besucherzahlen gewaltig ansteigen, und damit werden Sie gute zusätzliche Einnahmen haben, von denen meine Tiere spielend bezahlt werden können." Was dann auch zutraf. Sechs Wochen nach meinem Dienstantritt waren alle Tiere im Gesamtwert von 35.000 DM bezahlt. Das war 1954 eine enorme Summe!

Im Winter 1955/56 stellte Otto Fockelmann über 200 Paar Mandarinenten, frisch aus Japan importiert, bei mir in Osnabrück ein – ein wunderschönes Bild auf dem Teich gleich am Eingang des Zoos. Sie waren schon im Frühling 1956 bis auf drei Paare, die ich behielt, alle von Fockelmann verkauft. Leider können nur wenige Besucher die Erpel in voller Schönheit bewundern, denn während des Sommers tragen beide Geschlechter nur ein unscheinbares Gefieder. Vom Herbst bis zum Spätfrühling – zur Balzzeit der Enten – entfaltet sich dann die Farbenpracht der Erpel, und die Zoobesucher können z. B. bei den Mandarinenten die beiden rostbraunen, aufwärtsgeschwungenen breiten Schulterfedern bestaunen.

So mancher Zoobesucher wundert sich, daß das bunte Vogelvölkchen auf den Gewässern nicht wegfliegt. Ihm sei gesagt, daß alle Tiere kupiert sind, das heißt, es ist ihnen der Zeigefinger einer Handschwinge amputiert, so daß sie nicht mehr fliegen können, weil der Vogel durch die ungleiche Luftverdrängung beim Flügelschlagen sofort wieder abstürzt.

Im März 1956 wurde ich als Direktor des Zoos Berlin berufen. Wenn ich an den ersten Rundgang zurückdenke, erinnere ich mich der Trostlosigkeit des winterlichen Bildes: Bäume und Sträucher, die im Sommer die zerstörten und nur provisorisch wiederaufgebauten Tierhäuser verdeckt hatten, waren jetzt kahl; jede Ruine, jedes Behelfsdach war zu erkennen. Meinen Mut fand ich erst wieder, als mein Blick auf die fünf großen Teiche fiel, die still und fast tierleer vor mir lagen. Hier ließ sich zuerst anpacken. Noch im ersten Amtsjahr kaufte ich 28 Arten Enten, in den beiden folgenden weitere 29 Arten. Der See „ruhte nicht mehr still", füllte sich mit Leben.

Natürlich war auch meine Hinwendung zum Wassergeflügel wieder mit intensivem Studium verbunden, galt es doch, sich in der riesigen Zahl von Arten alsbald sicher zu bewegen. So manche Nacht habe ich also über ornithologischer Literatur verbracht, bevor ich das Metier immer sicherer beherrschte. Am Ende war ich so weit vorgedrungen, daß ich gemeinsam mit meiner Frau das grundlegende Buch „A Coloured Key of the Wildfowl of the World" des berühmten Wasservogelzüchters Sir Peter Scott, Direktor des Severn Wildfowl Trust in Slimbridge (nördlich von Bristol) und Sohn des legendären Polarforschers, 1960 übersetzen und im Verlag Paul Parey herausgeben konnte. Dieser Bestimmungsschlüssel enthält farbige Abbildungen jeder einzelnen Enten-, Gänse- oder Schwanenform, die wir auf der Welt kennen. Es sind insgesamt 247 Formen in 148 Arten.

Als Prof. Grzimek die Herausgabe seines „Grzimeks Tierleben" plante, bot er meiner Frau und mir die Bearbeitung des Kapitels der Familie der Entenvögel (Anatiden) an, was wir gern übernahmen.

Ich kaufte also fleißig Wassergeflügel, was nur im internationalen Tierhandel angeboten wurde. Im Gegensatz zu den Nashörnern war das ja keine Frage des Preises. Bald waren alle Teiche wieder reich besetzt. Nach 10 Jahren waren es dann 131 Arten in 821 Exemplaren. Und diesen Reichtum können wir auch heute noch unseren Besuchern zeigen.

Natürlich gab es auch hier den Ehrgeiz, besonders seltene Arten in den Zoo zu holen. 1961 besuchte ich mit meiner Frau zum erstenmal den oben genannten Sir Peter Scott. Als Ergebnis langer, interessanter Gespräche brachte ich ein Paar Hawaiigänse als Geschenk für Deutschland nach Berlin zurück. 1910 war das letzte Exemplar im Zoo Berlin gestorben. Seitdem gab es in Deutschland diese seltene Gans nicht mehr. Auch in ihrer Heimat, auf den Hawaii-Inseln, waren diese kleinen unscheinbaren Gänse fast ausgerottet, und nur den Anstrengungen einiger Privatzüchter ist es zu verdanken, daß die Hawaiigans (NéNé) heute gerettet scheint. 1947 existierten noch ca. 30 freilebende Gänse, 13 davon wurden bei dem Züchter Shipman gehalten. Hawaiigänse waren Anfang der sechziger Jahre nicht im Tierhandel erhältlich, sondern konnten nur zu Zuchtversuchen ausgeliehen werden. Die Zucht ist jedoch schwie-

Sichelente

Peposakaente

Mandarinente

Brautente

Zwergbleßgans

Magellangans

Rothalsgans

Spaltfußgans

Zu Besuch bei Sir Peter Scott und seinen Hawaiigänsen in Slimbridge, 1961.

rig, unser Paar legte zwar 1963 das erste Ei, jedoch erwies es sich als unbefruchtet. Nachdem auch in den folgenden Jahren alle Eier unbefruchtet blieben, tauschten wir unseren Ganter gegen einen anderen aus England ein, aber auch danach war das Ergebnis immer negativ. Stets kamen Ganter und Gans zu unterschiedlichen Zeiten in Fortpflanzungsstimmung! 1969 schenkte mir Peter Scott ein neues, zuchterprobtes Paar, und damit war der Bann gebrochen: Bereits 1971 schlüpften die ersten beiden Jungvögel, die noch dazu ein Paar waren, 1979 betrug die Zahl der bei uns geschlüpften NéNés 74. Inzwischen war der Weltbestand der Vögel so groß geworden (seit 1980 gilt die Hawaiigans nicht mehr als bedrohte Art), daß wir unsere reichliche Nachzucht an andere Gärten abgeben durften.

Schwarzhalsschwan

Bewick's-Zwergschwan

Singschwan

Trauerschwan

Übrigens macht eine Ente genauso viel Arbeit wie ein Elefant. Im Zoo gilt der Grundsatz: Um jedes Tier wird sich in gleicher Weise gekümmert. Bei den Enten ergibt sich manchmal das Problem, daß die Damen ihre Eier so verstecken, daß Sie der Pfleger nicht findet. Und plötzlich sind dann die Jungen da, deren man nicht mehr habhaft wird – und sie fliegen weg, kommen nur noch im Winter an den gedeckten Tisch im Zoo. So muß man also im Frühling das Gelände flächendeckend äußerst gründlich absuchen und die Eier bergen, um sie dann im Brutapparat künstlich auszubrüten.

Übrigens war Dr. Oskar Heinroth (im Zoo von 1904 bis 1945 als Wissenschaftler beschäftigt), der Mann meiner verehrten Vorgängerin Frau Dr. Heinroth, von Haus aus Ornithologe und *der* Anatiden-Spezialist überhaupt. 1910, auf dem V. Internationalen Ornithologen-Kongreß in Berlin, ließ eine Veröffentlichung Heinroths die Ornithologenwelt aufhorchen: „Beiträge zur Biologie, namentlich Ethologie und Psychologie der Entenvögel". In ihr lag bereits die Basis einer völlig neuen Forschungsrichtung in der Biologie beschlossen, die Oskar Heinroth selbst „Ethologie" oder „Verhaltensforschung" nannte. So wurde er zum „Vater der Verhaltensforschung", wie man ihn heute nennt. Professor Konrad Lorenz wurde sein berühmtester Schüler.

4
Bambusfloß und weiße Elefanten – Erlebnisse in Burma und Thailand

Etwa 7500 km südöstlich von Deutschland liegt in Hinterindien das ehemalige Siam. Heute heißt es Thailand – Muang Thai, das Land der Freien, denn es ist niemals kolonisiert worden wie seine Nachbarländer. Manchmal hört man auch den Namen „Die Axt des Vritra", der seinen Ursprung in einer alten Legende über die Entstehung des Landes hat.

Dort heißt es, daß vor langer Zeit der Gott Vritra die tanzenden Wolkennymphen in sein finsteres Reich entführt hatte. Nun war der Himmel trostlos und leer, und die Menschen baten den großen Gott Indra flehentlich, ihnen doch die Wolkennymphen wieder zurückzuholen. Indra fuhr daraufhin mit Blitz und Donnerkrachen zu Vritras Behausung. Der jedoch hatte den Gott kommen sehen und schleuderte ihm seine goldene Axt entgegen, bevor er selber von einem Blitz getroffen wurde. Die Axt aber fiel hinab zur Erde und liegt nun in Hinterindien: Ihr Stiel ist die Halbinsel Krah und ihre Schneide markiert die Nord-Ostgrenze Thailands.

Das Land bedeckt eine Fläche von 513.000 Quadratkilometern und hatte zum Zeitpunkt unserer Reise 20,3 Millionen Einwohner. Es ist ein Agrarland, sein wichtigstes Erzeugnis, Nahrungsmittel und Ausfuhrprodukt ist der Reis, der hauptsächlich in der gewaltigen Ebene des Me-nam-Flusses angebaut wird. 70 Prozent des Landes wird von Wald bedeckt. Im Norden finden wir laubabwerfenden Monsunwald, an den Küsten, im Westen und Süden jedoch den typischen tropischen Urwald.

Diese beiden verschiedenen Waldformen und ihre vierfüßigen wie gefiederten Bewohner waren unser fernes Ziel, als wir im November 1960 in Düsseldorf die große Überseemaschine der Lufthansa bestiegen. In Düsseldorf war richtiges Winterwetter. Die Maschine hob ab, durchquerte eine Wolkenschicht, eine zweite, und wir waren in strahlendstem Sonnenschein! Unter uns schwamm eine kompakte, weiße, runde Wolkenscheibe. Sie löste sich auf, und wie zarte Mobiles, die alle an gleichlangen Enden am Himmel festgeknüpft schienen, hingen alle Wolken nun unter uns. Wir waren am Abend gestartet. Der Mond ging als leuchtende Scheibe unter uns am Horizont auf und brauchte lange, bis er in unsere Höhe kam. Wir betrachteten die Sterne über uns, und je weiter wir nach Süden flogen, desto mehr stellte sich allmählich der Große Bär auf die Nase. Die Nacht und der nächste Tag vergingen „wie im Fluge", und dann sahen wir auf einmal den Flughafen von Rangun unter uns.

Hier, in der Hauptstadt Burmas, wollten wir unseren Flug für zwei Tage unterbrechen, um einen Kollegen zu besuchen und seinen Zoo anzuschauen. Herr Kyaw Thein besaß nämlich etwas ganz besonderes in seinem Zoo: einen der legendären weißen Elefanten. In ganz Südostasien ist schon der normal gefärbte Elefant ein sehr geachtetes Tier, das ja in der Religion Asiens eine große Rolle spielt. So war beispielsweise ein Elefant das Reittier des Gottes Indra. Man machte sich die Klugheit und Stärke dieser gewaltigen Tiere beim Arbeiten in den großen Teakholzschlägen zunutze, und man war natürlich stolz, wenn man unter seinen Arbeltselefanten ein besonders schön gebautes Tier besaß.

Weiße Tiere, ganz gleich, zu welcher Art sie gehören, hält man für die Herren ihrer Art und achtet sie deshalb besonders hoch. Nun gibt es verständlicherweise in der freien Wildbahn nur sehr wenige weiße Tiere, da sie ja durch ihre auffallende Färbung viel leichter Feinden zum Opfer fallen als ihre normal gefärbten Gefährten. Findet man jedoch einmal ein weißes Tier, das noch dazu einen edlen Körperbau aufweist – wie der Elefant in Rangun –, so ist das der Inbegriff des edlen Tieres schlechthin, und es rankt sich um diese Tiere ein ganzer Kranz von Geschichten und Legenden. Sie gelten als heilig, in Siam gehörten solche Tiere dem König.

Der weiße Elefant in Rangun war ein Teilalbino. Körperhaare, Schwanzhaare und Wimpern sind hell, fast weiß, darunter

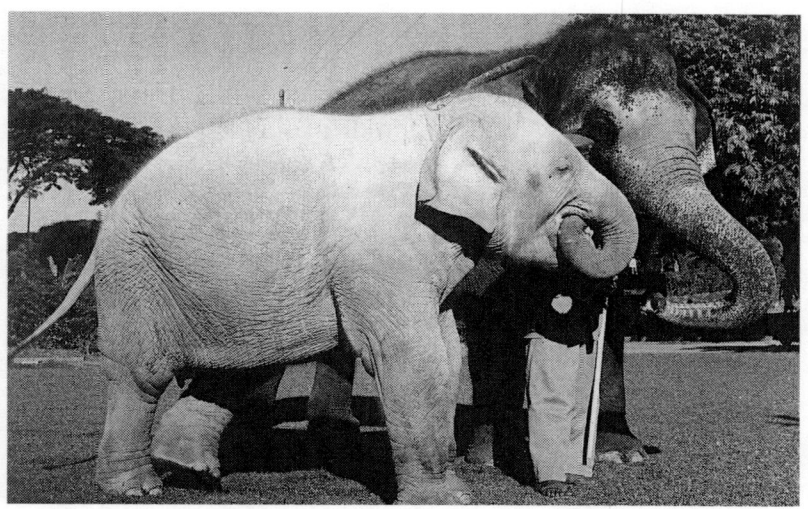

Der weiße Elefant im Zoo von Rangun, 1960.

schimmert die Haut fahlrosa. Die Augen sind jedoch verwaschen bläulich mit einer schwarzen Pupille, und nicht rötlich mit dunkelroter Pupille, wie das bei einem Totalalbino der Fall sein müßte. Wir haben den kleinen, halberwachsenen Elefanten einmal neben einem normal gefärbten Tier fotografiert, und hier sieht man nun ganz deutlich den Unterschied in der Färbung.

Der weiße Elefant bewohnte im Zoo übrigens ein Holzhaus in der Form einer riesigen Pagode. „Haus" ist allerdings nicht der richtige Ausdruck dafür, wenn wir dabei an unsere Tierhäuser mit massiven Wänden und Glasfenstern denken. Der glückliche Kollege dort in Burma kennt ja keinen Winter. Ein Dach auf ein paar Pfosten zum Schutz gegen den Regen und die sengende Sonne genügt völlig für die Tiere. Wir haben ihn glühend darum beneidet, denn wieviel Geld schlucken in unseren europäischen Zoos allein die großen Bauten und die Heizung während der kalten Jahreszeit!

Eine andere Kostbarkeit des Ranguner Zoos sind die Leier-

111

hirsche. Diese mittelgroßen Hirsche verdanken ihren Namen der Form ihres Geweihes, das wie eine Leier gebogen ist. Leierhirsche gehörten früher zum häufigsten Wild Burmas. Sie lebten an den Waldrändern, also gerade in der Landschaft, die von Siedlern und Jägern am leichtesten zu erreichen ist. Außerdem hat viele Jahre lang der Krieg die Heimat der Leierhirsche überrollt und hat vernichtet, was die Siedler übriggelassen hatten. 1949 war der Bestand der schönen Tiere so zusammengeschmolzen, daß man sie auf die Liste der vom Aussterben bedrohten Arten setzte. Gleichzeitig wurde damit begonnen, die Leierhirsche streng zu schützen. Zur Zeit unseres Besuches gab es in Burma bereits wieder einen Bestand von 2.500 bis 3.000 Tieren.

Bei den Hirschrevieren im Ranguner Zoo schlug unser Herz ohnehin höher: Ein Gehege war von einem etwa 50 Köpfe starken Rudel von Schweinshirschen bevölkert, kurzbeinigen, etwas plumpen Tieren, die wir seit Jahren auch in unserem Zoo halten und züchten. Im Nachbargehege ästen Sambarhirsche. Sie spielen in Asien etwa die Rolle unseres Rothirsches. Ihr Haarkleid ist jedoch sehr dünn und ihr Geweih trägt auch im Alter normalerweise nicht mehr als 6 Enden. In einem anderen Gehege tummelten sich unzählige Muntjaks, die ebenso wie die Leier-, Sambar- und Schweinshirsche ihre Heimat in Asien haben. Muntjaks sind ausgesprochen kleine und zierliche Hirschchen, kleiner als unsere einheimischen Rehe. Ihr Geweih ist nichts anderes als ein kleiner Spieß, der auf einem enorm verlängerten Rosenstock sitzt. Man nennt diese Zwerghirschchen auch „Bellhirsche", denn ihre Stimme klingt wie das Bellen eines Hundes.

Burma ist auch die Heimat des Takins. Takins sind Rindergemsen, Tiere, die wie die Gemsen in den Hochgebirgszonen leben und nur im Winter in die Waldgebiete hinabsteigen. Sie sind in einigen Gebirgen Asiens beheimatet, jedoch nur noch in sehr wenigen Exemplaren. Zu ihrem Unglück ist nämlich ihr Fleisch außerordentlich schmackhaft, und bevor es in Südostasien Naturschutzgesetze gab, wurden die Takins zu Tausenden gejagt. Ihre Gestalt ähnelt mehr einem Rind als einer Gemse. Die Takins sind recht plumpe Tiere mit einem schweren Schädel und kurzen, stämmigen Beinen. Das Haarkleid ist kastanienbraun bis goldbraun, und ihr Gehörn ähnelt dem der Gnus. Erst 1959 sah ich eines dieser seltenen und kostbaren Tiere zum ersten Mal lebend. Es befand sich nur wenige Tage in Deutschland, auf der Durchreise nach Amerika. Es mußte eine Zeitlang im Hamburger Hafen in einer Quarantänestation leben, ehe es die Genehmigung zur Welterfahrt nach New York bekam. Dieser Takin war damals der einzige, der in einem Zoologischen Garten außerhalb Asiens lebte.

In einer anderen Ecke des sauberen und schönen Gartens standen Gayale. Diese kraftvollen Rinder mit den kegelförmigen, seitwärts gerichteten Hörnern sind eine Domestikationsform des in Burma wildlebenden Gaur.

Wir waren dem raschelnden Sarong des freundlichen Zoodirektors schon viele Stunden durch sein Reich gefolgt, ehe er uns nun auch die letzte Attraktion zeigte: Ein Schlangenbeschwörer hatte sich mit zwei Körben im Schatten niedergelassen, und aus den rundlichen Körben hoben sich zwei ausgewachsene Königskobras. Der Biß dieser bis zu 3 Meter langen

Schlangenbeschwörer im Zoo von Rangun.

Schlange wirkt unbedingt tödlich, und doch küßte der Burmese die Tiere auf den Kopf! Wir unterhielten uns mit unserem Kollegen Kyaw Thein lange Zeit über diesen Schlangenbeschwörer. Er ist nicht etwa durch Impfungen immun, oder hat den Kobras die Giftzähne ausgebrochen, sondern sein einziger angeblicher Schutz sind einige seltsame Tätowierungen auf den Armen. Diese Zeichen hat ihm sein Lehrer eingebrannt. Die Wahrheit wird wohl sein, daß diese Menschen einen sechsten Sinn für Schlangen und ihre Bewegungen haben und allen gefährlichen Situationen instinktiv ausweichen.

Die Schlangengefahr bei unseren bevorstehenden Streifzügen durch Thailand hatte uns übrigens viel mehr beunruhigt als etwa die Angst vor Tigern und Leoparden. Die Häufigkeit und Gefährlichkeit eines Schlangenbisses wird in vielen Reiseberichten ziemlich unterschätzt, wenn man sich nämlich vor Augen führt, daß neben den Fällen, die in den Schlangeninstituten statistisch erfaßt werden, ja noch Hunderte anderer Fälle stehen, von denen nie eine Kunde aus den unwegsamen Dschungeln zu den Städten gelangt! Es gibt in Thailand fünf Schlangenarten, deren Biß tödlich ist: Kobra, Königskobra, Kettenviper, Krait und Malayen-Mokassinschlange. Meine Frau und ich hatten uns durch spezifische Sera genügend gesichert und jeder von uns wußte genau, was im Falle eines Bisses zu tun war.

Nun aber zurück nach Rangun! Wir sind zwar Tiernarren, aber neben den Tieren leuchten die schönsten Früchte und Blumen in jedem Winkel, so daß man ihnen einfach ein wenig Aufmerksamkeit schenken muß. Da wachsen Bananen, Grapefruits, Zitronen, Orangen, Zwergorangen, die nicht größer als eine Pflaume sind, Kokosnüsse, Papayas und Mangos. Und überall strahlen von dichten Büschen die herrlichen roten „Weihnachtssterne". Am Abend saßen wir mit Herrn und Frau Thein in einem Restaurant draußen vor der Stadt und aßen burmesisch. Unter dem herzlichen Gelächter und freundlichen Ratschlägen dieser reizenden Menschen aßen wlr mit Stäbchen. Und, siehe da, nach ganz kurzer Zeit hatten wir es einigermaßen begriffen.

Unsere Zeit reichte gerade noch für einen kurzen Besuch der berühmten Goldenen Pagode. Sie liegt auf einer Anhöhe, und man muß erst viele Stufen bergauf klettern, ehe man in dem eigentlichen Heiligtum ist. Rund um die Hauptpagode, die einst ein burmesischer König erbauen ließ, stehen viele Hunderte kleiner Tempelchen. Manche sind in ganz modernem Stil erbaut, manche jedoch sind sehr alt, und ihre kunstvollen Schnitzereien kann heute niemand mehr ausbessern. So verfallen sie im Laufe der Zeit mehr und mehr. Die Turmspitze der Hauptpagode ist aus massivem Gold, mit wertvollen Edelsteinen besetzt. Der übrige Körper des Turmes besteht jedoch aus Zement, der mit Blattgold verkleidet ist. Jedes Jahr nach der Regenzeit muß das Blattgold erneuert werden. Die buddhistischen Heiligtümer darf man übrigens nur barfuß betreten, und uns brannten die Fußsohlen, als wir über die von der Mittagssonne durchglühten Platten des Tempelhofes liefen.

Leider war die Zeit in Burma viel zu kurz, und der Abschied von unseren freundlichen Gastgebern fiel uns schwer. Aber nie hätten wir gedacht, daß wir Herrn Thein so bald wiedersehen dürften! Denn schon im Sommer 1961 besuchte er uns für einige Stunden im Berliner Zoo. Wir hoffen nur, daß seine Erinnerungen an den Aufenthalt in Berlin ebenso schön sind wie die unseren an Rangun.

Wieder stiegen wir ins Flugzeug und nun ging es in Richtung Thailand. Tief unter uns lagen Gebirge, Wälder und Flüsse und wie Millimeterpapier angeordnet die ersten Reisfelder. Reis ist ein Getreide, das zum Wachsen sehr viel Wasser braucht. So ist jedes Reisfeld in der Ebene von einem kleinen Damm umgeben und wird berieselt. In den etwas zivilisierteren Gegenden geschieht das schon mit einem komplizierten System von Bewässerungsröhren. Aber weit draußen im Lande schöpfen die Reisbauern noch immer mit Bambusschaufeln das Wasser von einem Feld in das andere. Eine wahrhaft mühselige Art des Getreideanbaus! Hier sind nun die Wasserbüffel in ihrem Element. Unermüdlich stapfen sie vor dem Pflug durch knietiefes Wasser und reißen den Boden auf. In die überschwemmten Felder werden die jungen Reispflänzchen gesetzt, und erst nach der

Herr Siah mit seiner weißen Schlange.

Blüte läßt man das Wasser wieder ablaufen, damit der Reis im Trockenen reifen kann. Viele dieser eingedeichten Felder nebeneinander ergeben jenes Schachbrettmuster, das wir unter uns vorbeiziehen sahen, ehe wir Bangkok erreichten.

Bangkok ist eine Stadt, für die allein man Monate verwenden könnte, um alle Ecken und Winkel, alle Schönheiten und Schattenseiten dieser Großstadt zu erleben. Was wir in den wenigen Tagen dort aufnehmen konnten, waren persönliche Eindrücke, manche etwas tiefergehend als die anderen – und eben meist zoologische Eindrücke. So wurde uns im Hause eines deutschen Ehepaares der Ruf eines Tokehs zum Erlebnis. Tokehs sind etwa 35 cm lange Geckos (ähnlich den Eidechsen, aber mit sehr breiten Fingern), die man hier gern als Wohngenossen sieht und die hinter Schränken und Bildern versteckt hausen. Erst am Abend kommen sie hervor und gehen auf die Jagd nach Insekten und Larven. Dabei stoßen sie dann zu bestimmten Jahreszeiten laut und volltönend ihr „tokeh–tokeh" aus, den Ruf, dem sie ihren Namen verdanken.

Gleich am ersten Tag unseres Aufenthaltes in Bangkok lernten wir einen chinesischen Tierpräparator, Herrn Y. Siah, kennen, der sich rührend um uns bemühte. Er lud uns in sein Haus ein und zeigte uns dort voller Stolz seinen kleinen Privatzoo.

Mr. Siah besaß eine ausgezeichnete Sammlung der verschiedensten Krokodile, die er alle selber versorgte und pflegte, und auf die er stolz war, als seien es seine eigenen Kinder. In einer kleinen Kiste hatte er einen besonderen Schatz verborgen: eine kleine weiße Schlange. Daneben war Mr. Siah ein „Entennarr", und hier trafen sich nun unsere Interessengebiete. Wir haben viel von ihm über das Vorkommen einiger Wildentenarten in Thailand lernen können. Auch Mr. Siah hat schon 1962 sein Versprechen wahr gemacht und hat uns in Berlin besucht. Eine Woche lang wohnte er in unserem Haus, und dabei haben wir manch schöne Erinnerung miteinander ausgekramt.

Ein Bangkoker Tierhändler hatte in seinem Laden eine Schlange mit zwei Köpfen. Dieses Tier war vollkommen lebensfähig. Beide Köpfe können unabhängig voneinander Futter aufnehmen; ja, beide Köpfe können sich sogar gegenseitig die Beute streitig machen. Wir wußten also sehr gut, daß das Tier keine Schmerzen leiden mußte und ein ganz normales

Die Schlange mit den zwei Köpfen.

Leben führte, und doch beschlich uns beim Anblick dieses miß-
gebildeten Geschöpfes immer wieder ein richtiges Unbehagen.

Bangkok ist die „Stadt der tausend Tempel", und wenn man auf
die Silhouette der Stadt blickt, dann reiht sich wirklich Turm an
Turm und Pagode an Pagode. In der Sprache der Thai heißen
diese Tempel „Wat". So ein Wat ist eine kleine Stadt für sich, mit
einer Mönchsstadt und dem eigentlichen Tempel. Die meisten
dieser Tempel sind geradezu unwahrscheinlich schön und far-
benprächtig. Die Dächer leuchten im Rot, Grün und Gelb ihrer
glasierten Dachziegel; Balken und Pfosten sind häufig golden
bemalt, und an einem der Tempel waren die Wände mit einem
herrlichen Mosaik verziert, das aus Millionen von Porzellanscherben bestand. Richtigen Porzellanscherben, wie sie entstehen, wenn eine Kaffeetasse zerschlagen wird! Und überall
durch die Tempelhöfe schreiten die Mönche in ihren flam-
mend gelben Roben. Sie sind übrigens Bettelmönche, die außer
ihrer Robe nur noch eine Bettelschale besitzen, welche von den
Thailändern freudig und freigiebig mit Reis gefüllt wird. Jeder
buddhistische Mann zieht einmal im Leben für einige Monate
die gelbe Robe an und wird ein Mönch. So durchdringt der
Glaube dort in Thailand viel stärker und fester das gesamte
Leben als das bei uns jemals der Fall ist.
     Bangkok hat jedoch nicht nur tausend Tempel, sondern auch
tausend Klongs, enge, ziemlich übelriechende Kanäle, die allerdings in den letzten Jahren in der Innenstadt überall zuge-
schüttet und durch Straßen ersetzt wurden. Einmal unternehmen wir mit einem Motorboot eIne Fahrt durch einige dieser
Klongs in die Außenbezirke der Stadt. Rechts und links an den
Ufern der Klongs stehen dichtgedrängt die Häuser, besser: Hütten der ärmeren Bevölkerung. Für sie spielt der Klong eine
große Rolle: Er ist zugleich Straße, Badezimmer, Wasserleitung,
Waschküche und Toilette. In ihm putzt man sich die Zähne und
holt das Wasser zum Kochen. Es ist ein malerisches Bild! Aber
uns Europäer überläuft dabei doch eine Gänsehaut. Hier
draußen befindet sich auch ein schwimmender Markt. VieIe
Menschen sind mit kleinen Booten vom Land hereingekom-

Der Schomburgkhirsch des Zoologischen Gartens Berlin. Aufnahme von 1904.

men und bieten nun ihre Waren feil: Obst und Gemüse, Gewürze, Fische und Bastmatten. Es ist ein unbeschreiblich lebendiges und farbenfreudiges Blld, wie da alles mit schnellen Ruderschlägen durcheinanderquirlt.

Auf einem der Märkte in der Stadt sehen wir bei einem Chinesen ein Geweih, das uns elektrisiert. Es ist ziemlich groß und stark verästelt: das Geweih eines Schomburgkhirsches! Dieser Hirsch aus Nordsiam und Yünnan ist sehr wahrscheinlich ausgestorben. Uns interessierte er so sehr, weil der Berliner Zoo von Juli 1899 bis September 1911 einen der letzten außerhalb Thailands lebenden Schomburgkhirsche besessen hat. Wir hätten zu gerne von dem Chinesen das Geweih erworben, aber er winkte zwar lächelnd, doch sehr entschieden ab. Das war kein Wunder, denn manchen Geweihen wird in Asien eine große magische Kraft zugesprochen. So sahen wir in einer Apotheke ein Bastgeweih (ein Geweih also, das noch von der nährenden Haut umschlossen ist), welches in kleine Stücke zersägt worden war, die man zu unsinnig hohem Preis als Liebeselixier feilbot.

Eine einzige Bahnlinie führt von Bangkok in den Norden Thailands. Der Zug ist überraschend modern und gepflegt und führt uns in 21stündiger Fahrt Richtung Chiengmai, der zweitgrößten Stadt des Landes. Wir fahren über große Brücken, vorbei an Reisfeldern, Büffelherden, kleinen Holzhäusern, die wegen der Schlangen und der vielen Regenfälle auf Pfählen stehen, und rechts und links von uns erstreckt sich der Dschungel. Von fern sieht er ein wenig aus wie unser Sauerland, aber ab und zu leuchten doch die großen Blätter der Teakbäume hervor, ein Bambusdickicht schiebt sich bis an die Gleise, oder die Lianen schwingen neben uns her. Chiengmai hatte zur Zeit unseres Besuches 100.000 Einwohner, zwei Ladenstraßen, eine Kreuzung mit Ampelanlage, dazu zahlreiche Hotels, denn die Stadt ist praktisch der Luftkurort der Bangkoker. Ein thailändisches Hotel ist etwas, an das man sich erst sehr gewöhnen muß. Wegen der vielen Mücken haben die Betten Moskitonetze, unter denen es heiß und dumpfig ist, und durch deren meist altersschwache Maschen sich jeden Abend wieder ein paar Mücken zwängen, um den geplagten Europäer zu zwicken. Fließendes Wasser gibt es meist nicht, Fensterscheiben auch nicht, alles Leben spielt sich recht ungeniert fast im Freien ab. Aber Wirt und Zimmermädchen lächeln – und vielleicht ist ein Lächeln manchmal wichtiger als unsere ganze geliebte Zivilisation.

Unweit von Chiengmai hatte sich ein amerikanischer Privatmann einen kleinen Zoo eingerichtet, den wir uns natürlich ansehen. Leider ist Mr. Young selber nicht da, und seine Frau erklärt uns, sie hätten ja „nur" einheimische Tiere. Doch welche Schätze entdecken wir da! Gibbons schwingen sich in den hohen Bäumen von Ast zu Ast, und wenn ihr melodischer Gesang erschallt, dann weiß man nicht, sind es die Zoogibbons oder ihre wilden Brüder im Dschungel jenseits der Mauer. Ein riesiger indischer Marabu stelzt gravitätisch durch sein Gehege. Neben ihm hausen die Schweinsdachse, asiatische Verwandte unseres Meister Grimbart, mit einer lang ausgezogenen Schnauze, die einem Schweinerüsselchen ähnelt. Außerdem beherbergt der Zoo eine Sammlung asiatischer Fasane in prachtvollem Gefieder. Das schönste Tier ist jedoch für uns der Rothund, der erste, den wir in unserem Leben sehen. Er ist ein temperamentvolles, herrliches Geschöpf, das in seinem geräumigen Käfig mit riesigen Sätzen dahinjagt. Wer eine Beschreibung der Rothunde haben möchte, der braucht nur Kiplings *Dschungelbuch* aufzuschlagen und das Kapitel zu suchen, in dem Mogli seine Wolfssippe durch den Sprung von der Steilwand vor den Rothunden, den Dolen, rettet.

Von Chiengmai aus müssen wir ein kleines Stück wieder zurückfahren, bis wir an jene Stelle des Flusses kommen, an der, wie vereinbart, die Flöße auf uns warten sollen. Als wir in Wan-en ankommen, sind unsere Flöße jedoch noch nicht zu sehen. Wir lassen uns mit Sack und Pack am Ufer nieder und warten. Unsere Köchin hat ihr Öfchen aufgestellt und kocht Tomatensuppe mit Reis. Noch schmeckt es großartig – aber wir machen uns noch nicht klar, daß wir nun 10 Tage lang Tomatensuppe mit Reis essen werden! Ein Bauer ist mit einem geflochtenen Korb angekommen und setzt sich schweigend zu uns. Irgend etwas bewegt sich im Korb, schnorchelt, quiekt – es sind lebende Ferkel. Ob er sie uns wohl zum Kauf anbieten will? Wir haben jedoch einen ganz ähnlichen Korb bei uns, mit 10 Hühnern und einem Hahn. Dieser Gockel pflegte uns regelmäßig jeden Morgen mit seinem schrillen Kikeriki die Tiere vom Flußufer zu verjagen. Als wir daraufhin baten, doch zuerst den Gockel zu schlachten, schaute uns Nittaya, die Köchin, ganz entsetzt an: Das konnte man doch den Hühnern nicht zumuten, zehn Tage lang ohne Mann zu leben! Es gab übrigens einen richtigen Wettstreit morgens: Unser Hausgockel schrie „Kikeriki", und aus dem Dschungel tönte es ein wenig rauh und abgehackt „Kikerik" zurück. Das waren die wilden Dschungelhühner, die es dort in großer Zahl gibt.

Wir mußten den ganzen Tag warten, ehe unsere Flöße endlich um eine Flußbiegung angeschwommen kamen. Aber Herr Schwedler, der Berliner Kameramann und Gefährte unserer

Mit meiner Frau während der malerischen Floßfahrt, 1960.

Reise, fing an zu erzählen, und unter viel Gelächter ging die
Zeit sehr rasch vorüber. Dle beiden Flöße waren extra für uns
angefertigt worden, ein jedes 15 Meter lang und 3,60 Meter
breit. Der Schwimmkörper bestand aus zwei Lagen von je 22
grünen Bambusstämmen, die mit Bambusseilen aneinander-
gebunden waren. Durch die Ritzen gluckerte unaufhörlich das
Wasser. Auf zwei Querstämmen mit einer Handbreit Abstand
vom Schwimmkörper thronte unsere Hütte. Sie bestand ebenfalls aus Bambusstangen mit Querleisten. Als Wände hatten die
Flößer Blatt für Blatt der Teakbäume aneinandergesteckt. Als
wir einstiegen, war unsere Hütte grün, aber im Laufe der Zeit
nahm sie eine herrliche Herbstfärbung an. Als ausgesproche-
nen Luxus besaßen wir eine „Toilette" (eine Bambuswand),
dazu zwei papierdünne Bambusmatten als Bett und eine Petroleumlampe, die allerdings bald über Bord ging. Wir ver-
stauten unser Gepäck, die Leinen wurden gelöst und dann trie-

ben wir endlich los. Zuerst waren die Ufer noch bewohnt, aber allmählich schoben sich Wälder und Berge immer näher an uns heran, die Siedlungen wurden spärlicher und das Abenteuer begann.

Doch nun muß ich meine Leser ein wenig enttäuschen. Vielleicht erwarten Sie Berichte von Tierrudeln und riesigen Herden, wie Sie es von Afrika-Expeditionen gewöhnt sind. Doch jene Tiere leben in Reservaten, sie werden nicht gejagt, sie sind nicht so scheu – und sie leben in der offenen Steppe in gleichmäßigem Licht, wo man sie auf große Entfernungen sehen und fotografieren kann. In Thailand gab es keine Reservate, und die Landschaft, durch die wir trieben, ist mit dichtem Dschungel bedeckt. Wir hörten die Tiere wohl, wir sahen ihre Fährten und manchmal sahen wir sie auch selbst, aber dann war meist kein Fotografierlicht.

Wir schwammen übrigens nur während des Tages und lagen nachts an Sandbänken fest. So ein Tag begann gegen 5 Uhr morgens. Dann fingen die Vögel mit ihrem Frühkonzert an und es wurde allmählich etwas heller um uns. Noch war jedoch das Flußbett voller Nebel und es hatte wenig Sinn, an Land zu gehen. Wir versuchten, die verschiedenen Vogelstimmen zu identifizieren: das Krächzen der Dschungelkrähen und der farbenprächtigen Kittas, Verwandte unserer einheimischen Elster, und vor allem den melodischen Ruf der rotbraunen Krähenfasane. Dann drang bald geschäftiges Klappern zu uns herüber, Nittaya kochte Tee. Es war nie ganz einfach, morgens aufzustehen, denn nach einer Nacht auf den harten Bambusstäben spürte man jeden Knochen. Und gegen Morgen waren zudem Nässe und Kälte durch Trainingsanzüge und Decken gekrochen, und man fühlte sich halb erfroren und zerschlagen. Dabei war es eigentlich gar nicht so kalt, unser Thermometer zeigte 16 Grad an. Aber das war eines der Dinge, die wir dort für unsere Tiere zuhause im Zoo lernten: Es kommt gar nicht auf die Temperatur an, die das Thermometer zeigt, sondern auf die Differenz zwischen den 40 Grad des Tages und den 16 Grad während der Nacht. Da empfindet dann der Körper eben 16 Grad als scheußlich kalt und ungemütlich. Erst gegen 10 Uhr scheint die Sonne in unser Flußtal hinein. Dann wird es aber

Wasserbüffel und Mensch beim Abendbad im Meping.

schlagartig so heiß, daß wir Trainingsanzüge und Pullover gar nicht schnell genug ausziehen können. Nach einem Streifzug über die Sandbank treiben wir weiter flußabwärts.

Es ist gar nicht so einfach, unsere ewig schwatzenden thailändischen Begleiter zur Ruhe zu bringen – aber schließlich wollen wir ja sehen und hören, was um uns herum vorgeht. Da flüchtet mit lautem Geprassel eine Horde Affen vom Ufer in den rettenden Dschungel. Wir können gut beobachten, wie sie

von Ast zu Ast hüpfen – der Pascha, das Männchen, als letzter –
und immer wieder sichernd zu uns zurückschauen. Schließlich
entschwinden sie über eine nackte Felswand unseren Blicken.
Im Wasser treibt ein aufgetriebener toter Hirsch an uns vorbei,
auf seinem Rücken machen zahlreiche kleine Vögel die Reise
mit und picken dabei Maden aus dem toten Tier. Überhaupt
entwickelt sich unsere Floßfahrt zu einer vogelkundlichen Exkursion. Immer wieder hören wir neue Rufe und sehen neue
farbenprächtige Vögel. Brahminenweihen mit ihren schneeweißen Köpfen ziehen ihre Kreise über uns, in den nahen
Baumwipfeln kreischt eine ganze Horde kleiner Papageien, am
Flußufer trippelt eilig ein Weißbrustwasserhuhn davon, und an
der nächsten Flußbiegung schwirren zwei Spornkiebitze auf.
In der Mittagsglut entdecken wir einen Schlangenhalsvogel –
er sieht so ähnlich aus wie ein einheimischer Kormoran –, der
mit weit geklafterten Flügeln am Ufer steht; er läßt uns sehr
nahe herankommen, ehe er schließlich davonfliegt. Die thailändischen Wälder sind auch die Heimat vieler Nashornvogelar-
ten, jener hühnergroßen Vögel mit den bizarren Schnabelauf-
sätzen. Überall kann man lesen, daß diese Vögel beim Fliegen
laute Fluggeräusche erzeugen – so wie kleine Lokomotiven
etwa. Aber einmal ziehen drei Nashornvögel über uns hinweg,
und zu unserer Überraschung hören wir nicht einen Ton! Die
Nashornvögel sind überhaupt seltsame Geschöpfe mit ganz
merkwürdigen Gewohnheiten. Wenn z. B. die Brutzeit heran-
kommt, dann fliegt das Weibchen in eine Baumhöhle und das
Männchen mauert es ein. So dicht wird der Eingang versperrt,
daß nur noch der Schnabel des Weibchens herausgucken kann.
In dieser „Gefangenschaft" legt nun das Weibchen die Eier, brü-
tet sie aus und zieht die Jungen auf. Gleichzeitig mausert sie
auch, und erst wenn die Jungen flugfähig sind und das Weibchen seine neuen Federn hat, wird das Gefängnis aufgebro-
chen. Das ist natürlich ein herrlicher Schutz für das brütende
Weibchen, solange das Männchen füttert. Aber wehe, wenn
dem Männchen in dieser Zeit etwas zustößt! Dann ist das Weibchen mit den Jungen dem Hungertod preisgegeben.

So geht unter vielen Beobachtungen der Tag vorüber. Schon

gegen 18 Uhr wird es wieder dunkel. Die Nacht fällt fast ohne Übergang herein, und mit ihr kommt die Kälte. Wir haben wieder an einer Sandbank angelegt, sitzen auf der Floßkante und sehen zu, wie der Mond aufgeht. Er steht hier in Asien übrigens nicht wie eine Sichel am Himmel, sondern schwebt wie eine Schale über den Wolken. Wir warten auf das Abendkonzert: Von ganz fern schallt der Gesang der Gibbons zu uns herüber.

Eines Nachts hören wir ein tiefes Brummen und Schnauben, das immer näher kommt. Plötzlich ertönt es „aou-aou", und nun haben wir unseren nächtlichen Besucher erkannt – ein Tiger ist in unserer Nähe. Wir freuen uns schon, den Herrn der Wälder einmal ganz nahe zu sehen, aber unsere Flößer machen uns einen Strich durch die Rechnung. Für sie ist der Tiger ein Bergdämon. Sie entfachen ein riesiges Feuer, um ihn zu verscheuchen. Und da wir keine Waffen dabei haben, gelingt es uns nicht, sie davon zu überzeugen, daß ein gesättigter Tiger ein ganz harmloser Gast ist. Er maunzt noch lange Zeit um uns herum, erhält auch vom anderen Flußufer Antwort, und verschwindet dann wieder.

Am nächsten Morgen werden wir zu Fährtensuchern. Auf der Sandbank, die noch vor wenigen Tagen überflutet war, hatten sich in den letzten Nächten unzählige Tiere zum Trinken eingefunden. Zierliche Vogelfährten verlaufen wie Perlenschnüre über den hellen Sand, wenige Meter weiter ist ein wilder Pfau entlangstolziert und hat lange, kräftige Zeheneindrücke hinterlassen. Vom Waldrand herunter bis zum Wasser können wir die Trittsiegel des Sambarhirsches verfolgen. Er war offenbar der einzige seiner Sippe, der in den letzten Nächten zur Tränke zog. Aber überall auf der Sandbank finden wir die zierlichen Trittsiegel der Muntjaks. In großer Zahl müssen sie hier in den Bergwäldern hausen. Eine Hirschfährte erscheint uns besonders klein – ob sie von einem Kantschil herrührt? Kantschils sind kleine Hirschchen ohne Geweih, dafür aber mit langen Eckzähnen. Zibetkatzen haben an einer feuchten Stelle eine deutliche Spur mit tiefen Kralleneindrücken hinterlassen, und als wir ihr folgen, finden wir auch den Kot. Leoparden sind mit ihren runden Pfoten auf die Jagd gegangen. Gleichmäßig, fast in einer Linie verlaufen die Tatzenabdrücke. Dann ändern sich

Frische Tigerfährte am Flußufer.

plötzlich die Abstände: Der Leopard ist gesprungen. Eine verwischte Spur hinter den Tatzen zeigt, daß er nervös mit dem Schwanz gezuckt hat. Hier hat er wohl gestanden und beobachtet. Aber seine Beute scheint ihm entwischt zu sein, denn die Fährte geht normal weiter, nur der nachgeschleifte Schwanz hat eine Schlangenlinie um die Tatzeneindrücke gewunden. Ein wenig später finden wir die Stelle, wo er im Sand gesessen hat; deutlich erkennt man die Abdrücke von Keulen und Schwanz. Endlich finden wir auch die Tigerfährte. Unser abendlicher Gast ist wohl noch nicht ganz ausgewachsen gewesen, das verraten uns die verhältnismäßig kleinen Fährten.

Und zum Schluß entdecken wir noch etwas sehr Hübsches im feuchten Sand: die Spuren von unzählig vielen nackten Kinderfüßchen. Affen sind es gewesen, die in ganzen Familien dort zum Wasser gehuscht sind.

Solche Gänge am Ufer entlang waren überhaupt interessant! Entweder fand man herrliche Falter, oder ein Waran entwischte

127

Gibbons sind in Thailand beliebte Haustiere.

ins Wasser, oder ein Tausendfüßler versuchte sich zu verkriechen. Einmal fingen wir eine kleine Baumschlange. Sie glänzte smaragdgrün. Als wir sie losließen, glitt sie elegant auf dem Sand entlang und floh ins Wasser. Hier sahen wir sie noch lange in wendigen Bewegungen davonschwimmen. Einen ganzen Vormittag verbrachten wir damit, im Gebüsch versteckt die hübschen Bienenfresser zu beobachten. Das sind spatzengroße Vögelchen in herrlich schillernden Farben, die unermüdlich auf einem Ast sitzen, sich in die Luft werfen, um ein Insekt zu fangen, und dann wieder an den gleichen Platz zurückkehren.

Eines Tages sahen wir an einem Ufer zwei badende Elefanten. Sie gehörten zu einem Camp und verlebten hier ihren Urlaub. Das ist kein Scherz! Elefanten arbeiten nur eine bestimmte Zeit im Jahr und dann dürfen sie sich erholen. So hält man es auch mit den brünstigen Elefantenbullen. Sie werden vom Camp entfernt bis die Brunst vorüber ist. Im Camp würden sie in dieser Zeit nur Unsinn treiben wie bei uns in den Zoos auch.

Als wir an diesem Tage auf der Sandbank saßen, bekamen wir Besuch: Eine junge Thailänderin erschien mit ihren Haustieren, einem Makaken und einem Gibbon. Sie gehörte zu einem Dschungeldorf, das Arbeitselefanten besaß, und sie versprach uns, einen herbeizurufen. Die Elefanten sind beim Teakholzeinschlag unentbehrlich, denn kein Lkw und kein Gespann könnte sich durch den dichten Dschungel einen Weg bis zur Einschlagstelle des wertvollen Teakholzes bahnen. Die Elefanten schleifen die schweren Stämme durch Unterholz und Gestrüpp bis auf befahrbare Wege, wo sie dann von den schweren Lastkraftwagen abgeholt werden können.

Nach wenigen Stunden tauchte am anderen Ufer wirklich ein Elefant auf. Es war ein gewaltiger Stoßzahnträger, der da von seinem 17jährigen Mahout dirigiert wurde. Durch eine flache Stelle im Fluß watete der graue Riese zu uns herüber. Und nun zeigte er uns, was er konnte. Einen mächtigen Stamm balancierte er auf den gewaltigen Stoßzähnen aus dem Wasser ans Ufer. Einmal rutschte dieser ihm ab und versprühte im Niederklatschen eine riesige Wasserfontäne über uns. Wir hatten

Ein mächtiger Elefantenbulle kam von seinem Arbeitsplatz tief im Dschungel zum Flußufer.

immer geglaubt, die Elefanten gehorchten ihrem Mahout auf den leisesten Wink. Aber hier sahen wir nun, welche Verrenkungen und Turnübungen der Mahout machen mußte, ehe der Elefant reagierte. Das sahen wir auch später noch mehrere Male.

Wir fahren weiter mit unserem schwimmenden Heim. Die Berge haben den Fluß nun ganz eingeengt. In diesen Bergen leben Gorale, Gaure und Bantengs, aber wir bekommen sie nicht zu Gesicht. Dafür sehen wir ganze Schwärme von weißen Reihern. Sie lassen uns bis auf 20 Meter herankommen und fliegen dann gemächlich weiter.

Wir bewältigen mit einigen Zwischenfällen die Stromschnellen des Meping-Flusses, und je näher wir unserem Ziel kommen, desto lebendiger wird noch einmal die Vogelwelt. Jetzt sind es hauptsächlich Königsfischer, die in den Bambusdickichten am Ufer sitzen und auf Fische lauern. Vier verschiedene Arten dieser schillernden Verwandten unserer Eisvögel können wir unterscheiden.

Vor uns wächst eine Mauer aus dem Fluß heraus, die Staumauer des Yan-hee-Dammes, der unsere Fahrt beendet. Hier wurde 1960/61 ein riesiger Staudamm gebaut, der heute ganz Thailand mit Strom versorgt. In einer Länge von 120 km und einer maximalen Breite von 25 km wird der Meping-Fluß gestaut, und seitdem ist es zu Ende mit der Flößerei. Wir gehörten mit zu den letzten, die diese herrliche Fahrt auf dem Dschungelfluß haben unternehmen können.

Vom Damm aus flogen wir zurück nach Bangkok, und hier erwartete uns eine Enttäuschung: Im Süden Thailands regnete es noch immer. Die Wege waren grundlos, und wir wären mit unseren Jeeps hoffnungslos steckengeblieben. So entschlossen wir uns schweren Herzens, auf die Fahrt in den tropischen Regenwald zu verzichten. Wir unternahmen noch einen Abstecher nach Indien und kehrten dann – es war inzwischen Mitte Januar 1961 – wieder nach Deutschland zurück.

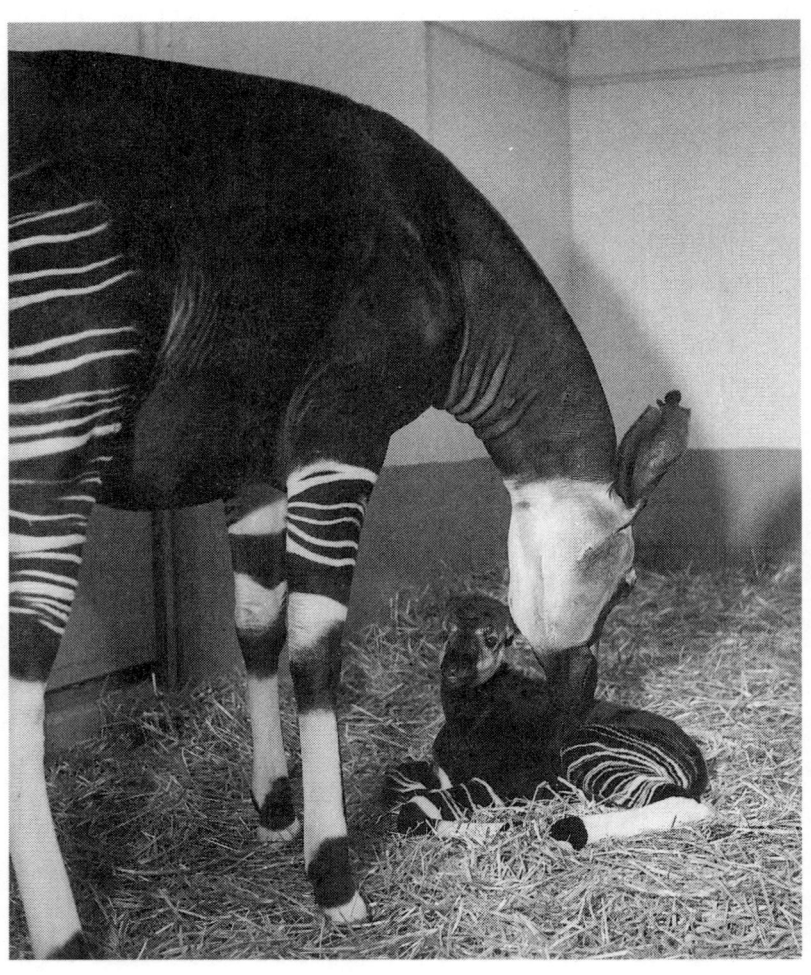

5

Zoos, Seaquariums und der Yellowstone-Park – eine Studienreise durch die USA

1960 legte ich dem Aufsichtsrat unseres Zoos den zusammen mit dem Architekten Heinz Diesing, dem Zoo-Baubüro unter Willy Wolff und meinen wissenschaftlichen Mitarbeitern erstellten Generalbebauungsplan für den Wiederaufbau des Zoologischen Gartens vor. Das Land Berlin hatte dazu insgesamt 15 Millionen DM in Aussicht gestellt. Da die Jahrestagung des Internationalen Zoodirektorenverbandes, an der ich teilnehmen mußte, 1962 in San Diego, Kailfornien, stattfand, beauftragte mich der Aufsichtsrat, diese Gelegenheit zu benutzen und vor der Tagung die wichtigsten Zoos der USA zu besuchen und deren neue Tierhäuser zu studieren.

Innerhalb von acht Wochen sahen meine Frau und ich uns 46 Zoologische Gärten an, von der Ostküste bis zur Westküste des nordamerikanischen Kontinents – angesichts der Entfernungen, der Flugstunden, der ständigen Klima- und Hotelwechsel ein anstrengenderes Unternehmen als eine Reise zu den Tierreservaten Afrikas oder Asiens! Von den dabei gewonnenen Eindrücken will ich im folgenden berichten – und damit vielleicht auch den USA-Besuchern unter meinen Lesern den einen oder anderen Tip für ihre nächste Reise vermitteln.

Dabei geht es nicht um *die* amerikanischen Zoos allgemein, denn es gibt auf der Welt (und also auch in den USA) keine zwei gleichen Zoologischen Gärten. Anlage und Tierbestand sind stets abhängig vom Klima, von geologischen Gegebenheiten, von der finanziellen Situation des betreffenden Zoos, vom Geschmack und von der Tatkraft seines Direktors und vielen anderen Dingen mehr.

Der einzige Wesenszug, den die meisten amerikanischen Zoos damals gemeinsam hatten, war die Tatsache, daß sie kei-

133

nen Eintritt nahmen. Das mag im ersten Augenblick verlockend erscheinen, hat aber sehr viele Nachteile. So sind diese Zoos oft gar nicht eingezäunt und es führen regelrechte öffentliche Straßen an den Gehegen vorbei. Die Tiere leben so inmitten von Motorenlärm und Auspuffgasen, und die Besucher dürfen, genau wie in der Stadt, ihre Kinder nicht von der Hand lassen, damit sie nicht auf die Straße laufen. Und in der Dunkelheit ist dann solch ein Zoo nur allzu schnell Tummelplatz für allerlei lichtscheue Gestalten und für Betrunkene, die Käfigtüren öffnen, Gehegezäune überklettern und unglaublich viel Schaden anrichten. Einigen Zoodirektoren ist deshalb eine regelrechte Zoopolizeitruppe unterstellt. Zu diesen Nachteilen kommt noch ein psychologischer Gesichtspunkt hinzu: „Was nichts kostet, kann auch nichts wert sein" – das ist die Meinung vieler Menschen, und dementsprechend behandeln sie dann die Einrichtungen des Zoos und auch die Tiere.

Auffällig sind die sehr gut ausgebauten Kinderzoos mit vielen Spielgeräten und grellbunten Bauten, die für europäische Begriffe oft sehr kitschig wirken. Für das Betreten der Kinderzoos wird übrigens fast überall ein Eintrittsgeld erhoben.

Etwa zehn Zoos der USA hatten damals wirklich internationale Bedeutung: New York, Philadelphia, Washington, Cleveland, Detroit, Milwaukee, Chicago (Brookfield), St. Louis, San Diego und San Antonio – aufgezählt in der Reihenfolge unserer Reiseroute von 1962.

Beginnen wir also mit New York. Man hört immer wieder, dort gebe es vier Zoologische Gärten. Das ist charmant übertrieben. Die Stadt besitzt einen großen Zoo, den Bronx-Zoo, und drei winzig kleine Miniatur„zoochen".

Der Bronx-Zoo, für amerikanische Verhältnisse ein uralter Zoo (1895 gegründet), ist ein 107 Hektar großer Park mit herrlichem altem Baumbestand. Ich habe ihn 1969 noch einmal besucht, als dort die Jahrestagung des Internationalen Zoodirektorenverbandes stattfand. Damals wurde gerade unter dem sehr aktiven Generaldirektor Bill Conway der gesamte Zoo von Grund auf renoviert und umgestaltet. Man befand sich dort in New York in einer wesentlich günstigeren Lage als wir in Berlin: Da unser Zoo nach 1945 total zerstört war, mußten wir sehr rasch unseren Wiederaufbau zustande bringen. Im Bronx-Zoo hingegen waren die alten Gebäude vorhanden, man konnte sich zum Planen viel Zeit lassen. So waren bei unserem zweiten Besuch 1969 eigentlich erst wenige neue Gebäude entstanden, die dann allerdings in durchdachter Planung die jüngsten biologischen Erfahrungen, psychologisch ausgeklügelte Systeme der Schaustellung und modernste Technik miteinander vereinen. Eine Abteilung des Zoostabes beschäftigt sich z. B. intensiv mit der Herstellung von künstlichen Felsen und Pflanzen, die vor allem im Nachthaus gebraucht werden und hier kaum von natürlichen Pflanzen zu unterscheiden sind. Die Vorteile liegen auf der Hand: Künstliche Bäume sind unzerstörbar, können je nach Bedarf in Größe und Form hergestellt werden und sind außerdem noch recht einfach zu reinigen.

Bill Conway ist vom systematischen Aufbau einer Tiersammlung abgewichen und zieht es vor, seine Tiere in Lebensgemeinschaften zusammenzuhalten. Ein gelungenes Resultat der beiden Prinzipien – modernste Zootechnik und Haltung in biologischen Gruppen – ist das neue Haus für Wasservögel. Seine Käfige sollte man besser „Kleinlandschaften" nennen: In der Wipfelregion eines mächtigen Baumes brüten leuchtend-rote Ibisse; dicke Zypressenstämme, üppig wuchernde Grünpflanzen, ein mit Seerosen bewachsener Teich, auf dem Wasserfasanen einherschreiten, erwecken den Eindruck eines Sumpfgewässers. Im Dämmerlicht eines Dschungelstromes schwirren seltene Kleinvögel umher, eine Felswand trägt die typischen weißen Kotstreifen der auf den Klippen ruhenden Guanokormorane und Papageientaucher. Im Halbdunkel leuchten die bernsteingelben Augen zweier Uhus, und am flachen Meeresufer laufen zwischen Treibholz und Muschelschalen kleine Strandläufer einher. Um die Illusion vollkommen zu machen, wird vom Tonband das Rauschen der Brandung übertragen.

Zwischen und über den einzelnen Käfigen sind didaktische Texte angebracht. Auch diese jedoch nicht in ermüdender Gleichförmigkeit, sondern mit plakativen Zeichnungen. Das ganze Haus bietet ein geschlossenes, harmonisches Bild. In wenigen Käfigen ist unter Verzicht auf eine große Artenfülle ein gelungener Überblick über das Vogelleben in Wassernähe gegeben. Damit besitzt der Bronx-Zoo ein schönes Gegenstück zu unserem systematisch aufgebauten Berliner Vogelhaus.

Während unserer Anwesenheit 1969 wurde gerade ein zweites neues Tierhaus eröffnet, genannt „Die Welt der Dunkelheit". Das gesamte Haus ist nur für dämmerungsaktive Tiere errichtet und beherbergt in größeren und kleineren Käfigen sowohl Vertreter der Säugetiere und Vögel als auch der Reptilien, Amphibien und Fische. Das Prinzip der Haltung von Tieren, die normalerweise erst aktiv werden, wenn die Sonne untergegangen ist, und die in den Zoos meist nur als schlafend in einer Ecke liegende Fellknäuel gezeigt werden, ist eine einfache Umkehrung der Lichtintensität: Während der Nacht werden die Käfige von hellem Lampenlicht angestrahlt, es ist „Tag", die Tiere schlafen. Während des Tages dagegen wird das Licht gedämpft, es wird eine „Dämmerung" vorgetäuscht, und die Tiere sind vor den Augen der Besucher lebhaft und aktiv. Der Verwirklichung dieses einfachen Prinzips gehen jedoch viele Experimente mit Stärke, Farbe und Dauer des gedämpften Lichtes voraus. Und es scheint, daß im Bronx-Zoo die Versuche zu gutem Erfolg geführt haben. Auch hier ist wieder das Prinzip verwirklicht, Tiere verschiedener Arten in biologischen Gemeinschaften zusammenzuhalten. In einer Wüstenlandschaft findet man z. B. Kitfuchs, Weißrückenskunk, Wüstenratte, Ketten-Bullennatter und Chuckwalla beieinander.

Einen großen Raum nehmen die Fledermäuse ein, die sogar in einem langgestreckten Flugkäfig ihre Flugkünste zeigen. Die Technik der Schaustellung ist hier in der „Welt der Dunkelheit" noch weiter entwickelt als im Wasservogelhaus, vor allem die akustischen Reize werden stark betont. So läuft der Besucher durch einen dunklen Gang und hört aus Lautsprechern den Ruf eines Uhus, das monotone Quaken von Fröschen oder das Geheul von Kojoten.

Meine Frau und ich waren von diesem Haus so begeistert, daß wir den Plan für den Bau des ersten deutschen „Nachttierhauses" faßten. Da wir gerade den Bau unseres Raubtier-

Einer der seltenen Takins, auch „Rindergemse" genannt, im Bronx-Zoo von New York, 1969.

hauses planten, wurde der Kellerraum dafür vorgesehen – und 1975 konnte dann das von meiner Frau in ehrenamtlicher Arbeit geplante, noch heute einmalige Berliner Nachttierhaus eröffnet werden.

Aus der artenreichen Tiersammlung des Bronx-Zoos fielen uns 1969 besonders die drei Takins auf. Ihr anderer Name „Rindergemse" zeigt, daß man sich über die systematische Stellung dieser Tierart absolut noch nicht im klaren ist. Die etwas plump und gedrungen wirkenden, braun behaarten Tiere stammen aus Zentralasien. Takins waren bis dahin nur außerordentlich selten in Zoologischen Gärten gehalten worden. 1969 gab es außer den New-Yorker Tieren nur noch einige Exemplare in den Zoos von Rangun und Peking. Unsere Überraschung war groß, als wir in einem der Takins einen „alten Bekannten" wiedererkannten. Wir hatten ihn 1960 bereits einmal bewundern können – als junges Tier auf der Durchreise in der Hamburger Quarantänestation. Damals ging der Bericht über das seltene

137

Ein Andenflamingo-Paar mit vor zwei Tagen geschlüpftem Jungen. 1989 gelang uns im Zoo Berlin die Welterstzüchung in Menschenobhut.

Tier durch alle deutschen Zeitungen. Im Bronx-Zoo war der seinerzeit erst schafsgroße Takin nun herangewachsen und hatte die Größe und Wuchtigkeit eines kleinen Rindes erreicht.

Auf einer großflächigen Steppenanlage des Bronx-Zoos lebte in Gemeinschaft mit anderen afrikanischen Tieren eine gut züchtende Gruppe von Nyala-Antilopen. Diese Herde interessierte uns ganz besonders, da wir unseren Berliner Zuchtbock verloren hatten und damit unsere Zucht zusammengebrochen war. Zu unserer großen Freude schenkte uns der Kollege Conway einen seiner ausgewachsenen Nyalaböcke, so daß wir hoffen konnten, dank seiner Hilfe auch in Berlin wieder Nyalas züchten zu können – was dann auch der Fall war.

Bill Conway ist Vogelkundler – und das bemerkte man sofort an seinem Vogelbestand. Der Bronx-Zoo besaß 1962 als einziger Zoo der Welt z. B. zwei sehr seltene Flamingoarten, den James- und den Andenflamingo, die Bill Conway in den eisbedeckten Hochebenen des peruanisch-bolivianischen Grenzgebietes in Höhen von 4.000 bis 5.000 Metern selbst aufgespürt und gefangen hatte. Dies ließ mir keine Ruhe und ich beauftragte bald darauf den berühmten Tierfänger Charles Cordier, auch für mich diese seltenen Vögel zu fangen. 1965 zogen dann diese interessanten Flamingos in den Zoo Berlin ein. Bei den James-Flamingos gelang uns 1989 die Welterstzucht, bei den Andenflamingos 1976 die deutsche Erstzucht.

Außerdem sah ich dort auch für die damalige Zeit sehr seltene Kranicharten: den südafrikanischen Klunkerkranich, den Weißnackenkranich aus der Mandschurei und den Nordamerikanischen Sandhillkranich.

Von der gleichen Zoologischen Gesellschaft, die den Bronx-Zoo betreibt, wird am anderen Ende von New York auch ein Aquarium unterhalten. Es wurde 1957 eröffnet. Lange Zeit hatten die New Yorker ganz auf ein Aquarium verzichten müssen, denn das alte Gebäude mußte bereits Ende der dreißiger Jahre einem Tunnelbau unter dem East River weichen, und bevor der neue Bau begonnen werden konnte, zerschlug der Krieg alle Pläne.

Das neue Aquarium nun beherbergte 1962 u. a. eine phantastische Sammlung von leuchtenden Korallenfischen. Auch ein elektrischer Aal lebte dort, den man sehr gut zur Schau gestellt hat: Über seinem Becken ist eine Apparatur angebracht, durch die man die Stromstöße, die der erregte Fisch aussendet, hören kann. Ein Voltmeter zeigt die erzielte Spannung an, und bei jedem Stromstoß leuchtet eine Glühbirne auf.

In einem 20 Meter tiefen Becken lebten zur Zeit unseres Besuches 1962 drei halberwachsene Weiße Wale oder Belugas. Sie sind in der Jugend grau und erhalten erst mit etwa sieben Jahren ein strahlendes Weiß. Ebenso interessant waren die vier gezeigten Walrosse (ein Atlantisches und drei Pazifische), die sich hier wunderbar eingewöhnt hatten.

Eine Exkursion führte uns 1969 von New York in die etwa 200 Kilometer entfernte Catskill Game Farm. Diese Catskill Game Farm ist ein Zoo ganz besonderer Art: Er hat in seinen weitläufigen Gehegen und Freianlagen bewußt den Farmcharakter erhalten und hat sein Hauptgewicht auf die Haltung und Zucht von Huftieren gelegt. Von den insgesamt 124 Formen von Säugetieren, die in der Catskill Game Farm gehalten werden, sind übrigens mehr als 100 Formen Huftiere!

Die Geschichte der Catskill Game Farm begann damit, daß der heutige Besitzer, Roland Lindemann, 1930 zusammen mit seinem Vater Fasanen und Kleintiere auf einer Farm in den Catskill-Bergen hielt. Roland Lindemann ist übrigens gebürtiger Berliner, der nach dem Ersten Weltkrieg in die Vereinigten Staaten auswanderte. Er gehört nicht zu den Menschen, die schon nach kurzer Zeit ihre Heimatsprache vergessen, sondern er strahlte noch jetzt, nach 30 Jahren, die lärmende Herzlichkeit des Berliners aus. Ist es da verwunderlich, daß wir uns so wohl in seinem Zoo und in seiner Familie fühlten? Der tiefen Verbundenheit Lindemanns zu seinem Berlin verdanken wir übrigens ein Vicunja, das er uns als Geschenk überreichte. Eine überaus großzügiges Geste, denn Vicunjas sind vom Aussterben bedroht und nur selten im Tierhandel zu haben.

1932 konnte Roland Lindemann zu seiner ersten Farm noch weiteres Gelände dazuerwerben und hatte nun die Möglichkeit, die ersten Huftiere zu halten. Sein Hauptinteresse galt damals den Hirschen. 1939 hatte er bereits über 750 Individuen in 28 Formen beisammen. Der Zweite Weltkrieg verlangsamte die Weiterentwicklung seines Unternehmens, nach Kriegsende jedoch wuchs die Zahl der zur Schau gestellten Tiere stetig. Antilopen und Kamelartige wurden angeschafft, 1956 erwarb Roland Lindemann Przewalskipferde und Afrikanische Wildesel vom Münchner Tierpark Hellabrunn und „importierte" einige Jahre später auch gleich den Zoologen, der ihm die Tiere gebracht hatte: Dr. Heinz Heck, den Enkel unseres Berliner „Papa Heck". Dr. Heinz Heck folgte 1959 einem Ruf Roland Lindemanns, als Kurator und bald darauf als Direktor am Aufbau der Catskill Game Farm mitzuarbeiten.

Um die planmäßige Zucht seltener Huftierarten ungestört vom Besucherstrom betreiben zu können, richtete Roland Lindemann abseits von dem für das Publikum geöffneten Teil des Zoos eine Reihe von Zuchtgehegen ein. Sie bewährten sich in kurzer Zeit, und die ausgezeichneten Zuchterfolge auf der Catskill Game Farm fanden seitdem weltweit große Anerkennung. Der für das Publikum geöffnete Teil des Gartens hat eine Fläche von ca. 69 Hektar, die Zuchtstation ein Areal von 400 Hektar. Der Zoo ist nur in der warmen Jahreszeit, vom 15. April bis zum 15. November, geöffnet.

Weiter führte uns 1962 die Reise nach Philadelphia. Der dortige Zoo, damals seit 28 Jahren von Direktor Freeman M. Shelly geleitet, ist der älteste in den Vereinigten Staaten. Er wurde 1873 gegründet. In der Anlage seiner Gehege und dem durch viele Blumenbeete und wertvolle Bäume hervorgerufenen Parkcharakter spricht er das europäische Empfinden sehr an. Fast alle Häuser sind aus einem grauen Naturstein errichtet, der in der Nähe der Stadt gebrochen wird. Besonders beeindruckend war das gerade fertiggestellte große, langgestreckte Raubtierhaus, das in zwei Flügeln mit vielen Außenkäfigen und zwei großen Freianlagen eine ausgezeichnete Katzensammlung beherbergt. Der Bau dieses Hauses hat damals 1,5 Millionen Dollar gekostet – eine für deutsche Verhältnisse seinerzeit unglaublich hohe Summe! In Philadelphia wurden übrigens die ersten Geparden in einem Zoo geboren, sie konnten aber leider nicht aufgezogen werden. Die erste erfolgreiche Aufzucht glückte erst 1960 dem Zoo in Krefeld.

Auch das Vogelhaus in Philadelphia ist erwähnenswert: Es hat keine Außenvolieren, Licht und Luft dringen durch die Dachkonstruktion in die Innenkäfige. Die Vögel sind nicht durch Drahtgeflecht von den Besuchern getrennt, sondern durch Glasscheiben. Die Innenkäfige sind recht großflächig, dadurch ist der Artenreichtum naturgemäß begrenzt. Als besondere Attraktion baute man 1969 gerade ein großzügiges Haus für Kolibris. Es besteht lediglich aus einem gewinkelten Freiflugraum, durch den die Besucher auf einem schmalen Pfad gehen und von hier aus Kolibris und einige andere Vogelarten in einer Waldlandschaft beobachten können.

Im Mai 1967 wurde ein Haus für kleine Säugetiere eröffnet, das auch einen Raum für dämmerungsaktive Tiere enthält. Besonders eindrucksvoll sind hier zwei langgestreckte Kleinlandschaften an beiden Seiten des Eingangs. Es sind 4,50 m tiefe

Der legendäre Gorillamann „Massa" 1969 im Zoo von Philadelphia.
Mit seinem Lebensalter von fast 40 Jahren stellte er einen Haltungsrekord dar.

und 12,50 m lange, gitterlose Gehege, die auf der einen Seite eine afrikanische Steppe, auf der anderen Seite eine südamerikanische Landschaft darstellen. In den Fels„kopjes" der Steppe sind Klippschliefer untergebracht, in der südamerikanischen Landschaft werden Wasserschweine, Ameisenbären und Faultiere gehalten.

Ebenfalls neu für uns war beim zweiten Besuch 1969 das Haus für seltene Säugetiere, das 1965 eröffnet werden konnte. Es beherbergt unter anderem eine Gruppe von jungen Gorillas, Mähnenwölfe, Erdwölfe und Kattas. Zwei dieser interessanten, lebhaft gezeichneten Halbaffen von der Insel Madagaskar überreichte uns der neue Direktor Roger Conant als Geschenk.

Der Zoo in Philadelphia hat große Erfolge in der Haltung und Zucht von Menschenaffen zu verzeichnen. Berühmt sind die beiden Gorillamänner „Bamboo" und „Masso". „Bamboo" starb 1961 nach einem Haltungsrekord von 33 Jahren im Zoo von Philadelphia. Er wurde von „Massa" übertroffen, der im Dezember 1935 im Alter von etwa 6 Jahren in den Zoo kam und 1969 noch immer bei bester Gesundheit war. Die Orang-Utans „Guas" und „Guarina" sind die Stammeltern einer blühenden Orang-Utan-Zucht, der nicht weniger als 16 Jungtiere entsprangen.

Schließlich zeigte 1969 der Zoo Philadelphia eine der reichhaltigsten Wassergeflügelsammlungen der Welt.

Nächste Station auf unserer Reise war Washington. Der Zoo dieser Stadt ist ein Regierungszoo. Dies bedeutet, daß zwar jedes Tier, das den Vereinigten Staaten geschenkt wird, automatisch in Dr. Reeds Zoo landet (etwa „Gefreiter Teddy", ein kleiner Berliner Braunbär, der lange Zeit das Maskottchen einer in Berlin stationierten US-Einheit war) – aber wenn man umgekehrt gerade ein eigenes Staatsgeschenk braucht, dann wird es ebenfalls ohne Zaudern aus dem Tierbestand des Zoos herausgenommen. Der Weißkopfseeadler beispielsweise, den Robert Kennedy 1962 der Berliner Bevölkerung schenkte, kam aus Dr. Reeds Bestand!

In Washington entdeckten wir 1962 so viele interessante Tier-

Zweizehenfaultiermutter mit Jungem im Zoo von Washington,
1962.

arten, daß an dieser Stelle eine Aufzählung genügen muß: die
artenreichste Kleinsäugersammlung der Welt, eine Fülle von
Raubvogelarten, acht züchtende Zweizehenfaultiere, züchtende Kleine Pandas, züchtende Zwergflußpferde, ein züchtendes

Gorillapaar, drei verschiedene Nashornarten, Bighornschafe und eine Schneeziege, Albatrosse und seit 1914 wiederholt züchtende Pelikane. Nachtreiher fliegen frei im Gelände herum und stehlen den Pinguinen die Fische, und hoch über dem Park ziehen Truthahngeier ihre Kreise. Ein seltener Zooinsasse ist eine weiße Tigerin. Es gibt nur im Distrikt Rewa in Indien einen Stamm Tiger, deren schwarze Streifung auf weißem statt auf gelbem Grund steht. Diese Tigerin ist also aufgrund ihrer Seltenheit ungeheuer wertvoll. Mir gefallen jedoch die normal gefärbten Tiere besser.

Direktor Dr. Reed war schon einmal bei uns in Berlin zu Besuch gewesen, das Wiedersehen mit ihm war also eine besondere Freude.

Von Washington aus flogen wir 1.350 Kilometer gen Süden, um uns in Florida ein wenig umzusehen, wo infolge der guten klimatischen Bedingungen geradezu einzigartige Möglichkeiten zur Haltung tropischer Tiere vorhanden sind. Dementsprechend hoch ist auch die Zahl von Tierschaubetrieben. Wir nahmen Quartier in Miami und durchstreiften von hier aus mit einem Mietwagen das Land.

Miami selbst besaß 1962 erst einen kleinen Zoo, der am äußersten Zipfel einer kleinen Inselkette liegt. Eine herrliche Palmenallee führt dorthin, und Palmen sind es auch, die das Bild dieses kleinen schmucken Gärtchens bestimmen. Es waren nicht allzuviele seltene Tiere hier zu sehen. Aber eine besondere Rasse des Virginiahirsches fällt uns auf und dann vor allem eine Seekuh, die in einem abgesperrten kleinen Flußlauf lebt und häufig an der Futterstelle zu sehen ist. Die Manatis, wie diese Art der Seekühe heißt, leben an den Küsten Floridas, und durch die zunehmende Besiedlungsdichte Floridas ist ihre Zahl stark reduziert worden. Daher sind die Manatis nun unter Schutz gestellt. Es sind walzenförmige, plumpe Säugetiere, die äußerlich etwas an Robben erinnern, aber statt der beiden getrennten Hinterextremitäten eine richtige Schwanzflosse haben. Sie leben fast ausschließlich von Wasserpflanzen, die sie am Grunde der Gewässer abgrasen wie Kühe auf einer Weide. Diese merkwürdigen Tiere sah man damals nur ganz

Miami Seaquarium:
ein Delphintrainer
bei der Arbeit.

selten in Zoologischen Gärten. Heute werden sie erfolgreich im Zoo Nürnberg gezüchtet. Von dort stammen auch die fünf im Tierpark Berlin-Friedrichsfelde gehaltenen Manatis.

Am anderen Ende der Stadt liegt ein berühmter Rennplatz, „Hialeah", den wir auch besuchten. Im Sommer werden hier keine Rennen gelaufen, und der riesige Platz liegt also ziemlich verlassen. Die eigentliche Rennbahn umschließt ein mit Rasen besätes Oval mit einem weitgeschwungenen See. Hier an den seichten Ufern des Sees standen nun über 400 Flamingos. Die Kolonie ist 1931 importiert worden, denn freilebende Flamingos gibt es in Florida nicht mehr, seit der weiße Mann im Land erschien. Die Flamingos von „Hialeah" brüten hier seit 1942 regelmäßig. Das war 1962 gar nicht selbstverständlich, denn Flamingos sind zwar leicht zu halten, sie brüten aber nur selten. (Den ersten deutschen Zuchterfolg mit Rosa-Flamingos konnten wir 1963 im Zoo Berlin verzeichnen. Auch die deutsche Erstzucht des Chile-Flamingos gelang uns 1965 im Zoo Berlin.) Angeblich sollen den Jungvögeln in „Hialeah" jedes Jahr die Flügel gestutzt werden – aber gerade als wir am Rennplatz standen, hoben sich die Hunderte von Flamingos in die Luft und schwebten wie eine rosa Wolke über unseren Köpfen.

Wir besuchten auch das Seaquarium von Miami. Es liegt direkt an der Küste, und man sieht das Schattendach der Vorführarena schon von weitem golden über Palmen, Strand und Ozean leuchten. Hier trafen wir als Trainingsdirektor Adolph Frohn, zu dieser Zeit einer der bekanntesten Delphintrainer der USA. Ich kannte ihn noch von meiner Zeit beim Zirkus Franz Althoff, und es ist wohl unnötig zu sagen, daß wir fast in jeder freien Minute bei ihm im Seaquarium steckten. Adolph Frohn trainiert Seelöwen und sogar Pelikane, seine Lieblinge sind jedoch „Splash", „Speedy" und „Spray", die großen Tümmler. Wir gehen mit ihm hinter die Kulissen des Showbetriebs zu den Becken, in denen sich die Tümmler zwischen den Vorstellungen aufhalten. Sie kommen gleich an den Rand geschwommen und lassen sich von uns streicheln – und das ist einer der Gründe, warum man Delphine relativ leicht dressieren kann: Sie werden erstaunlich schnell zahm und lieben Gesellschaft. Ein anderer Grund ist die natürliche Verspieltheit der

Delphine, die aus reiner Freude, auch ohne Aufforderung, ihre Luftsprünge vollführen.

In der Arena werden dann großartige Leistungen gezeigt: Flaggen werden gehißt, Kegel geschoben, es wird durch Reifen gesprungen und vieles mehr. Hier „singt" man auch! Einer der Tümmler gibt vor einem Mikrofon dünne, pfeifende Töne von sich. Sie werden dadurch hervorgebracht, daß Luft mit starkem Druck durch das Atemloch gepreßt wird. „Atemloch" nennt man bei Walen die Nasenlöcher, die sehr hoch oben im Schädel liegen.

Hier entstand auch mein Wunsch, einmal im Zoo Berlin Delphine zu zeigen. Von 1970 bis 1973 war dann tatsächlich auch die „Florida Delphin Show" Gast in unserem Zoo. Zum Bau eines festen Gebäudes aber konnte ich mich nicht entschließen, weil wir durch unsere „Insel"-Lage stets dasselbe Publikum hatten. Das Unternehmen hätte sich also finanziell nicht getragen.

Gemeinsam besichtigen wir auch das Herz des Ozeanariums: riesige Filteranlagen. Es ist nämlich keineswegs so, daß man einfach Ozeanwasser in die großen Becken pumpen kann. Dieses ist in Küstennähe stets verschmutzt und voller gefährlicher Keime. Um sie auszuscheiden, benötigt man ein ganzes Gewirr von Filtern, Kesseln, Ventilen, Pumpen und Röhren, das uns Herr Frohn geduldig erklärte.

Das Seaquarium beherbergt auf seinem 110 Morgen großen Gelände neben den Seelöwen, Pelikanen und Delphinen noch Seehunde, zwei Seekühe, einen weißen Delphin, fünf Arten von Seeschildkröten und eine Vielzahl von Fischen. Besonders interessant sind die Haie zur Schau gestellt. Man hat einen ringförmigen Haikanal gebaut, den man auf mehreren Brücken überqueren kann. Von einer dieser Brücken herab wird dreimal am Tag gefüttert. Dazu bindet ein Pfleger einen großen toten Fisch an eine Leine und hängt ihn ins Wasser. Nach wenigen Minuten hat der erste der Haie die Beute aufgespürt und ein großes Stück aus dem Fisch herausgerissen. Wie auf ein Kommando durchschneiden jetzt von beiden Seiten die Dreiecksflossen der Haie die Oberfläche, und das Wasser rings um die Beute brodelt und quirlt nur so. In Sekundenschnelle ist der

148

Beutefisch zerissen, und nach einem kurzen Schaudern drängen die Besucher zur nächsten Show.

In der Nähe von Miami hat ein sehr energischer junger Mann etwas zauberhaft Schönes geschaffen. Er nennt seinen Betrieb „Monkey Jungle" (Affendschungel) und wirbt mit dem Slogan: „Wo die Menschen in Käfigen sind und die Affen frei herumlaufen". Und so ist es auch wirklich. Der Besucher läuft in einem Tunnel aus Maschendraht, und neben wie über ihm tummelt sich eine 300köpfige Herde von Javaneraffen. Bettelt, spielt, streitet, verschwindet im dichten Bewuchs, taucht plötzlich am Ufer eines Urwaldsees wieder auf, holt sich schwimmend Futter aus dem Wasser oder bewacht den Alligator in seinem Tümpel. Hier herrscht unentwegtes Leben.

Märchenhaft ist der zweite Teil des Affendschungels. Dort hat Mr. Dumond mit endloser Liebe und viel gärtnerischem Verständnis einen tropischen Regenwald gepflanzt. Es stören keine Gitter und kein Draht, die Besucher gehen durch eine Tür und folgen dann einem verschlungenen Pfad durch einen regelrechten Dschungel. Rechts und links vom Pfad turnen gewandte Eichhornäffchen raschelnd durchs Gezweig. Diese winzigen Affen haben bei uns Deutschen den häßlichen Namen „Totenkopfäffchen", obwohl die Gesichter keinerlei Ähnlichkeit mit Totenschädeln haben. Engländer und Amerikaner nennen sie hingegen viel zutreffender „Squirrel Monkeys" – Eichhornäffchen –, wegen ihres munteren, beweglichen Wesens. Außer den Eichhornäffchen leben hier noch Pincéäffchen, die seltenen Sakis und Uakaris und sogar zwei Brüllaffen, die wir hoch in den Wipfeln entdeckten. Alle diese Tiere und die meisten Pflanzen stammen aus Südamerika. Das gesamte Affenparadies hat keinen Zaun als Begrenzung. Rund um die Affenwälder erstrecken sich weite Felder ohne nennenswerten Baumbestand, und der Besitzer hat sich klug zunutze gemacht, daß seine Affen gar nicht das Bedürfnis haben, aufs offene Feld zu desertieren, wenn sie einen so schönen Wald als Heim vor der Nase haben!

Javaneraffen im „Monkey Jungle" bei Miami, Florida.

30 Kilometer entfernt liegt das gefiederte Konkurrenzunternehmen: „Parrot Jungle" – der Papageiendschungel. Auch hier ist die Kulisse wieder ein kultivierter Dschungel, in dem grellbunte Aras frei umherfliegen. Ab und zu stehen am Wegrand jedoch auch Volieren mit recht seltenen Papageien, die zu kostbar sind, um sie frei fliegen zu lassen. Sehr beliebt ist ein kleiner freier Platz, auf dem ein Tierpfleger den Besuchern fünf Aras zum Fotografieren auf Schultern und Kopf setzt. Hauptattraktion ist jedoch eine Arena, in der besonders abgerichtete Papageien die unglaublichsten Dressurstücke vorführen: Da

fährt ein Kakadu Rad auf einem Seil, ein Ara macht einen Schulterstand, einer feuert eine kleine Kanone ab, ein anderer wird mit einer Papprakete zu dem freundlich lächelnden Mond auf einen Baumwipfel hinaufgeschossen und segelt an einem Fallschirm wieder zur Erde. Obwohl wir in Deutschland für solche Shows nicht allzuviel übrig haben, sind wir doch von der Dressurleistung ehrlich begeistert.

Da die meisten Aras sich völlig frei bewegen, haben sich die verschiedenen Rassen munter durcheinander gekreuzt, und es sind ganz interessante Vögel dabei zustande gekommen.

Alle diese Betriebe sind von Menschen geschaffen. Im Südzipfel Floridas liegt jedoch ein Gebiet, in dem der Mensch nur schützende Funktion ausübt: der Everglades Nationalpark. Hier trifft die gemäßigte Klimazone auf die subtropische. Hier dehnen sich Prärien, Sümpfe und Mangrovenwälder bis zur Küste von Atlantik und Pazifik. Sie werden durchzogen von einer Straße und vielen kleinen Beobachtungspfaden, die es den zahlreichen Besuchern ermöglichen, einen kleinen Blick in ein Vogelparadies zu werfen, wie es kaum ein zweites auf der Welt gibt. In den Everglades lebten und brüteten zur Zeit unseres Besuches 60 Paare der streng geschützten Weißkopf-Seeadler, die das Wappen der Vereinigten Staaten zieren, 500 Paare von Fischadlern, Hunderte von Braunen Pelikanen, Kormoranen und Schlangenhalsvögeln, etwa 10 verschiedene Reiherarten, Riesenrallen, Ibisse und andere Vögel.

Wir hatten uns mit dem jungen Parkzoologen angefreundet, und er nahm uns im Auto oder im kleinen Motorboot mit durch sein Reich. Wir fuhren hinaus zu den Felseninseln, wo Kormorane und Pelikane einander auf die Füße treten, und wir befuhren am Nachmittag einen kleinen Urwaldstrom mit dicht bewachsenen Ufern, die plötzlich den Blick auf einen verschilften See freigaben. Und hier standen, Körper an Körper, Hunderte von Weißen Ibissen, Löffelreihern und Säbelschnäblern. Sie ließen uns ganz dicht herankommen, und wir standen wohl eine halbe Stunde still und beobachteten. Die Mücken überfielen uns in dichten Schwärmen und haben wohl für lange Zeit ihren Bedarf an Menschenblut an uns gedeckt,

Silberreiher im Everglades National Park, Florida.

denn nach einigen vergeblichen Versuchen, das hungrige Heer
zu verscheuchen, ließen wir sie umgestört an uns sitzen. Die
weißen Ibisse sieht man selbst in amerikanischen Zoos selten
– und nun standen wir dicht an einem ganzen Heer solcher wa-
tenden, wogenden Vogelleiber! Und wie als Schlußszene unseres Aufenthalts in Florida erhob sich schließlich der ganze
Schwarm und zog weiß und leuchtend zur nächsten Lagune.

Der Zoo von Cleveland ist sehr bergig und gehört zu den älteren Zoos der Vereinigten Staaten. Nur zwei seiner Häuser sind
ganz neu und modern, mit sehr viel Licht und Platz in den In-
nenräumen und schönem Schmuck an den Außenwänden –
das Dickhäuter- und Giraffenhaus sowie das Vogelhaus. Neu
sind auch zwei sehr schöne Freianlagen für Tiger und Löwen.
Meine ganze Liebe und Bewunderung galt jedoch dem Bongo,
dieser farbenprächtigen Urwaldantilope Äquatorialafrikas, die

es in der ganzen Welt außer in den Wäldern ihrer Heimat damals nur in Cleveland und in Antwerpen zu sehen gab.

Wir konnten diese schöne und selten in Menschenobhut gehaltene Antilope erst 1972 erstmalig für Deutschalnd importieren und züchten sie seitdem erfolgreich.

In Cleveland sahen wir auch etwas technisch sehr Begrüßenswertes: Der Zoo verfügt über drei riesige Parkplätze. Uns wurde damals klar, daß man das Parkproblem – auch für die Zukunft der deutschen Zoos – gar nicht ernst genug nehmen kann.

Als wir den Zoo von Detroit betraten, glaubten wir einen Augenblick lang, vor den Felsenanlagen in Hagenbecks Tierpark zu stehen. Und wirklich haben auch Heinrich und Lorenz Ha-

Im Zoo von Cleveland: meine erste Begegnung mit dem seltenen Bongo, einer farbenprächtigen Urwaldantilope aus Äquatorialafrika.

1928 von Heinrich und Lorenz Hagenbeck erbaut: die Pavian-Frei-
anlage im Zoo von Detroit.

genbeck 1928 den Zoo hier erbaut. Schon damals war Zoodirektor McInnis dabei, der auch 1962, zur Zeit unseres Besuches,
noch amtierte. Er ist Landschaftsgärtner, und sein Zoo ist deshalb ein Park voller Harmonie, mit gepflegten Rasenflächen
und ausgesucht schönen Baumgruppen. Darin eingebettet liegen u. a. die großen Gehege für afrikanische Steppentiere und
die Eisbärenanlagen, in denen von 1948 bis 1962 nicht weniger als 20 Tiere gezüchtet wurden. Frank McInnis besaß einen
reichen Gönner, der dem Zoo bis 1962 insgesamt 2 Millionen
Dollar gestiftet hatte.

Davon wurde z. B. das Schimpansentheater gebaut, in dem
dreimal täglich eine Vorführung stattfindet. Dressierte Schimpansen in allen Größen führen dabei die unglaublichsten

154

Kunststücke aus. Leider tragen sie alle Kostüme, und bei aller Achtung vor der Dressurleistung stößt uns ein kostümiertes Tier doch immer etwas ab. Den amerikanischen Zoobesuchern aber macht diese Arena sehr viel Freude.

Eigentlich besteht der Detroiter Zoo aus drei Teilen: dem Hauptzoo außerhalb der Stadt sowie einem Kinderzoo und einem schönen Aquarium auf einer kleinen Insel mitten im Stadtkern.

Auch die Stadt Milwaukee hatte zur Zeit unseres Besuches eigentlich zwei Zoos: einen alten, der bereits fast vollständig abgerissen und von einer Schnellstraße überrannt war, und einen dafür errichteten neuen, den gerade die ersten Besucher betreten durften. Dieser Zoo wird einmal einer der modernsten Zoos der USA werden, war unser Eindruck – dank der Genialität seines Direktors George Speidel. Hier entstanden in einem schönen und großen Gelände zweckmäßige und begeisternd schöne Tierhäuser. Alle Besucher sind kurzerhand „an die frische Luft gesetzt". Die Tiere stehen zwar im Winter in geheizten Häusern, die Besucher können sie jedoch nur von außen durch Glasscheiben bewundern, wobei sie durch ein Dach vor Regen und Schnee geschützt sind. Dadurch werden große Heizungskosten gespart.

Speidel baute einen Zoo, dessen Gehege bis zur letzten Konsequenz nach geographischen Gesichtspunkten angelegt sind. Giraffenhaus, Raubtierhaus, Dickhäuterhaus, Affenhaus und Bärenanlagen waren bereits fertiggestellt. In diesem neuen Zoo ist der erste Siamang, der jemals in Menschenobhut zur Welt kam, geboren worden, und Mr. Speidel war mit Recht stolz auf diesen Zuchterfolg. Uns gelang im Zoo Berlin 1982 die erste erfolgreiche Nachzucht. Seitdem züchten wir regelmäßig. 1986 kamen sogar Zwillinge zur Welt.

Weiter ging es nach Chicago. Auch diese Stadt am Michigan-See besitzt wiederum zwei Zoos: einen kleineren, damals unbedeutenden im Zentrum und den bekannten Brookfield-Zoo im Außenbezirk. Dieser Brookfield-Zoo gehört mit seinen überaus großzügigen Anlagen zu den schönsten und eindrucksvollsten Tierparks der Vereinigten Staaten. Das Zoogelände umfaßt 57 Hektar und besitzt neben einigen großen Häusern (z. B. drei Vogelhäuser!) weiträumige Gehege. Hier in Brookfield werden nämlich hauptsächlich Herden von Huftieren gehalten, darunter viele Herden seltener Tiere. Wir sahen dort 35 Sitatunga-Antilopen, Wisente, Przewalskipferde, Dallschafe, Milus und 18 Arten von Antilopen. Im Affenhaus lebte ein weißköpfiger Schimpanse mit dem unglaublichen Alter von 46 Jahren. Die Menschenaffen sind hier von den Besuchern lediglich durch Glasscheiben getrennt. Es war für uns schon ein schockierender Anblick, wenn dann ein erwachsener Gorillaarm mit den Fäusten an das Glas donnert! Heute ist so etwas eine Selbstverständlichkeit. Brookfield besitzt außerdem ein sehr gut eingerichtetes Tierkrankenhaus, das ich mir natürlich sehr genau angesehen habe.

Der Zoo von St. Louis ist recht klein, das fällt aber nicht gleich auf, weil er in einem wunderschönen öffentlichen Park liegt. Die Anlage war bis kurz vor unserem Besuch nicht eingezäunt. Dann zerschlug ein Geisteskranker in einer Nacht sechs Terrarien mit Giftschlangen – woraufhin die Stadt endlich beschloß, den Zoo nun doch einzuzäunen.

Neben vielen schönen und seltenen Tierarten sind die Hauptattraktion in diesem Zoo drei große Arenen, in denen Elefanten, Raubtiere und Schimpansen vorgeführt werden. Diese Dressuren sind ganz ausgezeichnet. Die Schimpansen laufen z. B. Schlittschuh und fahren Auto. Die Elefantenarena und das Dickhäuterhaus samt 12 Elefanten wurden dem Zoo übrigens von einer großen Brauerei geschenkt.

Dann ging es weiter an die Westküste der USA, nach San Diego in Kalifornien, zur bereits erwähnten Jahrestagung des Internationalen Zoodirektorenverbandes. Der Zoo von San Diego ist weltbekannt, weil er wegen des warmen Klimas Tiere halten kann, die man damals sonst in keinem anderen Zoo sehen konnte – so z. B. die australischen Koalas. Diese putzigen Beutelbärchen ernähren sich ausschließlich von Eukalyptusblättern. In unserem rauhen Klima wachsen keine Eukalyptusbäume, so können wir die Tiere nur schwer halten. Seit 1995 zeigt mein ehemaliger langjähriger Mitarbeiter Dipl. Biol. Reinhard Frese, jetzt Direktor des Zoologischen Gartens Duisburg, diese interessanten Beuteltiere. 1996 gelang ihm sogar die erste europäische Nachzucht.

San Diego hält auch die bizarren Nasenaffen aus Borneo, ebenfalls reine Blätterfresser, bei denen die erwachsenen Männer lange Keulennasen besitzen. Hier wird überhaupt eine sehr große Zahl an Affenarten gezeigt. Dazu gibt es die reichhaltigste Vogelsammlung aller amerikanischen Zoos. Weltbekannt sind die zwei riesigen Flugkäfige, die der Besucher auf einem Zickzackweg durchqueren kann, während die Vögel über ihm umherfliegen – ganz ähnlich wie im Freiflugraum unseres Berliner Vogelhauses. Nur braucht man in San Diego wegen des warmen Klimas keine Heizung! Und damit spart man viel Geld, was letztendlich bedeutet, daß der Zoo San Diego immer viel Geld im Rücken hat und dadurch die interessantesten teuren Tiere kaufen kann.

Ganz ungewöhnlich ist das Gelände, auf dem der Zoo errichtet wurde: Es besteht aus drei Schluchten (Canyons) und drei Hochflächen (Mesas). Die vielen Zoobesucher können die erheblichen Höhenunterschiede unmöglich zu Fuß bewältigen, deshalb gibt es eine große Rolltreppe, die aus einem der Canyons zu den Freiflugvolieren führt, und es fahren ständig Autobusse durch den Zoo, wobei erfahrene Zoologen den Besuchern entsprechende Erläuterungen geben.

Wegen der geographischen Lage besitzt der Zoo von San Diego natürlich viel mehr südamerikanische Tiere als wir in Europa. Außerdem besteht eine gute Verbindung zu Australien. So konnten wir außer den hübschen Koalas noch zwei weitere seltene Beuteltiere sehen: den Wombat und den Beutelteufel, dazu einen sehr merkwürdigen flugunfähigen Vogel, den Kiwi.

Von San Diego aus machten wir einen Abstecher nach Palos Verdes, einem kleinen Ort dicht bei Los Angeles. Dort befindet sich, direkt an der Pazifikküste, das weltberühmte „Marineland"-Ozeanarium. Das ist eigentlich eine Art von Spezialzoo,

Marineland Palos Verdes, nahe Los Angeles. Meine Frau füttert ein Walroß.

denn hier werden nur Tiere gehalten, die die größte Zeit ihres Lebens im Wasser verbringen. Neben den verschiedenen Fischarten waren es vor allem die Delphine und Wale, die uns interessierten und die „Marineland" berühmt gemacht haben. Bekanntlich sind ja die Wale, zu denen auch die viel kleineren Delphine gehören, Säugetiere, auch wenn sie durch ihre Torpedoform, die breite Schwanzflosse, Rücken- und Brustflosse äußerlich viel Ähnlichkeit mit Fischen haben. Wale atmen jedoch durch Lungen, sie müssen also zum Atemholen an die Oberfläche steigen, und sie säugen ihre Jungen.

In den wenigen Ozeanarien, die es auf der Welt gibt, werden meist Delphine gehalten, eine Gruppe der Zahnwale. Und von ihnen wieder am häufigsten die Tümmler, die sich mit ihrer Länge von etwa 4 m neben ihren großen Verwandten direkt zwergenhaft ausnehmen. Ein erwachsener Blauwal mit einer Maximallänge von 38 m kann nämlich gut und gern 135.000 kg wiegen – das ist etwa das Gewicht von 25 Elefanten!

Delphine sind überaus liebenswerte und verspielte Tiere. Römer und Griechen haben sie beschrieben, sie leben in der Sagen- und Märchenwelt, und immer wieder hört man in Reiseberichten erzählen, wie ganze Schulen von Delphinen ein Schiff meilenweit begleitet und dabei herrliche Sprünge vollführt haben. Man hat schon sehr früh versucht, Delphine in Zoos zu halten, z. B. 1873 in Arcachon (Frankreich), und das alte New Yorker Aquarium hat 1907 eine ganze Herde von Tümmlern besessen. Delphine mit Erfolg gehalten und gezüchtet hat aber erst das Ozeanarium in St. Augustine (Florida), das kurz vor dem Zweiten Weltkrieg gebaut wurde.

Alle diese großen Ozeanarien haben mindestens eine große Wasserarena, in der die Delphine vorgeführt werden. „Marineland" in Kalifornien besitzt sogar drei große Tanks. Hier zeigen nun die Delphine, was sie in langer Arbeit in den kleinen Trainingsbecken gelernt haben – und das sind oft unglaubliche Dressurstücke! Sie schnellen sich bis zu 6 Meter Höhe senkrecht aus dem Wasser, um dem Trainer einen Fisch aus dem Mund zu nehmen, betätigen Hupen, läuten eine Glocke, ziehen ein Schlauchboot mit einem kleinen Hund als Passagier quer durch das Becken und springen als Höhepunkt durch einen brennenden Reifen. Hier in „Marineland" werden neben den großen Tümmlern auch noch Pazifische Weißbauchdelphine gezeigt, die an den kalifornischen Küsten heimisch sind – wunderschöne Tiere mit schneeweißem Bauch und stahlblauem Rücken.

In einer der großen Arenen erlebten wir sogar eine Walvorführung. „Bimbo" und „Bubbles" sind Pilotwale, die sich mit weitaus schwerfälligerer Eleganz bewegen als ihre kleinen Verwandten. Gerade deshalb nimmt es uns aber nahezu den Atem, als das Weibchen sich fast in voller Länge senkrecht aus dem Wasser hebt, um dem Trainer, der auf einem hohen Podest steht, einen Tintenfisch aus der Hand zu nehmen.

„Marineland" hat noch eine ganze Reihe von kleineren Becken mit Seelöwen, Seehunden, Ottern und vier Pazifischen Walrossen, viele kleine Trainingsbecken und ein dreistöckiges Aquarium mit Seeschildkröten, einem Oktopus und vielem mehr.

Der letzte Zoo auf unserer Reise war der von San Antonio in Texas. Mit dem Direktor Fred Starl hatte ich mich bereits während der Tagung in San Diego lange unterhalten, nachdem wir unsere gemeinsame Liebe zum Wassergeflügel entdeckt hatten. Voller Stolz zeigte er mir nun 134 verschiedene Enten-, Gänse- und Schwanenarten – die größte Wassergeflügelsammlung Nordamerikas. Wir besaßen damals im Zoo Berlin „nur" 131 verschiedene Arten. Den Fachleuten ist auch die Flamingozucht in San Antonio bekannt. Von 1956 bis 1962 schlüpften hier fünf junge Flamingos. Immer waren es Bastarde zwischen Roten und Chilenischen Flamingos. Leider stehen die zierlichen Vögel in starken Drahtvolieren. Das ist jedoch wegen der hier herrschenden starken Hagelgefahr notwendig. Manchmal fallen in San Antonio nämlich Hagelkörner von der Größe einer Faust, die dann von dem Drahtgeflecht abgehalten werden. In einem solchen Hagel-Unwetter wurden einmal 34 Zootiere getötet!

160

Unsere Reise neigte sich dem Ende zu. Doch wir wollten uns noch einen langgehegten Wunsch erfüllen und die Gelegenheit zu einem Besuch im berühmten Yellowstone-Park nutzen. Es wurde allmählich Herbst. Als wir in einer Septembernacht in den Park hineinfuhren und die ersten Schwefeldämpfe, vom Wind getrieben, vor uns über die Straße geisterten, da ahnten wir noch nicht, daß der Aufenthalt hier der Höhepunkt unserer acht Wochen in den USA werden würde.

Der Yellowstone Nationalpark, hoch in den Rocky Mountains gelegen, ist ein Teil des großartigen Naturschutzsystems der Vereinigten Staaten. Dieses Land, als übertechnisiert und gefühlsarm verschrien, besitzt das bestorganisierte und ausgebauteste Programm zum Schutze seiner Natur, welches man sich nur denken kann. In den USA gibt es 29 Nationalparks, die zusammen eine Fläche von 54.000 Quadratkilometern einnehmen – das ist etwa 60 mal die Größe von Gesamtberlin! Dazu kommen noch 83 National Monuments sowie 280 Wild- und Vogelschutzgebiete. Das ganze System wird vom National Park Service, einem Zweig des Innenministeriums, verwaltet. Jährlich gibt die Regierung ungefähr 80 Millionen Dollar zur Erhaltung und zum Ausbau ihrer Schutzgebiete aus. Diese großen Parks haben gute Autostraßen, geräumige Parkplätze und saubere Hotels oder kleine Hütten als Unterkünfte. Zur Zeit unseres Besuches lief gerade ein Programm (Mission 66), das die Unterbringungsmöglichkeiten und Bequemlichkeiten für die große Zahl der Parkbesucher weiter verbessern sollte. Es gibt in den Vereinigten Staaten Nationalparks an den Küsten (wie der bereits beschriebene Everglades Park in Florida), im Gebirge, in den Wüsten – fast jeder Landschaftstyp ist erfaßt.

Der Yellowstone Park liegt in den Rocky Mountains, im Bundesstaat Wyoming. Seine 8.850 Quadratkilometer umfassen eine grandiose Hochgebirgslandschaft mit kahlen Gipfeln, dichtbewachsene Waldgebiete, weite Prärien, einen riesigen See und einen tiefen Canyon mit einem berühmten Wasserfall. Als der Yellowstone Park 1872 als erster Nationalpark gegründet wurde, dachte man hauptsächlich an den Schutz der prachtvollen Landschaft mit ihren etwa 3.000 Geysiren, den vielen heißen Quellen und den unzähligen Schlamm- und Schwefel-

Begegnung mit unserem ersten Baribal.

vulkanen. An den Schutz der Tierwelt verwandte man damals noch keinen Gedanken.

Wir trafen im Yellowstone Park ein, kurz nachdem die eigentliche Besuchersaison vorüber war. Und das war gut so, denn wir wollten ja möglichst ungestört Tiere beobachten. Jeder weiß, daß die größte Attraktion im Yellowstone Park die Baribals oder Schwarzbären sind, die in Scharen bettelnd am Straßenrand stehen. Doch zur Zeit unseres Aufenthaltes begannen die Bären gerade, sich in ihr Winterlager zurückzuziehen, und wir durchstreiften einen ganzen Tag lang den Park, ohne auch nur eine Bärenpfote zu sehen. Es war dennoch kein verlorener Tag. In jeder Minute, an jeder Straßenbiegung gab es etwas zu sehen: den tiefblauen Yellowstone Lake etwa mit seiner Fichtenumrahmung und den hohen Rocky Mountains im Hintergrund; kleine Schlammtrichter, in denen unaufhörlich rötliche Schlammblasen emporstiegen und mit dumpfem Glucksen zerplatzten; einen großen Bartkauz, der mit weichem Flügelschlag die Straße kreuzte, auf einem nahen Baum landete und uns unverwandt beäugte.

Schließlich, am zweiten Tag, fuhren wir auf einer kleinen schmalen Straße, die ein Teil der großen Wasserscheide zwi-

schen Pazifik und Atlantik ist, und da war plötzlich der erste Baribal! Er saß gemütlich auf der Straße und trollte sich erst nach
einer ganzen Zeit wieder davon. Ein Zweiter war neugieriger:
Er kam zu den Autos heran, stellte sich auf die Hinterbeine und
schaute interessiert in das Wageninnere. Im Auto hinter uns
waren die Besucher ausgestiegen, um den Petz zu fotografieren – was streng verboten ist. An allen Parkeingängen werden
die Touristen belehrt, nie das Auto zu verlassen, wenn Bären
in der Nähe sind, die Wagenfenster zu schließen und nie zu vergessen, daß diese drolligen schwarzen Gesellen wilde Tiere
sind, die plötzlich angreifen und die Menschen verletzen können.

Im Park erforschte übrigens zur Zeit unseres Besuches gerade eine Gruppe von Zoologen das Leben der Bären. Dazu wurden einige Tiere gefangen, mit einer Ohrmarke gekennzeichnet, und man legte ihnen ein Halsband mit einem daran befe-
stigten Miniatursender um. Danach ließ man sie wieder frei und
konnte sie später mit Hilfe von Kopfhörern sehr leicht wie-
derfinden und beobachten.

An einer anderen Stelle im Park weitet sich das Tal des kleinen Yellowstone-Flusses zu einer goldleuchtenden Prärie mit
einer Kette von flachen Teichen. Hunderte von Kanadagänsen
saßen dort an den Ufern aufgereiht, und mitten auf einem der
Teiche schwammen zwei Trompeterschwäne. Uns klopfte daß
Herz, denn diese stattlichsten Schwäne der Erde leben nur noch
in wenigen Paaren. Sie sind streng geschützt, und im Yellowstone-Park lebten und brüteten damals 35 Paare. 1963 bekamen wir von hier ein Paar dieser seltenen Schwäne, mit denen
wir leider nur einmal, 1972, erfolgreich Nachzucht aufziehen
konnten.

Hier an dieser Stelle stehen im Hochsommer die Elche, von
denen es 1962 im Park 400 Exemplare gab. Aber auch sie sind
um diese Zeit nicht mehr in den Niederungen, und wir müssen
ihnen die Berghänge hinauf folgen. Von einer Paßstraße aus
sahen wir dann auch wirklich einen kapitalen Elchbullen langsam über eine offene Fläche wechseln.

Im Yellowstone-Park lebten zu dieser Zeit auch 200 Bighornschafe, ziemlich große Wildschafe mit mächtigen Hör-

Bisons im Yellowstone Park.

nern. Wieder hatten wir Glück: Über einen Berggrat zog eine
5köpfige Weibchenherde. Wir konnten sie deutlich im Fernglas erkennen. Die Böcke haben sich um diese Zeit von den
Weibchen getrennt und einen anderen Bergstock in Besitz genommen.

Wir sind von morgens bis abends unterwegs. Wir beobachten die starken Wapitihirsche, wenn sie im Morgennebel zum
Äsen auf den Prärien stehen, und die zierlichen Maultierhirsche, die ihren Namen den Ohren verdanken, die groß sind wie
bei einem Maultier. In der Mittagshitze streicht ein Coyote
durch den Talgrund, und unsere besonderen Freunde, die
Chipmunks, sonnen sich auf den durchwärmten Steinen. Chipmunks sind gestreifte kleine Erdhörnchen, nahe Verwandte unserer Eichhörnchen, liebenswerte und verspielte Tiere, die aussehen, als seien sie gerade Walt Disneys Zeichenfeder ent-

sprungen. Im Abenddämmern stehen Bisons dicht an der Straße, und ehe wir uns von dem Anblick dieser urigen Wildrinder loßreißen können, ist es Nacht.

Der Bison – der Indianerbüffel – ist das Charaktertier der nordamerikanischen Steppen, das wir aus allen Indianerbüchern kennen. Er bewohnte früher in großen Herden die Prärien. Mit dem Bau der Pazifik-Bahn setzte dann ein ebenso großes wie erbärmliches Schlachten der großen Rinder ein: Zu Tausenden wurden sie aus den Zügen heraus abgeschossen, bis der Bestand der Präriebisons gegen Ende des vorigen Jahrhunderts auf etwa 1.000 Tiere abgesunken war! Dann allerdings setzten strenge Schutzmaßnahmen ein, und dank ihrer Hilfe konnten sich die gefährdeten Bisons in Schutzgebieten wieder vermehren. Allein im Yellowstone-Park lebten 1962 wieder an die 1.000 Exemplare. Wir sahen sie fast jeden Tag groß und wuchtig im goldgelben Gras stehen.

Ein Tag gehörte der Suche nach den Pronghornantilopen. Das sind recht seltsame Tiere. Zoologisch rechnet man sie zu den Antilopen, obwohl sie verzweigte Hörner besitzen und diese sogar abwerfen, wie das sonst nur Hirsche tun. Es ist auch kein ganz richtiges Abwerfen; vielmehr wächst unter der alten Hornscheide eine neue, verhornte Haut und sprengt allmählich die alte Hülle, die dann abfällt. Die Pronghornantilopen oder Gabelböcke, wie man sie auch nennt, haben früher in großen Herden die Prärien des mittleren und westlichen Nordamerika bewohnt. Um die Jahrhundertwende waren sie dann so stark dezimiert, daß ihr Bestand ernsthaft gefährdet war. Heute aber haben sie sich in Parks und Schutzgebieten wieder gut vermehrt. Im Yellowstone- Park allein lebten bei unserem Besuch 350 Pronghornantilopen. Wir sahen das erste kleine Rudel an einer einsam gelegenen Straße. Die drei Weibchen hatten sich am Fuße eines Hügels niedergetan, der Bock stand auf der Kuppe des Hügels und äugte interessiert zu uns herüber. Er schien uns für ungefährlich zu halten, denn wir konnten die Tiere eine gute halbe Stunde lang beobachten und fotografieren, ehe sie gemächlich weiterzogen. Immer neue Gruppen der herrlich braun und weiß gezeichneten Tiere sahen wir im gelben Steppengras auftauchen, und am Abend konnten wir schließlich 19 Gabelböcke in unserem Tagebuch vermerken.

Nur vier Tage blieben uns für den Besuch im Yellowstone-Park – aber diese vier Tage gehören zu den Erlebnissen, an denen das Herz wächst, das Verständnis für die Tiere und die Liebe zu ihnen.

6
„Kuababa" und „Hlambamans" – Wie wir zwei Breitmaulnashörner von Südafrika in den Berliner Zoo begleiteten

Die Geschichte, die ich hier erzähle, trug sich in den Jahren 1962/63 zu.

Wir hatten uns schon 1957/58 mit der Bitte an die Regierung Südafrikas gewandt, dem Berliner Zoo doch zu einem Breitmaulnashorn-Pärchen zu verhelfen – mit negativer Antwort. Anfang 1963 traf nun ein zweiter Brief aus Südafrika ein, der uns alle in helle Aufregung versetzte. Absender war die Naturschutzbehörde der Provinz Natal, und in dem Schreiben hieß es unter anderem:

„Zwei Gründe haben die Naturschutzbehörde veranlaßt, eine Anzahl ihrer Breitmaulnashörner aus dem Reservat abzugeben:

Die Zahl der Tiere ist so stark angewachsen, daß das Reservat sie nicht mehr ernähren kann.

Die Besiedlung der Gebiete rund um das Reservat ist so dicht geworden, daß diese Menschenmenge eine ernste Gefahr für die letzte Zufluchtsstätte der Weißen Nashörner geworden ist.

So glaubt meine Behörde, es sei an der Zeit, die Tiere in den Reservaten bestimmter Gebiete Südafrikas wieder einzubürgern und zusätzlich einige Nashörner einer begrenzten Anzahl von Zoologischen Gärten zu überlassen, von denen man aufgrund ihres internationalen Rufes erwarten kann, daß sie die Tiere in absehbarer Zeit zur Zucht bringen."

Der Berliner Zoo baute zu dieser Zeit gerade ein neues Nashornhaus. Am Platz für ein Paar Breitmaulnashörner fehlte es also nicht, aber die Kosten für den Transport der Tierriesen waren für uns unerschwinglich. Ein großes Berliner Bekleidungshaus, die Firma Leineweber, hörte von unseren Sorgen, und zum Anlaß seines 75jährigen Bestehens schenkte es den Berlinern zwei Breitmaulnashörner! Nun begann eine eifrige Korrespondenz mit Südafrika. Unzählige Dokumente und Erklärungen mußten beschafft, die Termine für Fang, Eingewöhnung und Verschiffung abgestimmt werden, und schließlich brauchten wir noch einen Agenten, der an Ort und Stelle in Südafrika alle notwendigen Dinge für uns erledigte. Wir fanden ihn in Walter Schulz, einem bekannten Tierfänger aus Südwestafrika, dessen Vater Christoph schon seit der Amtszeit von Geheimrat Heck eng mit unserem Zoo verbunden gewesen war.

Herr Tengelmann, der Besitzer der Firma Leineweber, wollte, daß meine Frau und ich selbst nach Südafrika flogen, um „unsere" Nashörner vom Reservat bis zum Zoo zu begleiten und ihre heimatlichen Lebensbedingungen kennenzulernen.

200 km nordöstlich von Durban in der südafrikanischen Provinz Natal liegt, zwischen Weißem und Schwarzem Umfolozi-Fluß eingebettet, das Umfolozi-Reservat, eine der letzten Zufluchtsstätten der „Weißen" Nashörner. Sie sind nach dem Elefanten die gewaltigsten Landsäugetiere der Erde, ihr Durchschnittsgewicht beträgt 3 Tonnen, und sie erreichen eine Höhe von etwa 2 m. Woher der irreführende Name „Weiße" Nashörner stammt, darüber ist man sich noch immer nicht einig; Tatsache ist, daß die Giganten ebenso grau sind wie die zweite in Afrika vorkommende Nashornart, die Spitzmaulnashörner, die man genauso irreführend „Schwarze" Nashörner nennt. Zu dieser Art gehörten „Arusha" und „Meru", die viele Jahre im Berliner Zoo gelebt haben. Wesentlich exakter als „Weiße" Nashörner ist die Bezeichnung *Breitmaulnashörner*, denn im Gegensatz zu der spitz ausgezogenen Oberlippe der Spitzmaulnashörner haben die „Weißen" ein breites, fast quadratisches Maul.

Als die europäischen Einwanderer Südafrika zu besiedeln begannnen, waren die Breitmaulnashörner noch über weite Gebiete Afrikas verbreitet. Von dem Südafrikareisenden Burchell wurden sie bereits 1817 beschrieben. Im 19. Jahrhundert wur-

Bei starker Beunruhigung stellen sich die Breitmaulnashörner
Hinterhand an Hinterhand, so daß nach jeder Richtung ein hornbewehrter Schädel droht.

den die riesigen Tiere, wie alles südafrikanische Wild, stark be-
jagt und aus den Farmgebieten zurückgedrängt. Die Breitmaulnashörner fielen den Jägern besonders leicht zum Opfer,
weil sie zum einen als typische Grasfresser auf die offenen
deckungslosen Weideflächen angewiesen und außerdem im
Wesen viel ruhiger und abwartender sind als ihre spitzmäuli-
gen Vettern. Ein schwedischer Großwildjäger erlegte z. B. innerhalb eines einzigen Monats 60 Weiße Nashörner! So mußte
man gegen Ende des 19. Jahrhunderts die Breitmaulnashörner
für ausgestorben halten. Sie schienen das Schicksal des Quag-
gas, einer Zebrarasse mit sehr wenigen Streifen, und mancher
anderen Tierart geteilt zu haben und vom afrikanischen Erd-
teil verschwunden zu sein.

Eines Tages entdeckte man jedoch wieder eine kleine Anzahl
von Breitmaulnashörnern im sumpfigen Flußgebiet des Umfolozi im Zululand. Und da inzwischen der Naturschutzgedan-
ke in Südafrika Fuß zu fassen begann, erklärte man 1897 das
Gebiet im Umfolozi-Tal zum Reservat. Nun konnten sich die

Breitmaulnashörner unbejagt und ungestört vermehren. Im 20. Jahrhundert drohte indes eine neue Gefahr: In den Sumpfgebieten des Umfoloziflusses lebten die Tsetsefliegen, die Überträger einer entsetzlichen Einhufer- und Rinderkrankheit, der Nagana. Auch Wildtiere, die selbst gegen die Nagana immun sind, wurden ebenfalls zum Überträger der gefährlichen Seuche. Als immer mehr Haustiere dieser Gegend der Nagana zum Opfer fielen, faßte man den unseligen Entschluß, das gesamte Umfolozigebiet wildleer zu schießen, allerdings dabei die Nashörner zu schonen. In drei großen Aktionen wurden 250.000 Stück Wild abgeschossen – doch die Seuche wütete weiter wie vorher. Erst in den Jahren 1947-1952 gelang es mit Hilfe von DDT, der Nagana Einhalt zu bieten. Das Reservat bevölkerte sich ganz allmählich wieder mit Wild, und die Nashörner kamen endlich zur Ruhe. 1964 schätzte man den Bestand an Breitmaulnashörnern im Umfolozi- und dem dicht danebenliegenden Hhluhluwe-Reservat auf 900 Stück.

Außer dieser südlichen Rasse der Breitmaulnashörner kennen wir jedoch noch eine zweite Unterart, die nördliche Rasse, die ihre Zufluchtstätten im Sudan, in Uganda und einem Zipfel des Kongo hat. Ihre Zahl schätzte man damals auf 2.180 Tiere.

Wir trafen Walter Schulz in Durban, wo die Fahrt ins Umfolozi-Reservat begann. Es liegt zwar nur 200 km von Durban entfernt, aber die Teerstraße, die uns durch endlose Zuckerrohrfelder geführt hatte, war bald zu Ende, und nun folgte eine Sandstraße mit unzähligen kleinen Querwellen darin. Dieses „Wellblech" sollte uns noch so manche Meile durch Südafrika begleiten. An ein schnelles Fahren war mit den schweren Lastwagen deshalb nicht zu denken. So übernachteten wir in Mtubatuba, der letzten kleinen Stadt vor dem Reservat. Wir hatten unsere Gründe, bei Tageslicht zum Umfolozi-Fluß kommen zu wollen: In Natal waren gewaltige Regengüsse niedergegangen, die Telefonverbindung zum Reservat war abgeschnitten, und es ging das Gerücht, daß die Brücke über den Black Umfolozi weggeschwemmt worden sei. Das Gerücht bewahrheitete sich: Mit unvorstellbarer Gewalt mußte der Fluß zu Tal gebraust sein, hatte dabei riesige Bäume entwurzelt und mitgerissen und die

Ufer weggeschwemmt. Wo vor der Flut die Zufahrtswege zur Brücke lagen, floß jetzt das Wasser, und die steinerne Brücke ohne Verbindung zum Land wirkte in ihrer Sinnlosigkeit irgendwie lächerlich. Ein großer Raupenschlepper schob unermüdlich Sandmassen in das gähnende Loch vor der Brücke, auf der anderen Seite geschah das gleiche mit Hilfe von Lastwagen, und auf die Frage, wann die Brücke wohl wieder befahrbar sein würde, zuckte der schlammverspritzte und übermüdete Wildhüter auf dem Schlepper nur mit der Schulter.

So schlugen wir ein provisorisches Lager am Flußufer auf und verbrachten hier zwei Tage vor den Toren des Reservates. Das Umfolozi Game Reserve ist ein 30.000 Hektar großes, hügeliges Gelände, dessen größter Teil aus lichter Baumsavanne besteht. Außer den Breitmaulnashörnern leben hier Spitzmaulnashörner, Warzenschweine, Tschakma-Paviane, Leoparden, Büffel, Blaue Gnus, Graue Ducker-Antilopen, Buschböcke, Kudus, Nyalas, Riedböcke, Wasserböcke und Impalas, Zebras, Krokodile sowie eine große Zahl interessanter Vogelarten. In der ersten Nacht weckten uns die Schreie der Hagedash-Ibisse, die in Scharen am Flußufer eingefallen waren und gegen Morgen über unser Lager hinwegzogen.

Nach zwei Tagen waren neue Zufahrtswege angeschüttet, und sehr langsam und vorsichtig fuhren wir ans andere Ufer. Hoch auf einem Hügel lag das Touristencamp. Wie fast alle diese Lager in den Parks Südafrikas bestand es aus einem kleinen Büro, in dem man sich anmeldete, etwa 10 kleinen runden, weißgetünchten Hütten mit einem Rieddach und einer großen Hütte mit Waschbecken, Badewannen und Toiletten.

Eine dieser kleinen Hütten bewohnten wir nun zehn Tage lang. Sie hatte nur zwei Feldbetten, einen Schrank, einen Tisch und drei Stühle, aber mehr brauchten wir auch nicht, denn die meiste Zeit des Tages verbrachten wir draußen im Busch oder bei unseren Nashörnern im Kral. Die für Berlin bestimmten Tiere waren nämlich schon zwei Monate vor unserer Ankunft gefangen, im Kral ganz langsam von der frischen Weide auf Luzerneheu umgestellt und außerdem an die Nähe von Menschen gewöhnt worden. Aus sechs Tieren durften wir unser Paar aus-

Der friedfertige Koloß läßt mich ziemlich nahe herankommen.

wählen – und das war gar nicht einfach. Auf den ersten Blick hatten wir uns in ein verspieltes Weibchen verliebt, das aber leider beim Fang ein Horn verloren hatte. Es würde zwar wieder wachsen, aber konnten wir den Berlinern ein Nashorn ohne Horn mitbringen? Schließlich vertrauten wir darauf, daß unsere Zoobesucher die Kleine genauso schnell ins Herz schließen würden, wie wir es getan hatten, und entschieden uns für „Kuababa" und den im Alter am besten dazu passenden Bullen „Hlambamans".

Jedes gefangene Tier bekommt von den Eingeborenen einen Zulunamen, der meist irgendwie mit dem Fang zusammenhängt. „Hlambamans" heißt „Schwimmer", denn der Bulle schwamm bei der Verfolgung durch einen Wasserlauf, und „Kuababa" erhielt ihren Namen, weil die Kuababas, die Schildraben, das Weibchen ständig umflogen und so den Fängern den Weg wiesen.

Früher war so ein Nashornfang eine langwierige Sache. Seit man aber das Narkosegewehr erfunden hat, geht er fast vollkommen ungefährlich für Mensch und Tier ab. Das Narkosegewehr ist wie alle großen Erfindungen eine ganz einfache Sache: In ein Spezialgewehr lädt man statt einer Kugel eine Injektionsspritze mit einem Betäubungsmittel. Die Spritze entleert sich beim Eindringen in den Tierkörper, das Mittel wirkt, das Tier legt sich zum Schlafen nieder und wird in eine Kiste gepackt. Ganz so einfach ist es nun allerdings doch wieder nicht – das sollten wir erleben, als uns der Ranger eines Tages zum Fang mit hinausnahm. Wir fuhren mit dem Landrover, einem besonders geländegängigen Auto, voraus, und ein Lastwagen mit zwei Pferden folgte uns.

Man kann im Umfolozi-Reservat keinen Kilometer weit fahren, ohne Nashörner zu sehen. Sie sind gar nicht scheu, sondern kommen sehr interessiert näher ans Auto, um zu sehen, was für ein seltsames Tier sich hier nähert. Meist sind es kleine Gruppen, die uns begegnen. Sie bestehen aus Bullen und Kühen, manchmal sind auch winzige Kälber dabei, dann werden jedoch die Bullen aus nächster Nähe der Gruppe verjagt. Wenn die Tiere sich beunruhigt fühlen, stellen sie sich mit den Hinterteilen zusammen und nach jeder Himmelsrichtung ragt ein hornbewehrter mächtiger Schädel. Wird die Störung allzu groß, dann schwenken sie wie ein Gummiball auf dem Hinterteil herum und laufen in unglaublich raumförderndem Trab davon. Dabei wird das Schwänzchen wie ein Topfhenkel nach oben gebogen, und erst, wenn die Situation ganz brenzlig zu werden scheint, wird der Schwanz erschrocken eingeklemmt. Ganz besonders nett zu beobachten ist es, wenn eine Kuh mit ihrem Kalb davonläuft. Das Kalb trabt immer vorweg und wird von dem großen Maul der Mutter gestupst und in die richtige Fluchtrichtung dirigiert.

Nach einigem Suchen fanden wir in einer Gruppe ein Nashorn, das die richtige Größe hatte. Nun begann das Ritual des Fanges: Das Gewehr wird geladen, und die Pferde werden gesattelt. Während einer der Wildhüter sich mit dem Gewehr vorsichtig bis auf acht Meter an die Nashörner heranpirscht, um einen sicheren Schuß anbringen zu können, legen ein zweiter und ein Eingeborener Lederwesten, Lederhandschuhe und Sturzhelme an und besteigen die Pferde. Wird nämlich ein Nashorn getroffen, dann rennt es zuerst eine Zeitlang durch Bü-

Von einem Narkosegeschoß getroffen, ist das Nashorn bereits benommen und läßt uns an sich heran.

Bald darauf legt es sich zum Schlafen nieder und kann nun in eine Kiste verfrachtet werden.

Im Camp des Umfolozi-Reservats, mit „Hlambamans".

sche und Bäume davon, um sich zu verbergen. Die Reiter in der Rüstung folgen ihm durch Busch und Gestrüpp, um es nicht aus den Augen zu verlieren. Sonst hat es vielleicht seinen Rausch schon wieder ausgeschlafen, ehe man es endlich findet. Wenn das geschossene Nashorn sich zum Schlafen niedergetan hat, fährt der Lastwagen mit der Kiste heran, das Tier bekommt ein Gegenmittel, das es für kurze Zeit wieder mobil macht, so daß es allein in die Kiste marschiert und erst hier wieder einschläft. Der Transport zum Kral ist nun kein Problem mehr.

Herr Schulz hatte inzwischen ständig mit der Schiffsagentur in Verbindung gestanden, und endlich kam die Nachricht: „Schiff morgen in Durban". Wir luden also „Kuababa" und „Hlambamans" in ihren schweren Kisten auf die Lastwagen und los ging es Richtung Durban. Als wir spät abends im Hafen ankamen, lag die „Usaramo" schon am Kai. Am nächsten Morgen fuhren die großen Kräne heran, die Kisten wurden gepackt und

175

Die Kiste mit „Kuababa" tritt die Lkw-Reise zum Hafen Durban an.

an Bord gehievt. Hier standen sie nun fest vertäut auf dem Achterdeck, zusammen mit vielen anderen Tierkisten. Heu für fünf Wochen war an Bord genommen worden, und als die letzte Ladeluke sich rasselnd schloß, konnte die lange Seereise beginnen.

Die „Usaramo" war ein 5.000 BRT großes Frachtschiff der Deutschen Afrika-Linien mit 40 Mann Besatzung und Platz für 12 Passagiere – technisch gesehen. Von uns aus gesehen war sie das schönste und beste Schiff, das man sich nur denken konnte. Schließlich hat nicht jedes Schiff einen Kapitän mit einem tiernärrischen Herzen, der z. B. eine Nacht länger im Hafen bleibt, damit die Tierkisten nicht im Sturm draußen von Bord gewaschen werden! Und noch längst nicht jeder tiernärrische Kapitän kann dem ganzen Schiff sein Wesen so aufprägen und eine so harmonische Atmosphäre schaffen, wie Herr Kapitän John es tat. Unsere Tiere wurden nach allen Regeln verwöhnt, nicht nur vom Kapitän und Herrn Schulz, der mit uns gefahren war, sondern von jedem einzelnen Mitglied der Besatzung. Am Äquator erschien sogar Neptun persönlich mit seinem Gefolge, um den beiden Nashörnern die Äquatortaufe zu geben. Die Taufurkunde haben wir dann natürlich bei uns im Nashornhaus aufgehängt.

Durch Sonnenschein und rauhe See fuhr unsere Arche Noah drei Wochen lang über den Atlantik, und so manches Mal, wenn die Passagiere gegen die Seekrankheit ankämpften, standen „Kuababa" und „Hlambamans" ruhig fressend in ihren Kisten und glichen, wie alte Seebären, das Geschaukel durch Gewichtsverlagerung aus.

Am 27. August legte die „Usamaro" endlich in Bremen an, wo wir unsere gewichtigen Seefahrer von Bord holten. Mit dem Lastwagen ging es weiter nach Berlin in unseren Zoo. Dort ge-

Ausschiffung in Bremen. Unser bereitstehender Lkw trägt die Aufschrift „Wir bringen 1 Paar Weiße Nashörner für den Zoo Berlin!"

wöhnten sie sich gut ein, fraßen riesige Mengen Heu und wurden im Laufe der Jahre von unzähligen Berliner Zoobesuchern bewundert.

„Kuababas" Horn wuchs rasch wieder auf 14 Zentimeter Länge, die Erfahrung der Wildhüter bestätigte sich: Es war danach stärker und kräftiger als das beim Fang eingebüßte Horn. Nun hofften wir Zooleute natürlich, daß wir das große Vertrauen, das die Südafrikanische Naturschutzbehörde in uns gesetzt hatte, rechtfertigen und „Kuababa" und „Hlambamans" sich eines Tages in unserem Zoo vermehren würden – was leider nicht eintraf. Warum, das erzähle ich im Kapitel „Nashörner und Wasservögel".

7
Begegnung mit der Tierwelt Australiens

Die Jahrestagung des Internationalen Verbandes von Direktoren Zoologischer Gärten fand 1964 in Sydney statt. Ich benutzte diese Gelegenheit, um im Oktober/November für 4 Wochen durch die südlichen Küstengebiete des Kontinents zu fahren. Ziele der Reise waren die Besichtigung der Zoologischen Gärten von Perth, Adelaide, Melbourne und Sydney, die Kontaktaufnahme mit den australischen Kollegen, mit Zoologen, Tierärzten und Naturschutzleuten, und im begrenzten Rahmen Studien über die außerordentlich interessante Fauna Australiens.

Lasse ich nun die damaligen Tagebuchaufzeichnungen meiner Frau folgen, so möge der geneigte Leser – der vielleicht in jüngerer Zeit Australien besucht hat oder dies gerade beabsichtigt – stets bedenken, daß ich hier Zustände und Gegebenheiten des Jahres 1964 schildere.

Australien, die Insel, die ein wenig vergessen „rechts unten" auf der Weltkarte liegt, ist ein gewaltiger Kontinent. Er bedeckt annähernd neun Millionen Quadratkilometer und ist damit etwa so groß wie Europa oder wie Nordamerika ohne Alaska. In diesem riesigen Gebiet leben elf Millionen Menschen, statistisch 1,4 Personen pro Quadratkilometer (zum Vergleich: in Deutschland 208,4 Personen pro Quadratkilometer!). Sie konzentrieren sich in wenigen großen Städten, der Rest des Kontinents ist nahezu menschenleer. Allerdings besteht mehr als ein Drittel Australiens aus Wüste.

Der erste Eindruck von Australien, das wir im Westen des Kontinents betreten, ist schön: die langgestreckte Küste mit schneeweißem Sandstrand und der anrollenden Brandung, der tiefliegende Küstengürtel und im Hintergrund die zu etwa 500 m Höhe aufsteigenden Berge, die das große Hochplateau begrenzen. Aber sobald man etwas weiter ins Land hineinfährt, verwischt sich der erfreuliche Eindruck: das Bild wird trostlos, ja beinahe tot. Dazu tragen vor allem die Eukalyptusbäume bei, von denen es in Australien etwa 400 Arten gibt. Sie sind nur spärlich belaubt, die Blätter blaugrau, die Stämme gespenstisch hell. Es fehlen die kräftigen, warmen Farben, die wir aus unseren Wäldern kennen. Es fehlt auch die Vielzahl der Blumen, obwohl wir in der schönsten Zeit, im westaustralischen Frühjahr, angekommen sind. Es ist eine Jahreszeit, in der sich ein für australische Verhältnisse geradezu üppiger Blumenflor gebildet hat. Am auffälligsten in der eintönigen Buschsteppe ist der Smoke-Busch, der mit unzähligen kleinen violetten Blüten aus der Ferne tatsächlich etwas an Rauchschwaden erinnert. Recht häufig sind die Proteaceen, eine Pflanzenfamilie, die es nur in Südafrika und Australien gibt. Ihren Namen verdanken sie dem Gott Proteus, denn wie er überraschen sie uns in vielen verschiedenen Erscheinungsformen. Bizarr wie übergroße Orchideen sind die „Känguruhpfoten", die auch das Wappen des Staates Westaustralien schmücken. Am eindruckvollsten und charakteristischsten für die westaustralische Flora sind jedoch die „Black Boys", etwa drei Meter hohe Grasbäume, zu den Liliengewächsen gehörend, die in ihrer seltsamen Gestalt wie geschaffen sind für das „Land der lebenden Fossilien", in dem die merkwürdigste und altertümlichste Fauna der Welt anzutreffen ist. Als sich in den übrigen Teilen der Erde vor rund 120 Millionen Jahren die Placentalier entwickelten und als besser spezialisierte und angepaßte Tiere die älteren Beuteltierformen erdrückten, da wurde Australien gerade von Asien getrennt und so den Placentaliern der Weg zu diesem Kontinent abgeschnitten. Deshalb konnten sich hier ungestört die vielen seltsamen Beuteltiere entwickeln, von denen Känguruh und Koala die bekanntesten sind.

Australiens Reichtum und Hauptausfuhrgut sind Wolle und Fleisch, die es aus seinen riesigen Schaf- und Rinderherden gewinnt. 1963 besaß Australien 159 Millionen Schafe und 18,5 Mil-

Eine Herde Känguruhs flieht im Gras neben der Straße.

lionen Rinder! Um diese Quelle des Reichtums vor Krankheiten zu schützen, und außerdem die einheimische Tierwelt zu erhalten, hat die Regierung außerordentlich scharfe Ein- und Ausfuhrverbote erlassen.

Alle diese Dinge muß man in großen Zügen wissen, ehe man die australischen Zoologischen Gärten ansieht und versucht, sich ein Urteil über sie zu bilden.

Meine Rundreise durch die australischen Zoos begann in der westaustralischen Stadt Perth. Der Zoo, ein 17,2 ha großes Gelände etwas außerhalb der Stadt, ist charakterisiert durch weitläufige Grünanlagen und das Fehlen von großen Warmhäusern. Einzelne Stallungen mit empfindlicheren Tieren werden durch eine heiße Quelle geheizt, die mit 40 Grad Celsius aus dem Erdboden tritt. Es sind hier in der Hauptsache australische Tiere zu sehen, unter anderem eine ansehnliche Herde

Der possierliche
Koala gehört zu
den Tieren, die
man freilebend
nur in Australien
sehen kann –
ebenso wie
dieses Verkehrs-
schild.

Direktor Dr. Lancaster zeigt uns im Zoo von Adelaide einen seiner Koalas.

von Bergkänguruhs, australische Kraniche, australische Trappen und Brillenpelikane, die die stattlichsten und wohl auch schönsten aus der Gruppe der Pelikane sind. Zusammengefaßt kann man den Zoo in Perth in der Anlage und der Zahl der gezeigten Tiere als mittleren Zoo bezeichnen, der jedoch, wie die Stadt Perth selbst, durch seine landschaftliche Schönheit besticht.

Ganz anders zeigt sich der Zoo in Adelaide, im Staate South Australia. Er liegt im Zentrum der Stadt, ist bereits 1878 gegründet worden und dementsprechend altmodisch. Bis auf ganz wenige neue Gehege sind Stallungen und Gitter recht baufällig, und den neuen Direktor erwartet mit der Modernisierung des Zoos eine gewaltige Arbeit. Ausgezeichnet ist jedoch die Tiersammlung in ihrer Artenzahl: Zwölf Känguruharten, darunter die einzige züchtende Herde der hübschen Gelbfuß-Felsenkänguruhs, Beutelteufel und beide Wombatarten, Pelikane und Kraniche, einheimische Ibisse und zwei Paare der interessanten Leipoahühner, die ihre Eier durch die Fäulniswärme verrottender Laubhaufen ausbrüten lassen. Ganz ähnlich ist ja die Brutbiologie der Tolegalla-Hühner, die ebenfalls aus Australien stammen und die im Berliner Zoo 1963 ein Küken züchteten. Wir sahen diese interessanten Vögel während unseres Australienaufenthaltes noch häufig. In dieser Jahreszeit waren sie meist damit beschäftigt, ihre etwa zwei Meter hohen Laubhaufen zusammenzuscharren. Die Temperatur dieser Brutöfen kontrolliert übrigens der Hahn ständig mit Hilfe seines Kehllappens, daher haben die Talegallas auch den Namen „Thermometerhühner" bekommen.

Unter den vielen Papageienarten im Zoo von Adelaide sind vor allem die seltenen rotgehaubten Gang-Gangs und drei Arten von schwarzen Kakadus erwähnenswert.

Im Staate Victoria liegt die nächste Stadt, deren Zoo ich besuchte: Melbourne. Der Besuch dieses Zoologischen Gartens ist eine wahre Freude – es ist der erste Garten, der einen durchdachten Plan erkennen läßt. Seine Gehege sind nicht nur in tiergärtnerischer, sondern auch in ästhetischer Hinsicht gut. Der Zoo ist sauber, gepflegt und gut beschildert und steht in der Präsentierung seiner Tiere absolut an der Spitze aller Zoos in Australien. Höhepunkt seiner Sammlung sind der Platypus, eines der merkwürdigsten Tiere Australiens, viele Ameisenigel und eine ganz neue, gut durchdachte Sittichanlage, in der die schönsten und seltensten Sittiche des Kontinents gehalten und zum großen Teil auch gezüchtet werden.

Der Taronga Park-Zoo in Sydney gilt als der beste Zoo Australiens, und sein Artenreichtum ist im Hinblick auf die großen Tierimportschwierigkeiten wirklich überwältigend. Man findet hier Gorillas, Schimpansen und Orang-Utans, Elefanten,

Nashörner, Zwergflußpferde, eine blühende Giraffenzucht, diverse Antilopenarten und vieles mehr, dazu recht interessante einheimische Beuteltierformen. Unter den Vögeln stehen natürlich die Paradiesvögel an erster Stelle, von denen der Taronga-Park seinen Besuchern neun verschiedene Arten zeigen kann. Ich habe sehr viel Zeit vor den Käfigen dieser herrlichen Vögel verbracht und hatte das große Glück, einen der schönsten, den Prinz Rudolphs Paradiesvogel, bei der Balz beobachten zu können. Dazu hängt sich der Vogel kopfunter an eine der Sitzstangen und breitet die goldbraunen Flügelfedern aus, gleichzeitig läßt er zuerst einzelne helle Rufe ertönen, die dann in ein lautes, monotones Schnurren übergehen. Im Höhepunkt der Erregung schwingt noch der Schwanz wie ein dunkles Perpendikel hin und her. Die Schönheit der Paradiesvögel wird allerdings empfindlich gestört durch die engen und dunklen Käfige, in denen sie hier leben. Und das ist leider ganz allgemein zum Taronga Park zu sagen: der Reichtum seiner Tiersammlung steht in krassem Widerspruch zur Art seiner Schaustellung, in der nackter Beton dominiert. Unerklärlich blieb mir auch, warum man in Taronga 14 Giraffen, 29 Baumkänguruhs, Riesenkänguruhs in überquellenden Gehegen, oder 28 Victoria-Krontauben, 33 Lachende Hänse und 50 Jobitauben hält! Eines muß man dem Taronga Park allerdings bestätigen: Er hat wohl die schönste Lage von allen Zoologischen Gärten der Welt. An einen Steilhang angelehnt, überblickt der Zoo Port Jackson, einen der bedeutendsten Häfen der Welt, die 1200 m lange Harbourbridge und am anderen Ufer der Bucht die Innenstadt Sydneys mit ihren Wolkenkratzern.

Der australische Kontinent ist im ganzen gesehen ein gewaltiges Reservat für viele seltsame und alte Tierformen, die in anderen Teilen der Erde schon ausgestorben waren, als die historische Zeit heraufdämmerte. Einzigartig auf der Welt sind zum Beispiel die Monotremen, zu denen neben den in Europa ab und zu gezeigten Ameisenigeln auch die Schnabeltiere gehören. Diese Schnabeltiere sind nun das Merkwürdigste und Paradoxeste, das man sich in Tiergestalt denken kann: ein pelztragendes Tier mit einem Vogelschnabel; ein Säugetier, das Eier

Der australische Amei-
senigel ist mit unserer
beliebten Stachelkugel
nicht näher verwandt
als etwa ein Känguruh
mit einem Reh.

legt, und das, um das
Maß voll zu machen,
im männlichen Ge-
schlecht als einziger
Warmblüter der Welt
einen Giftsporn trägt.
Dieses Geschöpf ist so
merkwürdig, daß die
ersten Wissenschaft-
ler, die seinen Balg in die Hand bekamen, es als Artefakt ansa-
hen! Später erkannte man jedoch, daß das Schnabeltier in Wahrheit existierte, und gab seiner Verwunderung über dieses Geschöpf in den lateinischen Namen Ausdruck. Man nannte es
„Platypus anatinus", d. h. plattfüßiges, entenartiges Tier, und
„Ornithorynchus paradoxus" – das vogelschnäblige Parado-
xon.

Wir begegneten dem Platypus im Zoo von Melbourne und
dann noch einmal in einem Sanctuary, einem Freilandzoo, 80
Meilen von Melbourne entfernt. Ostaustralien und Tasmanien
sind die Heimat der Schnabeltiere, und wenn man in der
Abenddämmerung mit einem Scheinwerfer einen kleinen
Bachlauf beobachtet, dann sieht man noch häufig die kleinen
Gesellen auf dem Grunde des Gewässers dahinhuschen und
emsig nach Nahrung suchen.

Der Healesville-Park besitzt ein Paar Schnabeltiere, für die
man eine besondere Art der Ausstellung errichtet hat. Normalerweise leben die beiden Tiere im Hintergrund in einem künstlichen Bau, den sie je nach Wunsch durch einen hölzernen Laufgang verlassen können. Einmal am Tage treibt man die Tiere
jedoch mit sanfter Gewalt in ein Becken, in dem die Besucher
eine Stunde lang die interessanten Tiere bei ihren Schwimm-

künsten beobachten können. Ein großes Problem bei der Haltung von Schnabeltieren ist die Ernährung. Die Tiere fressen Regenwürmer, und zwar jedes der kaninchengroßen Tiere pro Tag 600 Würmer. Die wollen erst einmal gezüchtet sein! In Healesville herrschte gerade große Aufregung, denn das Weibchen baute ein Nest und man hoffte auf Nachzucht. Schnabeltiere legen in der Regel 1 bis 2 kleine, pergamentschalige Eier, aus denen nach etwa 2 Wochen die Jungen ausschlüpfen. Schnabeltiere besitzen keine Zitzen, sondern die Milch tritt aus einer nackten Hautstelle aus und wird dort von den Jungen abgeleckt.

Im Trias entwickelte sich die große Sippe der Beuteltiere, die zwar in wenigen Arten auch in Nord- und Südamerika vorkommen, deren Hauptgewicht jedoch in Australien liegt. Beuteltiere sind, grob erklärt, primitive Säugetiere, deren Junge sehr unterentwickelt zur Welt kommen und eine zweite Entwicklungsphase im Beutel oder

Ein Schnabeltier, schwimmend im Becken des Healesville Sanctuary in der Nähe von Melbourne.

in einer Hautfalte der Mütter durchlaufen. Erst dann werden sie „richtig" geboren. Kürzlich hat gerade ein australischer Wissenschaftler eine aufsehenerregende Arbeit über die Geburt der Känguruhs veröffentlicht. Er hat in seinem Institut Känguruhs gehalten und sie täglich beobachtet. Dabei hat er erstaunliche Tatsachen entdeckt und auch das Rätsel geklärt, wie die winzigen, unterentwickelten Känguruhbabys in den Beutel gelangen. Die bei der Geburt nur etwa 5 cm großen Jungen begeben sich sofort nach der Geburt auf die Wanderung in den schützenden Beutel, und zwar ziehen sie sich mit den gut entwickelten Vorderbeinen am Fell der Mutter stückchenweise aufwärts. Für den Weg von der Geburtsöffnung zum Beutelrand brauchen sie durchschnittlich zwei Minuten. Im Beutel angelangt, schließt sich der Mund des Neugeborenen fest wie ein Druckknopf um eine Zitze des Muttertieres. Hier entwickelt sich nun das kleine Lebewesen warm und geschützt in rund 190 Tagen aus einem Embryo zu einem munteren kleinen Känguruh.

Wenn man von Beuteltieren spricht, denkt der Laie meist nur an Känguruhs und macht sich gar nicht klar, wie vielfältig die Gruppe der Beuteltiere eigentlich ist. Es existieren weitgehende Parallelen zwischen den Beuteltieren und unseren modernen Säugetieren (Placentaliern). So entspricht in der Lebensweise der Beutelmaulwurf dem Maulwurf – beide sind grabende Insektenfresser. Bei den baumbewohnenden Insektenfressern entspricht das gestreifte Opossum dem Fingertier, bei den schnellaufenden Fleischfressern der Beutelwolf dem Wolf, bei den langsam kletternden Blattfressern der Koala dem Faultier, bei den grabenden Pflanzenfressern der Wombat dem Murmeltier usw. Und die Größe variiert vom mannshohen Roten Riesenkänguruh bis zur Beutelmaus, die nicht größer ist als unsere einheimische Hausmaus. Eine Sammlung der hübschesten und interessantesten kleineren Beutler fanden wir in einem Institut in Melbourne: das Leadbeaters Opossum, das schon als ausgestorben galt und dann plötzlich in den dichten Buschgebieten in der Nähe von Healesville wiederentdeckt wurde, den Sugar-Glider, zwischen dessen Vorder- und Hinterextremitäten sich Flughäute ausspannen, mit deren Hilfe die Gleitbeutler in gewaltigen, 90 Meter weiten Sprüngen von einem hohen Baumwipfel zum anderen gleiten, und den kleinen Federschwanz-Gleiter, der mit seiner ganzen Familie bequem auf einer Handfläche Platz hat. Seinen Namen verdankt der Akrobatenzwerg dem Schwänzchen, dessen Haare wie Federfahnen zweireihig angeordnet sind.

Zu den bezauberndsten Beuteltieren gehören ohne Zweifel die Koalas, allerdings nur, solange sie sitzen und uns ihre liebenswerten runden Gesichter mit der Lacknase im Plüschfell zu-

Der seltene australische
Leierschwanz, ein fasa-
nengroßer Vogel. Zur
Balzzeit breitet er seinen
Schwanz wie eine Leier
über den ganzen Körper
und stößt seine Lockrufe
aus.

wenden. Richten sie sich erst einmal auf alle vier Beine auf,
dann wirkt das merkwürdig abfallende Hinterteil rührend un-
beholfen und plump. Koalas sind Nahrungsspezialisten, die
sich nur von Eukalyptusblättern ernähren. Etwa 2 Pfund davon
verkonsumiert so ein kleiner Teddybär pro Tag. Koalas lebten
noch vor 30 Jahren zu Millionen in Queensland. Heute sind nur
noch einige Tausende am Leben, die allerdings streng geschützt sind und sich auch ganz allmählich wieder vermehren.

Ein unerschöpflicher Vogelreichtum umgibt den Reisenden in
Australien. Da sind einmal die vielen Enten- und Gänsearten,
die wir auf langen Streifzügen zu den kleinen Wasserlöchern
in der Umgebung von Perth beobachten: australische Kasarkas

und Baumenten, Augenbrauen- und australische Moorenten, Weißkehl- und Löffelenten, die schwarzköpfige Ruderente und als besondere Freude auch die Lappenente. Wir sehen viele Reiherarten, Schwarze Schwäne und Pelikane. Bei den Fahrten ins Innere fliegen überall an den Wegen die herrlichen Königssittiche auf, die Barnard-Sittiche schreien ihr „twenty-eight", nach dem sie in Australien einfach „Twenty-eights" genannt werden, Rosakakadus sitzen auf den Straßenbäumen, und im dichten Regenwald von Victoria sehen wir sogar den schwarzen Kakadu im Buschwerk sitzen. Lachende Hänse, Flötenvögel, olivgrüne Honigfresser mit ihrem durchdringenden Getön, der bezaubernde Blue Wren, der in seinem Gehabe unserem Zaunkönig so sehr ähnelt, und viele andere gefiederte Kostbarkeiten begleiten uns durch den Kontinent. Einen Vogel, der leider in Australien schon recht selten geworden ist, konnten wir in der Freiheit leider nicht beobachten, dazu war die Jahreszeit zu ungünstig: den Leierschwanz, ein fasanengroßer Vogel, der zur Balzzeit seinen Schwanz wie eine Leier auseinanderbreitet. Er ist streng geschützt, und nur wenige Zoos können sich rühmen, ein Exemplar dieser interessanten Vögel zu besitzen. Wir hatten das große Glück, in einem Institut einen verlassen aufgefundenen Jungvogel sehen zu können, der dort mit der Hand aufgezogen wurde.

In den nicht einmal ganz 200 Jahren, in denen weiße Menschen den australischen Kontinent besiedeln, haben sie es fertiggebracht, den einzigartigen Tierbestand erschreckend zu dezimieren. Von den Tierarten in New South Wales z. B. gelten 42 Prozent heute als ausgestorben oder gefährdet! Es ist dringend erforderlich, daß die heute noch existierenden Beuteltierarten geschützt werden und der Nachwelt erhalten bleiben.

Die Organisation des Naturschutzes untersteht jedem einzelnen Staat und nicht dem australischen Commonwealth als ganzem. Es gibt sogenannte Faunal Districts, die auf Privat- oder Staatsland errichtet sind und das einwandernde Wild schützen. Im „Ordinary Faunal District" dürfen noch einige Tierarten geschossen werden, im „Complete Faunal Reserve" besteht völliges Schußverbot. Da in den Faunal Districts jedoch keine Pflan-

Wir begegnen einem Blauzungenskink.

zen geschützt werden, ist in vielen dieser Schutzgebiete die Lebensgrundlage der Tiere zerstört und das ganze Schutzgebiet nur noch auf dem Papier existent.

Die „Wildlife Refuges" müssen auch die biologischen Lebensmöglichkeiten der Tiere erhalten und sind deshalb eine erstrebenswertere Form der Schutzgebiete. Als dritte Variante besteht das „Faunal Reserve", das nur auf Kronland eingerichtet werden darf, welches einem Fauna Protection Panel untersteht und nur auf Parlamentsbeschluß verändert werden darf.

Ein Nationalpark im australischen Sinne ist nicht identisch mit unserem Begriff des Nationalparks. Er besteht in Australien aus einem Gebiet, in dem sich die Bevölkerung erholen, zumeist aber auch amüsieren soll, aus großen Sportplätzen und in irgendeinem Winkel einem kleinen Reservat für einheimische Tiere.

Theoretisch sieht die Naturschutzorganisation in Australien nicht schlecht aus, in der Praxis ist sie jedoch völlig unzureichend. Wenn man bedenkt, daß für riesige Flächen oft nur ein einziger Naturschutzbeamter da ist, und man ja allein zur Bekämpfung und Verhinderung der häufigen Buschfeuer einen ganz beträchtlichen Stab brauchte, dann ist klar, daß die Umsetzung der Naturschutzgesetze auf große Schwierigkeiten stößt. Ein anderer, sehr bedauerlicher Punkt ist die Tatsache, daß der Naturschutz – wie erwähnt – nicht zentral von der Regierung des Commonwealth geleitet wird.

Erst 1949 wurde als erste überstaatliche Organisation die C. S. I. R.O. (Commonwealth Scientific and Industrial Research Organisation) gegründet, die sich zwar ausschließlich mit Forschung beschäftigt, aber doch der Anfang eines weitergreifenden Naturschutzes in Australien sein kann.

Nach vier Wochen geht die erlebnisreiche Fahrt durch den australischen Kontinent zu Ende. Auf der Rückreise nach Deutschland werden wir nochmals Station machen – uns erwartet für zwei Wochen Indien, es soll zu den Panzernashörnern in Assam gehen. So mischt sich denn die leise Trauer beim Verlassen Australiens bereits mit der Vorfreude auf kommende Erlebnisse . . .

8
Bei den Panzernashörnern von Assam

Es ist ein Novembermorgen im Jahre 1964. Meine Frau und ich stehen fröstelnd auf einem Beobachtungsturm und verstecken die Hände in den Pulloverärmeln. Unter uns liegt die Niederung des Brahmaputraflusses mit ihren endlosen Sumpfgebieten, den Rohrwalddickichten und den unzähligen kleinen Seen und Moortümpeln, die in ein Meer von Elefantengras eingebettet sind. Es ist ein unzugängliches Fleckchen Erde, und nur wenige Autopfade führen in das Innere des Sumpfes. Auch sie sind jedoch nur in der Trockenheit befahrbar. Nach dem Herbstmonsun überschwemmen die Wasser des Brahmaputra die weite Fläche, und alle festen Wege versinken ins Grundlose.

Dieses unwegsame Gebiet ist das Kaziranga-Reservat im indischen Bundesstaat Assam, eine der letzten Zufluchtstätten des gewaltigen Indischen Panzernashorns. Seinetwegen haben wir unsere Heimreise von Australien für zwei Wochen unterbrochen und sind von Kalkutta aus in den Norden Indiens zum Fuße des Himalaja geflogen. Nach unserer Ankunft im Reservat haben wir uns eingehend mit dem zuständigen indischen Forstbeamten unterhalten, und als Resultat dieses Gesprächs warten wir nun auf die Ankunft eines der Reitelefanten, der uns 14 Tage lang jeden Morgen und jeden Nachmittag in den Dschungel der Panzernashörner tragen soll. Elefanten sind das einzige zuverlässige „Verkehrsmittel" auf dem trügerischen Boden des Brahmaputra-Tales; sozusagen als Amphibienfahrzeuge stampfen sie in gleichmäßigem Gang durch Tümpel, Morast und Grasdickicht und sind aus dem Schutzgebiet einfach nicht fortzudenken.

Gegen 5 Uhr ist allmählich die Sonne aufgegangen, und durch

193

„Raibahadur" trägt uns zuverlässig und unermüdlich durch die Sümpfe und Dickichte des Brahmaputratals zu den Panzernashörnern.

den Nebel schiebt sich mit schaukelndem Gang „Raibahadur", unser Elefant für die Dauer des Aufenthaltes in Kaziranga. Sein Betreuer, Lenker und Freund, der Mahout Hemanshu, sitzt auf dem Hals des Bullen. Seine nackten Beine liegen hinter den gewaltigen Elefantenohren, und er lenkt sein Reittier mit leisen Schlägen der Unterschenkel gegen das Ohr. Auf dem Rücken des Elefanten thront ein grobes Holzbrett mit zerschlissener Lederpolsterung, die durch Eisenbügel in drei scheinbar ganz komfortable Sitze unterteilt wird. So sieht es wenigstens von unten aus. Nach dem ersten fünfstündigen Ritt, bei dem wir, im Spagat auf den Polstern hockend, schön gleichmäßig durchgeschüttelt werden, sind wir ganz froh, daß die Gegend so menschenleer und der Mahout so taktvoll ist: Das Lachen, das sich sonst über sein ganzes Gesicht ausbreitet, sitzt bei unseren zag-

194

haften Gehversuchen nur in den Augenwinkeln! Bald jedoch haben wir uns an diese unbequeme Art der Fortbewegung gewöhnt und dringen täglich tiefer ein in das Refugium der letzten gepanzerten Giganten.

Noch vor etwa hundert Jahren lebten die Panzernashörner fast überall in den nördlichen Provinzen Indiens. Heute sind sie in ganz wenige Schutzgebiete in Nepal, Assam und Bengalen zurückgedrängt, und von der großen Schar der Panzernashörner leben nur noch etwa 400 Exemplare auf der ganzen Welt. Viele verschiedene Gründe haben den Rückgang der Panzernashörner bewirkt: Die Menschen im übervölkerten Asien brauchten Raum und drängten das Großwild zurück. Ihr Vieh nahm den Nashörnern nicht nur die Weideplätze, sondern brachte ihnen zugleich Krankheiten, denen sie zum Opfer fielen. 1944 fand man in Kaziranga 22 Panzernashörner, die an Seuchen verendet waren, 1947 starben 14 Panzernashörner an Milzbrand, der von Hausrindern eingeschleppt war. Der wichtigste Grund für den Rückgang der Panzernashörner ist jedoch ein fataler Aberglaube der Asiaten: Das gemahlene Nasenhorn der grauen Riesen gilt als Aphrodisiakum (Liebeselixier) und wird mit Gold aufgewogen. Andere Händler wiederum drechselten Becher aus Nasenhorn. In ihnen sollte nach einem anderen Aberglauben Gift aufschäumen und so rechtzeitig genug Anschläge auf unliebsame Fürsten aufdecken. So wurden um menschlicher Schwächen und Leidenschaften willen das Panzernashorn und mit ihm die beiden anderen asiatischen Nashornarten nahezu ausgerottet. Und noch immer werden Panzernashörner verfolgt und gewildert, auch wenn die grauen Riesen seit Anfang dieses Jahrhunderts unter Schutz gestellt sind.

Während „Raibahadur" mit uns davonschaukelt und vom nassen Elefantengras Schauer von Wassertropfen auf uns und unsere Kamera herabfallen, gehen die Gedanken zu „Arjun", unserem Berliner Panzernashorn. 1959 kam er als schmächtiges, halberwachsenes Tier aus Kaziranga zu uns und hatte sich innerhalb von sechs Jahren zum kapitalen Bullen entwickelt. Wir

Die beiden Panzernashörner finden einen reichgedeckten Tisch
vor, denn der Sumpf ist mit Wasserhyazinthen, ihrer Lieblings-
nahrung, geradezu übersät. Auf dem Rücken der Kolosse haben
Kuhreiher Platz genommen.

wußten also recht gut, was uns erwartete. Wir kannten den ein-
drucksvollen, 45 Zentner schweren Tierkoloß mit dem gewaltigen Schädel auf kurzem Hals, dessen Falten beim erwachsenen Bullen einen mächtigen Halskragen bilden, und wir wußten von dem wie mit genieteten Panzerplatten umhüllten Leib
auf den stämmigen Beinen.

Aber das Herz schlägt dann doch hoch, als sich plötzlich, wenige Meter vor uns, das erste Panzernashorn aus der Suhle
hochstemmt, zu uns herübersichert und dann schnaufend und
prustend im Grasdschungel verschwindet! Etwa zehn der
großen Kolosse sehen wir bei jedem Ritt: Mütter mit Kälbern,
Einzelgänger, kleine Gruppen. Wir beobachten sie, wenn sie
in der Mittagssonne dösend im Wasser eines Sees liegen oder
mit gemächlichen Bewegungen Wasserhyazinthen äsen. Und
allmählich treffen wir dann Bekannte wieder: einen bejahrten

Bullen, dessen Ohrmuscheln von Rivalenkämpfen zerfetzt sind, oder den Jüngling mit dem abgebrochenen Horn. Das Horn der Tiere hat übrigens keine knöcherne Substanz, sondern besteht aus Tausenden von sehr fest miteinander verklebten und verwachsenen Haaren. Lange Zeit glaubten die Zoologen aus mißgedeuteten Vorfällen bei gefangengehaltenen Tieren, die Nasenhörner würden in regelmäßigem Rhythmus – ganz ähnlich den Hirschgeweihen – abgeworfen. Inzwischen weiß man jedoch, daß ein Nashorn seine Nasenzier lebenslang trägt, wenn sie nicht durch Gewalteinwirkung abgebrochen oder abgerissen wird.

Jeden Tag sind wir draußen, und jeder Tag bringt neue Erlebnisse, denn Kaziranga ist groß. Es umfaßt 430 Quadratkilometer flachen, sumpfigen Geländes. Das Flußbett des Brahmaputra bildet seine nördliche, die Hauptstraße zwischen den Städten Jorhat und Gauhati die südliche Grenze. Diese unnatürliche, von Menschen willkürlich gezogene Grenze wird verständlicherweise von den Tieren des Reservats nicht anerkannt. Wilde Elefanten und Nashörner überqueren die Straße und durchwandern die auf der anderen Seite liegenden Teegärten. So geschieht es dann nicht selten, daß ein Farmer aus seinem Haus tritt und im Abendlicht vor sich die Silhouette eines Nashorns erblickt. In der Monsunzeit, wenn der Brahmaputra über seine Ufer tritt und große Teile des Reservats überschwemmt, wandern die Tiere sogar kilometerweit ins Land bis zu den Mikirbergen. Dann bilden diese Anhöhen die eigentliche südliche Grenze des Panzernashorngebietes. Kaziranga ist ein noch recht junges Schutzgebiet, 1908 wurde es zum teilgeschützten Gebiet, 1926 zum Game Sanctuary und erst 1955 zum völlig geschützten Wildlife Sanctuary erklärt.

„Raibahadur" ist ein guter Elefant: Er gehorcht dem leisesten Wink seines Mahouts, er steht völlig regungslos, wenn wir unsere Kameras zur Hand nehmen, und er ist mutig. Ein angreifendes Nashorn kann ihn nicht aus der Ruhe bringen. Eines Tages wollen wir uns in einem anderen Teil des Reservats umsehen, zu dem der Anmarsch für „Raibahadur" zu weit wäre. So

besteigen wir bei einer Nebenstation des Forstamtes das Elefantenweibchen „Jai Tara". Wieder reiten wir tief in den Grasdschungel hinein, und die ersten Nashörner lassen uns bis auf die übliche Distanz von etwa 20 Metern herankommen, ohne sich um uns zu kümmern. Nur eines mögen sie gar nicht: wenn man sich mit dem Elefanten zwischen sie und den schützenden Rohrwald stellt und ihnen so den Fluchtweg abschneidet. Genau das tut der noch ziemlich junge und unerfahrene Mahout recht bald – das betroffene Nashorn wirft den Kopf auf, grunzt und stürmt mit der Wucht einer Dampfwalze auf uns los. Wir betrachten das Geschehen von unse-

Sechs Meter hoch wächst das Elefantengras empor. In Gebieten, die lange Zeit nicht abgebrannt wurden, schlägt es über Reittier und Reiter zusammen.

rer hohen Warte aus interessiert und unbesorgt, denn „Raibahadur" würde in dieser Situation drohend den Rüssel heben und das Nashorn mit dieser Imponierstellung schnell von seinen Angriffsplänen abbringen. Nicht so „Jai Tara"! Ehe wir es uns versehen, wirft sie sich auf der Hinterhand herum und rast quiekend und schreiend vor Angst mit uns davon. Nie hätte ich geglaubt, daß Elefanten ein solches Tempo anschlagen können. Wir klammern uns mit einer Hand am Sattelbügel fest und krampfen die andere um unsere Fotoapparate. Gleichmäßig, mit jedem Schritt des Elefanten hämmern die schweren Objektive auf unsere Beine und hinterlassen dort für viele Wochen – als Andenken an Kaziranga und die furchtsame „Jai Tara" – ein Muster von blauen Flecken. Dem Nashorn scheint der Anblick des fliehenden Elefanten zu genügen: Als es nur noch knappe drei Meter von uns entfernt ist, bricht es plötzlich die Jagd ab und trabt zufrieden auf dem nun freigewordenen Wechsel ins Elefantengras.

Reumütig sind wir am nächsten Morgen wieder zu „Raibahadur" und seinem verschmitzten Mahout zurückgekehrt. Wir wollen die wilden Elefanten suchen, die in den Galeriewäldern eines Seitenarmes des Brahmaputra gesehen wurden. Eine Stunde lang trottet unser Grauer auf dem aufgeweichten Pfad dahin, der als Gutwetterstraße quer durch das Reservat nach Arimara führt. Er ist nach dieser Regenzeit noch nicht wieder begangen worden, und „Raibahadur" steigt nur langsam und zögernd über die Knüppeldämme, die die kleinen Wasserarme des Sumpfgebietes überbrücken. Er tastet erst sorgfältig mit einem Vorderfuß, verlagert ganz langsam sein Gewicht auf die geprüfte Stelle und zieht erst dann die anderen Füße nach.

Schließlich gelangen wir ans Ziel. Das Elefantengras bleibt zurück, an seiner Stelle umgibt uns nun ein lichter Wald, dessen charakteristischer Baum der Indische Seidenwollbaum mit seinen quirlständigen Ästen ist. Lianen hängen von den Bäumen herab, die Büsche sind voller Vogelnester. „Raibahadur" scheint unruhig in dieser ihm ungewohnten Gegend. Er spielt erregt mit den Ohren, und der Mahout redet ihm unentwegt zu. Plötzlich stoppt er abrupt und schlägt dröhnend mit dem Rüsselende auf den Erdboden. Dort liegen die Reste eines Stachelschweins, das am Morgen vom Tiger gerissen wurde. Die Witterung ist noch so stark, daß unser Elefant erschrak. Wir durchkämmen den Wald kreuz und quer, finden auch frische Elefantenlosung und niedergebrochene Bäume und Sträucher, von den Elefanten selbst ist jedoch nichts zu sehen.

Inzwischen steht die Sonne hoch am Himmel und brennt unbarmherzig auf uns herab. Es ist an jedem Tag das gleiche: Wir zittern vor Kälte, solange der Morgennebel uns noch einhüllt. Sobald aber der Nebel schwindet, gewinnt die Sonne an Kraft.

Wir können unsere Pullover gar nicht schnell genug ausziehen, und schon gegen neun Uhr rinnt uns der Schweiß in Strömen herab. So sind wir im Grunde gar nicht böse, daß die Reitelefanten um elf Uhr wieder in der Forststation sein und uns absetzen müssen. Elefanten haben nämlich ihre festgesetzten Arbeitszeiten: Sie dürfen nur von fünf bis elf Uhr morgens und von vier bis sechs Uhr nachmittags arbeiten. Dazwischen können sie ruhen. Am Ende jedes Arbeitstages steht ein gründliches Bad in einem kleinen Tümpel neben der Forststation. Jeder Mahout führt seinen Elefanten dorthin. Die Tiere steigen ins Wasser, legen sich auf Kommando auf die eine oder die andere Seite und werden mit einer Wurzelbürste sorgfältig abgeschrubbt. Das gefällt ihnen offensichtlich gut, denn sie schnauben und stöhnen vor Wohlbehagen. Oft sitzen wir am Ufer und schauen dem Treiben zu: „Raibahadur" beschert sich seine eigene Duschanlage – er pumpt den Rüssel, der gut zehn Liter faßt, voll Wasser und sprüht sich die ganze Ladung über den Rücken. Ein frischgefangener kleiner Elefant trabt zwischen zwei alten Weibchen zum Tümpel. Er möchte ab und zu gerne einmal ausbrechen und Dummheiten machen, aber die beiden „Tanten" erlauben es nicht. Sie drängen ihn zwischen ihre breiten Leiber und erziehen den Knirps auf ihre Art. Etwa drei Jahre wird es dauern, dann weiß der Neuling, wie er sich im Camp zu benehmen hat, und wird zum brauchbaren Arbeitselefanten. Ungekrönter König in der Elefantenstation ist der Bulle „Mohan", der die stolze Höhe von 2,95 Meter aufweist. Er ist beim Nashornfang nicht zu ersetzen, denn es ist seine Aufgabe, die schwere, nur aus dicken Eisenstäben bestehende Transportkiste von der Forststation zur Fanggrube zu ziehen und sie später mit dem Nashorn über den unebenen Boden der Graswildnis zum Eingewöhnungskral zurückzuschleppen. Selbst dieser starke Bulle muß bei der schweren Arbeit etwa alle hundert Meter stehenbleiben, um sich zu verschnaufen. „Mohan" ist auch der einzige Elefant der Forststation, der keinen Millimeter vor einem angriffslustigen Nashorn weicht. Äußerlich ist er ein ausgesprochen häßliches Tier. Er ist unharmonisch gebaut, mit überlangen Beinen, einem stoßzahnlosen kleinen Kopf und tiefen Altersfalten am Hals. Sein Ruhm als „Number One"-Elefant ist ihm und seinem Mahout zu Kopfe gestiegen, und trotz aller Glorie ist uns unser „Raibahadur", mit dem wir längst einen herzlichen „menschlichen" Kontakt haben, lieber.

Nach dem Bad ziehen die Elefanten zum Futterplatz. Dort sitzen schon die Gehilfen der Mahouts. Sie formen aus braunem, gequollenem Reis kleine Kugeln, mischen Salz darunter und verschnüren die Leckerbissen mit Bananenblättern zu kleinen Paketen. Die Elefanten haben sich aufgestellt – „Mohan", „Raibahadur", „Rani", „Rajendra", „Prasad", „Yangi Bahadur", „Deokali", „Parvati" und wie sie alle heißen – und nehmen ihre Tagesration in Empfang. Dann ist der Tag für sie zu Ende. Auch für uns wird es Zeit, nach Hause zu gehen.

Neben der Forststation liegt ein Rasthaus für die Parkbesucher. Hier kann man übernachten und wird auch recht annehmbar verpflegt (für asiatische Verhältnisse zumindestens). Wir haben jedoch das Glück, ganz in der Nähe des Reservats bei einem indischen Freund wohnen zu können. Er ist Arzt in einer der riesigen Teeplantagen und daneben wohl einer der besten Kenner des Kaziranga-Reservats. Immer wieder kommen wir in langen abendlichen Gesprächen mit ihm auf die Probleme des Naturschutzes in Indien zu sprechen – denn in Kaziranga liegt vieles im argen. Einer der Hauptgründe, dessentwegen im Naturschutz recht wenig getan wird, ist sicherlich die nahezu hoffnungslose soziale Situation in Indien. Alle finanziellen Anstrengungen des Mammutstaates zielen verständlicherweise erst einmal auf die Erhaltung des menschlichen Lebens. Einer Hebung des Touristenverkehrs und damit einer zweckgebundenen Finanzquelle – wie man das ja in Afrika glänzend praktiziert – steht vor allem schon einmal die Entfernung entgegen. Ein Flug nach Nairobi und zurück kostet 2.800 DM, nach Jorhat über Kalkutta und zurück 3.500 DM. (Verehrter Leser der neunziger Jahre, hier nochmals der Hinweis: Ich berichte über die Zustände und Gegebenheiten von 1964!) Während man in Afrika in VW-Bussen bequem durch die Steppe rollt, kann man Kaziranga nur auf Elefanten durchqueren – es fallen als Besucher also schon alle nicht ganz rüstigen Menschen aus. Und schließlich gibt es in Ostafrika bei einer Reise eine unglaubliche Vielzahl von Tieren zu beobachten, während in Assam die Zahl günstigstenfalls auf zehn Großsäugerarten begrenzt ist. Es hätte schon seine Schwierigkeiten, unter diesen Bedingungen eine Reisegruppe von Tier-Interessierten zusammenzustellen.

An einem dieser Abende saß auch ein Forstbeamter aus der Kreisstadt Shillong bei uns. Er war gerufen worden, weil die Wildhüter gerade wieder zwei von Wilderern ausgehobene Fallgruben gefunden hatten. „Mohan" war unentwegt zu Kontrollgängen unterwegs. Aber selbst wenn man Erfolg hat und die Wilderer auf frischer Tat ertappt, geschieht praktisch gar nichts. Nach indischem Recht gelten die Wildhüter als zu einem Unternehmen gehörig, und einer kann vor Gericht nicht als Zeuge für den anderen eintreten. So verlaufen Gerichtsverhandlungen für gewöhnlich im Sande. Diese Wilderer sind auch nicht ungefährlich und zögern nicht, auf ihre Verfolger zu schießen. Da die Forstverwaltung ihren Wildhütern weder eine Prämie für einen gestellten Wilddieb zahlen kann noch in der Lage ist, bei eventuellen Unfällen die zurückbleibende Familie ordentlich zu versorgen, zeigen die meisten Wildhüter verständlicherweise auch nicht gerade überschwengliche Begeisterung, wenn es gilt, einem Wilderer das Handwerk zu legen. Man schätzte die Zahl der 1963 in Kaziranga gewilderten Nashörner auf 30! Zwar blieb nach amtlichen Zählungen der letzten Jahre die Zahl der Panzernashörner konstant, aber ich wage an den Ergebnissen dieser Zählungen zu zweifeln. Der Rohrwald in Kaziranga ist so dicht und unübersichtlich, daß eine Zählung vom Elefanten aus unmöglich ist. Technische Hilfsmittel wie z. B. ein Kleinflugzeug, mit dessen Hilfe man die Tiere vielleicht aus der Luft überblicken könnte, sind nicht vorhanden. Ich sehe also recht schwarz für Assams Einhörner und fürchte, unsere Enkel werden keine Gelegenheit mehr haben, die grauen Kolosse prustend und schlammspritzend durch den Elefantengrasdschungel ziehen zu sehen.

Außer Nashörnern und wilden Elefanten leben in Kaziranga noch andere Großsäugerarten: Tiger und Lippenbären, Wild-

Die wilden Arnis von Kaziranga bieten einen imposanten Anblick.

schweine, Büffel und verschiedene Hirschformen. Fast alle queren bei unseren Streifzügen früher oder später unseren Weg. Es ist eines der schönsten Schauspiele in Assam, wenn sich aus dem Morgennebel allmählich die Umrisse der gewaltigen wilden Wasserbüffel oder Arnis herausschälen, mit jedem Schritt ins Riesenhafte zu wachsen scheinen und schließlich ihre schmalen Köpfe mit den weit ausladenden Hörnern zu uns herüberdrehen. Meist treffen wir sie in kleinen Herden von 10 bis 20 Tieren an. Man erzählt uns jedoch, daß schon Ansammlungen von etwa 100 Tieren gesehen worden seien. Ihre Gesamtzahl im Kaziranga-Reservat schätzt man auf 1.000 – aber auch bei dieser Zahl ist wohl Vorsicht geboten.

Recht häufig treffen wir bei unseren Ritten die leuchtend rotbraunen Barasinghahirsche, die einen so hübschen Farbkontrast zum satten Grün des Rohrwaldes bilden. Sie sind typische Sumpfbewohner, deren große, weit spreizbare Hufe ein zu rasches Einsinken im morastigen Boden verhindern. Ab und zu sehen wir auch die massigeren, kurzbeinigen Schweinshirsche oder einen der dunklen, stämmigen Sambarhirsche, wie er gemächlich, bis zum Bauch im Wasser versinkend, einen der Tümpel durchquert. Ganz selten nur bekommen wir jedoch die zierlichen scheuen Muntjaks zu Gesicht – und fotografieren können wir sie trotz vieler Mühe nicht. Diese nur etwa 50 cm hohen Hirsche, die wegen ihrer hellen, abgehackten Lautäußerungen auch Bellhirsche heißen, haben eine außerordentlich große Fluchtdistanz, und kaum haben wir in der Ferne einen der kleinen Gesellen gesehen, da schließt sich auch schon der Rohrvorhang wieder hinter ihm.

Eines Tages sind wir bei „Raibahadurs" gleichmäßigem Schaukelgang auf dem Heimweg etwas ins Dösen geraten. Da weckt uns ein lautes Plätschern auf: In einem kleinen Tümpel auf der Lichtung ist die sonst so ruhige Wasseroberfläche bewegt. Hat dort ein Fisch gespielt, oder ist eine Schildkröte durch uns gestört worden und hat es vorgezogen, im Wasser zu verschwinden? Während wir noch die langsam auseinanderziehenden Wasserringe beobachten, taucht an einer anderen Stelle plötzlich ein kleiner braunbehaarter Kopf auf. Ein Fischotter äugt mit seinen b!anken Knopfaugen über das Wasser und beginnt vor unseren Augen sein bezauberndes, vergnügtes und völlig entrücktes Spiel mit einem Holzstück. Er schnellt sich hoch aus dem Wasser und plumpst mit seinem ganzen Körpergewicht auf das Spielzeug. Er packt es mit dem Maul, schüttelt es, daß die Wassertropfen nur so auffliegen, und taucht schließlich mit ihm unter. Aber schon bald ist er wieder da, und das Spiel beginnt von neuem. Wäre nicht „Raihabadurs" Zeit abgelaufen, wir hätten noch stundenlang dort stehen und zuschauen mögen.

Schon beim ersten Ausritt hatte uns das überaus vielfältige Vogelleben im Reservat fasziniert, und es verging kein Tag, an dem wir nicht unserem indischen Freund von neuen Vogelarten erzählen konnten. Oft waren es alte Bekannte aus unserem Zoo, die wir dort schon jahrelang pflegen. Aber welch ein verändertes Bild bietet schon ein simpler Kuhreiher, wenn er im Frühnebel als leuchtendes Fanal auf dem grauen Rücken eines Nashorns sitzt! Und auch ein über und über mit Blüten be-

Ein Schlafbaum voller Kuhreiher – von weitem sieht er aus wie ein blühender Magnolienbaum.

deckter „Magnolienbaum", der aus der Ferne über die Spitzen des Elefantengrases hinweg zu uns herüberleuchtet und sich beim Näherreiten dann als Schlafplatz für Kuhreiher entpuppt, ist ein Erlebnis, das wir so schnell nicht wieder vergessen werden. Das Bestimmen der Vögel ist für uns nicht einfach: Die Fluchtdistanz ist außerordentlich groß und der Rohrwald so dicht, daß er oft nicht einmal eine Handbreit Einsicht gewährt. Viele Vögel verraten uns ihre Anwesenheit allein durch ihre Laute. So vernehmen wir mehrere Male den unverkennbaren Ruf des indischen Teichadlers – zu Gesicht bekommen wir den grauköpfigen Adler mit dem weißen Steiß und den weißen Hosen nie. Dagegen streicht ein Weißbinden-Seeadler einmal recht nahe bei uns vorüber, und Brahminenweibchen mit ihrer leuchtend weißen Brust kreisen über uns am Himmel. Bengalengeier treffen wir oft schon auf dem Weg zum Reservat an den Straßenrändern an. Dort verschlingen sie die Abfälle, die aus den Eingeborenenhütten vor die Türe geworfen wurden, oder auch einmal einen überfahrenen Hund aus der unzählbaren, halb verwilderten und verhungerten Schar der Herumstreunenden. Geier sind die Gesundheitsbehörde der Tropen – genauso wie die Marabus, von denen es im Reservat zwei Arten gibt: den Adjutant-Storch mit intensiv gelbrot leuchtendem Hals und Kropf und den kleineren, kropflosen Javanischen Marabu, der eine gelbe Hornplatte auf der Stirn trägt. Mitten im Reservat, wo ein kleines Rinnsal in einen Moortümpel mündet und ein sandiges Bachbett gebildet hat, liegt der bevorzugte Aufenthaltsort des Indischen Nimmersattstorches; und hier finden wir auch zweimal den sehr scheuen Indischen Riesenstorch.

Groß ist die Zahl der verschiedenen Reiherarten in Kaziranga. In der ersten Zeit ist es mehr ein zufälliger Erfolg, wenn wir unter der großen Zahl von Kuhreihern auch einmal andere Arten entdecken. Nach mehreren Ritten können wir jedoch mit ziemlicher Sicherheit voraussagen, in welchem Gebiet die großen Silberreiher, die zierlichen Seidenreiher und die von ihnen nur schwer zu unterscheidenden Weißen Edelreiher zu finden sind. Die Indischen Rallenreiher mit ihrem braunen Federkleid sind dem Licht- und Schattenmuster des Rohrdickichts besonders gut angepaßt. Wir übersehen sie häufig, bis sie beim Überschreiten der Fluchtdistanz auffliegen und mit dem Aufleuchten der schneeweißen Flügel plötzlich die Tarnkappe verlieren. Gelegentlich treffen wir auch den Purpurreiher und ganz selten den Graureiher an. Hirtenstare und Braunmainas, Bülbüle, Wiedehopfe und schwarzweiße Eisvögel werden uns zu guten Bekannten. Unsere größte Freude unter den Gefiederten sind jedoch die Indischen Blauraken, die auf den höchsten Spitzen der Bäume und Büsche sitzen. Im Flug durch die Nachmittagssonne funkelt und sprüht ihr Gefieder in unzähligen Blautönen – dunkelblau, ultramarin, hellblau, blaugrün und olivgrün –, und der „Blue Jay" gehört sicherlich zu den schönsten Vögeln Indiens.

Auf jedem unserer Ritte hatten wir Graupelikane beobachtet, wie sie in kleinen Gruppen auf den Moortümpeln fischten oder über uns am Himmel ruhig segelnd ihre Kreise zogen. Der

Knapp vier Wochen alte Graupelikan-Nestlinge in ihrer luftigen Behausung.

Forstbeamte hatte uns von einer Brutkolonie der Pelikane erzählt, die tief im Reservat läge, und so brechen wir eines Morgens besonders früh auf und lassen uns von „Raibahadur" zu den großen Vögeln tragen. Nach langem Ritt durch oft sechs Meter hohes Elefantengras taucht endlich im Meer der Rohrhalme eine kleine Insel von etwa 20 hohen Bäumen auf, und dort nisten die Pelikane hoch in den von ihrem Kot weißgekalkten Ästen. Wir umreiten die Bauminsel, es riecht ätzend nach Ammoniak, und die Luft rauscht vom schweren Flügelschlag der aufgescheuchten Vögel. Während wir die Bauminsel beobachten und die Pelikane sich allmählich wieder beruhigen und bei ihren Nestern einfallen, reißt „Raibahadur" genußvoll ein Grasbüschel nach dem anderen aus, schlägt es sich polternd gegen die Beine, daß der Sand nur so heraustiebt, und stopft es sich behutsam ins Maul. Wir schätzen die Zahl der Pelikane auf 500. Etwa 160 Paare haben große Reisignester gebaut. Manche Alttiere brüten fest, andere Nester sind von wenige Tage alten, noch spärlich bedunten Jungvögeln besetzt, die meisten Jungvögel sind jedoch bereits etwa vier bis fünf Wochen alt. Sie turnen recht waghalsig in den Baumkronen umher. Einer von ihnen hat sich weit auf einen dicken Ast vorgewagt, und als wir unter ihm hindurchreiten, spuckt er seinen angedauten, übelriechenden Mageninhalt auf uns herab. Das kann uns jedoch nicht daran hindern, dieser luftigen Kinderstube noch so manchen weiteren Besuch abzustatten.

Wir werden immer vertrauter mit dem Leben in Kaziranga und erfahren am eigenen Leibe Dinge, die in keinem Lehrbuch stehen und die doch für den Tiergärtner so wichtig sind, wenn er die ihm anvertrauten Tiere nach bestem Wissen pflegen soll.

Es gibt nicht allzu viele Panzernashörner in Zoologischen Gärten. Infolge der nur noch geringen Zahl von freilebenden Tieren können sie nicht ohne weiteres über den Tierhandel erworben werden. Die indische Regierung gibt jedes Jahr nur einige wenige Panzernashörner zum Fang für gut renommierte Zoologische Gärten frei. So war auch dem Ankauf unseres Panzernashorns „Arjun" im September 1959 eine Menge Schreiberei vorausgegangen. Solch ein Panzernashorn ist nicht billig: Der lange Transport, die Anfertigung der Kiste und schließlich noch eine hohe Summe als sogenannte Royalty müssen bezahlt werden, dies verschlingt zusammengenommen etwa 50.000 DM für ein Tier. Aus der Royalty werden die dem Reservat beim Fang entstehenden Unkosten getragen.

Zum Fang eines Panzernashorns müssen etwa zehn Fanggruben ausgehoben und täglich kontrolliert werden, bis sich oft nach langem Warten einer der grauen Kolosse darin fängt. Dann wird unter viel Mühen und ohne technische Hilfe das Tier über eine an einer Schmalseite der Fanggrube gegrabene Rampe in eine Kiste gelockt und diese mit Mohans Hilfe zum Eingewöhnungskral gezogen. Nach einer langen Eingewöhnungszeit kann dann der schwierige Transport beginnen. Auf dem Brahmaputra schwimmt das Nashorn zur Küste, wird dort auf einen Frachter verladen und braucht noch gute fünf Wochen, bis es endlich in der neuen Heimat ausgeschifft werden kann. Der Besitz eines so seltenen Tieres bringt eine ganze

Ein Panzer-
nashorn ist in
die Fanggru-
be geraten.
Als nächstes
wartet der
Eingewöh-
nungskral.

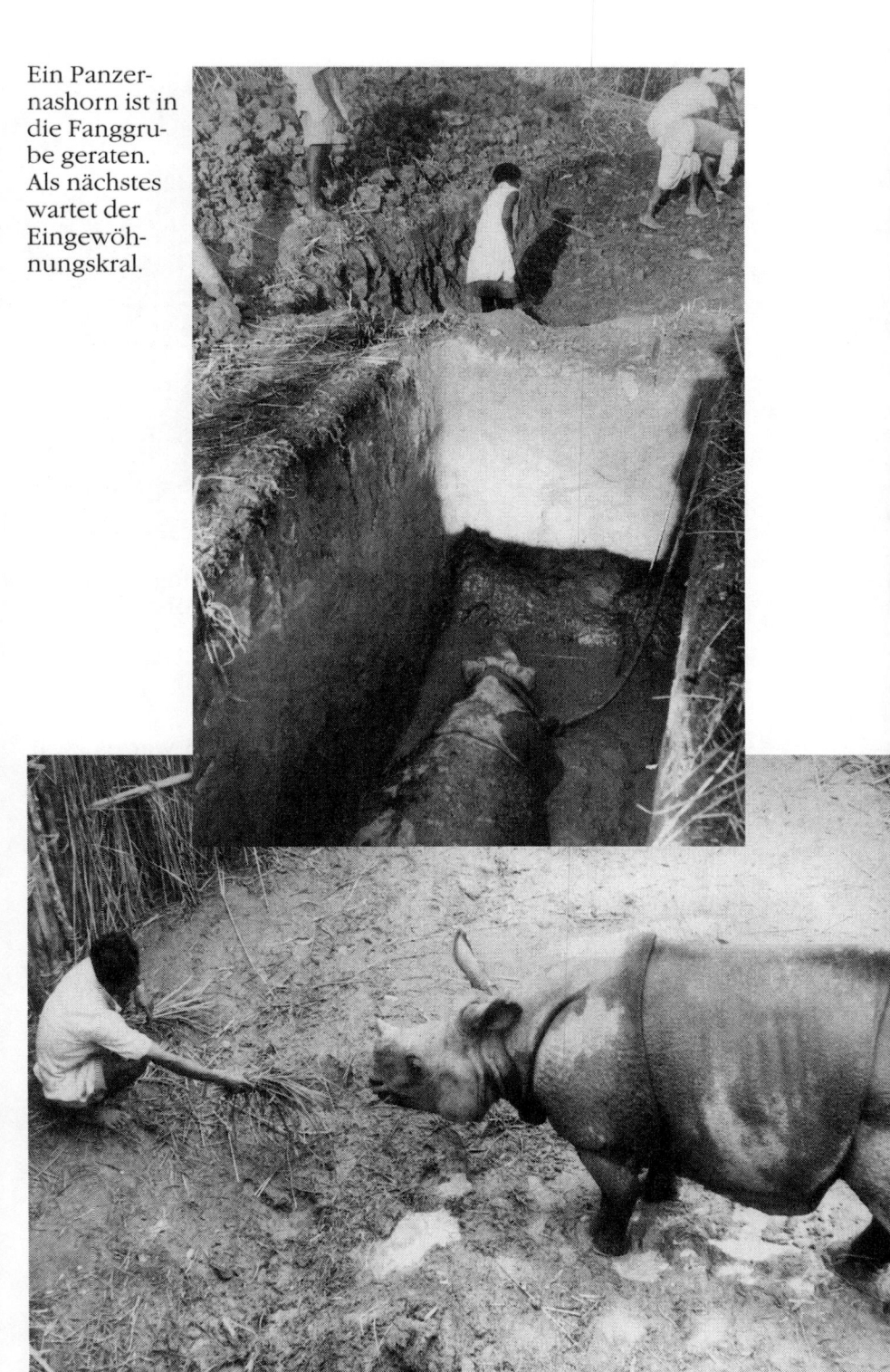

Die schwere eiserne Transportkiste läuft auf ungefügen Holzrollen. Ein Elefant wird sie dann vom Fangplatz zur Forststation ziehen.

Menge von Verpflichtungen mit sich. Deshalb war es zwar schmerzlich, aber selbstverständlich, daß wir uns 1965 von dem inzwischen zu einem kapitalen Bullen herangewachsenen „Arjun" trennten, als im Basler Zoo in diesem Jahr der Zuchtbulle starb und die blühendste Panzernashornzucht der Welt brachzuliegen drohte. Wenig später wurde der Berliner Zoo jedoch nicht nur glücklicher Besitzer eines jungen, in Europa (Basel und Hamburg) geborenen Panzernashornpaares, sondern wir erfuhren auch, daß in Basel die ersten, von „Arjun" gezeugten jungen Einhörner zur Welt gekommen waren.

Auch vierzehn lange, mit Erlebnissen reich angefüllte Tage nehmen ein Ende. Noch einmal trägt uns „Raibahadur" mit schaukelndem Schritt ins Reservat. Noch einmal schlägt das Elefantengras über unseren Köpfen zusammen, noch einmal trollen sich die Nashörner auf ihren schmalen Wechseln prustend und schnaubend davon, starten die kapitalen Arnibüffel ihre imponierenden Scheinangriffe und läßt der Lappenkiebitz seinen schrillen, durchdringenden Schrei auf den Moorwiesen ertönen. Und noch ein letztes Mal hat Kaziranga mit einem der klarsten Tage eine Überraschung für uns bereit: In einem grünen Meer von wogendem Elefantengras erblicken wir die Nistbäume der Pelikane, Hunderte der großen Vögel kreisen am leuchtend blauen Himmel, und hinter Elefantengras und Pelikanen erheben sich strahlend in der Nachmittagssonne die Schneegipfel des Himalaya.

Dann zieht die kleine Dakota eine Schleife über dem Brahmaputratal, und Sumpf und Grasdschungel, Nashörner und Büffel bleiben unter uns zurück.

9
Das Märchen Ceylon wird Wirklichkeit

Als ich 1966 mit meiner Frau dorthin reiste, hieß das heutige Sri Lanka noch Ceylon. Auch dreißig Jahre danach sind die Erinnerungen an diese Reise noch sehr lebendig, und ich möchte davon erzählen. Das damalige Tagebuch meiner Frau leistet dabei gute Dienste, allerdings möge der Leser immer davon ausgehen, daß Ortsbezeichnungen und viele andere Einzelheiten den Zustand vor dreißig Jahren wiedergeben. Doch nun genug der Vorrede und hinein in das Märchen und Abenteuer Ceylon!

Wir sitzen bei einer Tasse starkem einheimischem Tee auf der Terrasse im Rasthaus Tissamaharama. Eine Echse huscht über die Steinplatten. Als ich mich ihr nähere, richtet sie sich auf wie ein Miniaturdrache und hüpft mit weitem Sprung die Stufe hinab auf den Rasen. Geckos hängen an der Decke. Sie sind auf dem Kriegspfad und schleichen sich mit vorsichtigen, winzigen Schritten an kleine Fliegen und Mücken an. Vor uns im Dunkeln liegt der große Tank, einer der unzähligen künstlichen Stauseen Ceylons. Wir fühlen uns restlos glücklich und zufrieden – und das will etwas heißen, denn noch heute morgen schien unser Plan, zu zweit im kleinen VW-Käfer quer durch Ceylon zu fahren, unter keinem glücklichen Stern zu stehen.

Am 13. September 1966 landeten meine Frau und ich gegen Mittag auf dem Flugplatz in Colombo, voller Vorfreude auf die Märcheninsel Ceylon und mit einem festgelegten Reiseplan in der Tasche. Für den ersten Nachmittag stand folgendes auf dem Programm: unser Auto in Empfang nehmen, die Buchungsscheine für die Übernachtungen in den Rasthäusern beim

Etwa 800 wilde Elefanten lebten 1966 noch in den Schutzgebieten der Insel Ceylon.

ceylonesischen Reisebüro abholen und noch einige Besorgungen machen. Es war ein Donnerstag – nach unserem Kalender. In Ceylon ist jedoch der Buddhismus Staatsreligion. Man richtet sich nach einem Mondkalender, dessen Sonntage – die Poya Days – nicht mit unseren Feiertagen zusammenfallen. Dieser Donnerstag war Poya Day. Die Geschäfte waren geschlossen, ebenso das Reisebüro. Nur unser VW stand vor dem Flugplatz, wie ein Omen für Zuverlässigkeit und Treue. Gebracht hatte ihn Mr. Amerasinghe, einer der charmantesten Singhalesen, dem wir auf unserer ganzen Reise begegneten. Er nahm uns unter seine Fittiche, und ihm verdanken wir, daß wir den Leiter des Reisebüros in seiner Privatwohnung aufsuchen und ihn beschwatzen konnten, am nächsten Morgen ausnahmsweise schon um 8 Uhr zum Dienst zu gehen, unsere dringend benötigten Formulare auszufüllen und uns den Start gegen 11 Uhr am nächsten Morgen zu ermöglichen.

Noch saßen wir aber mit Herrn Amerasinghe und meinem Kollegen de Alwis in den altmodischen Plüschsesseln des Hotels Mount Lavinia und mußten erleben, wie beide die Hände über dem Kopf zusammenschlugen angesichts unserer Pläne. Sie hielten die Reiseroute für viel zu anstrengend und mühsam und rieten uns dringend, einen Fahrer mitzunehmen. Wir waren so müde und zerknirscht, daß wir ihren Vorbehalten fast nachgaben.

Wir schliefen beide schlecht in dieser ersten Nacht auf der Löweninsel. Der Indische Ozean brandete mit Donnergetöse an den felsigen Strand unter unserem Fenster; anfangs war es

214

so heiß, daß auch der Ventilator, der wie ein riesiges brummendes Insekt über uns schwebte, keine Kühlung brachte. Dann goß es plötzlich in Strömen, und das erste Tropengewitter entlud sich über uns. Am Morgen fühlten wir uns so zerschlagen, daß wir ernstlich erwogen, doch einen Fahrer mitzunehmen und auf unsere ungebundene Freiheit zu verzichten: zu essen, was und wann wir wollen, eine Stunde lang bei einem einzigen Vogel stehenzubleiben oder nur zu pfeifen, so laut und falsch wir immer mögen. Dann aber steht draußen im Hof unser Käfer, vertraut und zuverlässig. Was kann uns schon geschehen! Wir putzen die Frontscheibe blank, steigen ein und fahren allen guten Ratschlägen zum Trotz doch allein los.

Von Colombo aus führt die Straße südwärts an der Küste entlang. Der Strand leuchtet weiß, Kokospalmen neigen sich über kleine Buchten, schlanke Auslegerboote trocknen in der Sonne. Am Kalu-Ganga, einem kleinen Küstenfluß, schiebt sich das erste Mangrovendickicht fast bis an die Straße. Aber wir sind durch die verspätete Abfahrt in Zeitnot. Die winkligen Straßen, auf denen es von Menschen, Hunden und Ochsenkarren nur so wimmelt, begrenzen unsere Durchschnittsgeschwindigkeit auf 45 km/h. Schon längst fahren wir wie die Singhalesen: den Daumen ständig auf der Hupe. Doch Menschen, Hunde und Ochsenkarren sind längst gegen den Hupenlärm immun. So schenken wir uns das Mittagessen und kaufen lediglich an einer Hütte am Straßenrand 20 aromatische, daumenlange Bananen für insgesamt eine Rupie (= 82 Pfennige)! 70 km südlich von Colombo liegt die kleine, balinesisch anmutende Stadt Ambalangoda. Sie ist die Heimstätte der Maskenschnitzerei. Nach altüberlieferten Vorbildern entstehen hier die bizarren Köpfe von Menschen, Tieren und Dämonen, den drei großen Themenkreisen ceylonesischer Maskenkunst. Natürlich fällt mein Blick zuerst auf die Tiermasken: Ochsen, Leoparden, Schakale und Vögel gehörten früher zum festen Bestand einer Theateraufführung. Bei den Dämonen sind die Darstellungen der Nagaschlangen und des heiligen Vogels Garuda ganz besonders eindrucksvoll. „Naga" heißen sowohl die Kobras selbst als auch ihr Anführer, der Schlangenfürst. Seine Maske zeigt über hervorquellenden Augen und Reißzähnen einen Haarschmuck vielfach ineinander verschlungener Schlangenleiber, deren züngelnde Häupter dem Betrachter über geblähten Halsschildern entgegenstarren. Die Naga symbolisiert das Element des Wassers und der Fruchtbarkeit. Wir werden ihrem Abbild immer wieder auf der Fahrt durch das Inselreich begegnen. Ihr ewiger Widersacher ist Garuda, der Adler, das Symbol des Himmels und der sengenden Sonne. Seine Maske trägt einen gewaltigen Vogelschnabel. Die in leuchtenden Farben prunkenden Masken wurden früher zum Theaterspiel, aber auch für rituelle Tänze, Dämonenbeschwörungen und Krankheitsvertreibungen benutzt. Heute finden Dämonenbeschwörungen nur noch in einigen abgelegenen kleinen Dörfern der Süd- und Westküste statt, die Theateraufführung – der „Kolam" – ist auf ganz wenige Tanzgruppen beschränkt und zur Touristenattraktion geworden.

An der Südspitze Ceylons liegt Galle, die Stadt, die noch heute mit ihren holländischen Bauten und dem Fort an der Küste Zeugnis ablegt von der Kolonisierung der Insel durch europäische Völker.
Vom 16. Jahrhundert an stand das einstmals b!ühende, dann aber durch lange Kriege geschwächte Inselreich unter dem Einfluß dreier großer europäischer Kolonialmächte. Den Anfang

machten 1505 die Portugiesen. Gegen die Lieferung von Gewürzen und Edelsteinen versprachen sie, das Königreich vor Feinden zu schützen und den Frieden zu erhalten. Bald jedoch wiegelten sie die ceylonesischen Fürsten gegeneinander auf und nutzten die entstandene Zwietracht geschickt aus, um den Reichtum der Insel in ihre eigenen Taschen zu wirtschaften. Die Portugiesen brachten auch das Christentum in das überwiegend buddhistische Inselreich, und man sagt von ihnen: „Mit Feuer und Schwert zwangen sie ihre Religion einem Volk von ‚Heiden‘ auf, dessen Tradition und Religion um vieles älter waren als ihr eigener Glaube." Der Nachruhm von eineinhalb Jahrhunderten portugiesischer Kolonialherrschaft auf Ceylon ist dementsprechend nicht überwältigend.

Auf die Portugiesen folgten die Holländer. Mit der Eroberung Colombos im Jahre 1655 übernahmen sie die Macht in den Hafenstädten der Westküste und vertrieben die Portugiesen von der Insel. Mit Geduld und Fleiß versuchten die holländischen Kolonisatoren, wieder Ordnung in das Chaos zu bringen, die Bewässerungsanlagen instandzusetzen, den Reisanbau zu fördern. Trotz aller Bemühungen scheiterten auch sie nach knapp 150 Jahren an Streitigkeiten mit singhalesischen Fürsten, die sich eine dritte Kolonialmacht, nämlich England, zu Hilfe holten. Nach manchem Hin und Her, bei dem europäische Kriege eine bedeutsame Rolle spielten, besetzten die Engländer 1795 Trincomulee, eine Hafenstadt an der Ostküste des Landes, und 1796 Colombo.

Damit war die Kolonialzeit der Holländer auf Ceylon beendet. Das Inselreich wurde zur Kronkolonie, und es begann eine Zeit ruhiger Konsolidierung, die nur noch ein einziges Mal von einem Aufstand in Kandy unterbrochen wurde. Unter der englischen Verwaltung besserten sich die wirtschaftlichen Verhältnisse Ceylons zusehends. Die größte Tat dieser Epoche war die erneute Einführung von Teepflanzen und deren gelungener Anbau im Hochland der Insel. Mit dem 4. Februar 1948 endete die Kolonialzeit Ceylons, das Inselreich wurde unabhängig.

Dicht hinter Galle, in der Nähe von Matara, ragen aus der Bran-

Ein stattlicher Wasserbüffel liegt tief in der Suhle und hebt nur kurz den mächtigen Schädel, als wir wenige Meter entfernt halten.

dung lange Pfähle. Auf jedem dieser unbequemen Sitze hockt bewegungslos ein Fischer und angelt nach den „Korrumburuas". Das sind winzige Fischchen, die mit Vorliebe zu den scharfen singhalesischen Currygerichten verzehrt werden. Da wir unterwegs stets ceylonesisch aßen, haben wir die kleinen Fische bald kennen und schätzen gelernt. Bis zu 300 Korrumburuas kann ein Fischer an einem guten Tag fangen, und damit hat er sich auf mühsamste Art und Weise etwa 15 Rupien verdient.

Noch haben wir etwa 85 km Fahrt vor uns, und je näher der Uhrzeiger der sechs rückt, desto unruhiger werden wir. Es ist unser erster Tag, alles um uns ist noch neu und ungewohnt. Viele Straßenschilder sind nur singhalesisch beschriftet, und wir müssen uns auf unseren Ortssinn verlassen, wollen wir nicht Irrwege fahren. Gegen 18 Uhr geht jedoch die Sonne unter, und der Tropentag wird fast ohne Übergang von der

Dunkelheit verschluckt. Bis dahin müssen wir in unserem Rasthaus sein.

Die ersten Reisfelder und die tief im Schlamm liegenden Wasserbüffel nehmen wir deshalb nur noch mit einem Auge wahr. Das Licht läßt schon nach, als wir endlich auf einem Hinweisschild „Tissamaharama" entziffern. Als die ersten Flughunde sich von ihren Schlafbäumen lösen und als dunkle Silhouetten gegen den fahlgrauen Himmel davonsegeln, liegt das Rasthaus mit erleuchteten Fenstern vor uns. Wir haben es geschafft!

Tissamaharama ist unser Standquartier für den Besuch des 35 km entfernten Ruhuna-Nationalparks, zu dem wir am nächsten Morgen über staubige, verwinkelte Straßen fahren. Ceylon ist mit 65.607 Quadratkilometern nicht größer als Bayern, davon stehen aber 2.931 unter Naturschutz! Diese Schutzgebiete teilen sich auf in die drei Nationalparks Ruhuna, Gal Oya-Valley und Wilpattu, dazu in „Strict Natural Reserves", „Intermediate Zones" und „Sanctuaries". Die Nationalparks sind Besuchern zugängliche Schutzgebiete, wie wir sie überall auf der Erde kennen. Die „Strict Natural Reserves" sind dagegen jedem Besucher versperrt, sie sind nicht durch Wege erschlossen und das Tierleben bleibt hier völlig ungestört erhalten. Die „Intermediate Zones" sind gewöhnlich Pufferzonen, die rings um die Nationalparks angelegt sind, und in denen Jagd oder Fang von wilden Tieren mit einer Genehmigung gestattet ist. Die „Sanctuaries" liegen nicht selten auf Privatbesitz, wo jede menschliche Aktivität, Ackerbau oder Viehzucht gestattet sind, solange das Leben der dort geschützten Tierarten nicht direkt gefährdet wird. Viele der kleineren Vogelschutzgebiete sind solche Sanctuaries.

Der Ruhuna-Park ist der älteste Nationalpark Ceylons. Er wurde 1938 gegründet. Die Besucher sehen allerdings nur einen kleinen Teil des insgesamt 240 Quadratkilometer großen Schutzgebietes: jenseits des Menik Ganga- Flusses führt kein Weg und Steg in das Reich der Tiere.

In der kleinen Forststation am Parkeingung füllen wir die notwendigen Formulare aus, bezahlen das Eintrittsgeld, nehmen einen schweigsamen, lächelnden Guide zu uns in den Wagen und fahren tiefer in den Park hinein. Die Landschaft im Ruhuna-Park oder Yala – wie er auch genannt wird – wechselt von felsigen Gebieten zu dichtem Dschungel, von kleinen Lichtungen und weiten Ebenen zum Galeriewald des Menik Ganga. Zum Süden hin fallen riesige Sanddünen sacht ab zur Küste des Ozeans. Schon bald sehen wir die ersten Axishirsche auf einer Lichtung stehen und äsen. Zu Tausenden leben nach Angaben der Ranger diese herrlich gefleckten Hirsche in Ruhuna. Sie haben etwa die Größe eines Damhirsches, ihr Geweih trägt nie mehr als 6 Enden. Viel größer und stämmiger im Körperbau sind dagegen die Sambarhirsche, deren Anzahl im Park ungefähr 200 beträgt. Wir haben Glück an diesem Morgen, denn schon bald stehen wir vor einem kleinen Tümpel, in dessen blanker Oberfläche sich 2 dunkle Sambars spiegeln: ein kapitaler Hirsch, dessen stattliches Geweih die auch für diese Art charakteristischen 6 Enden zeigt, und ein Spießer. Von den etwa 50 Muntjaks des Parks sehen wir jedoch während unseres ganzen Aufenthaltes keinen einzigen. Wildschweine kreuzen mit schnellen Schritten unseren Weg und verschwinden wieder im Gebüsch. Hübsche Sporenkuckucke klettern gewandt in den Zweigen des dichten Unterholzes umher, und dann stehen plötzlich unbeschreiblich anmutig 2 Pfauhennen im grünen Dämmerlicht eines Blättergewölbes! Sie wirken hochbeiniger und schlanker hier draußen als ihre zahmen und halbwilden Vettern in unseren europäischen Zoos und Parkanlagen, und selbst der daheim für unsere Ohren oft so mißtönende Schrei fügt sich hier voller Harmonie in die Atmosphäre des Dschungels ein.

Ruhuna besitzt einen kleinen Bungalow, in dem man nach rechtzeitiger Anmeldung wohnen kann. Nun darf man bei diesen Unterkünften nicht die komfortablen Lodges von Ost- oder Südafrika vor Augen haben. Hier ist es recht primitiv: 5 rohe Feldbetten stehen in einem kleinen Raum, auf der Terrasse stehen noch einmal 4 noch einfachere Bettgestelle, und der muffige Aufenthaltsraum wird von 2 halbblinden Spiegeln gekrönt, vor denen ein paar kleine Vögel erbitterte Kämpfe mit ihren

Nur mit viel Glück bekommt man im dichtbewachsenen Ruhuna-Nationalpark einen Leoparden zu Gesicht.

scheinbaren Gegnern austragen. Der Bungalow liegt jedoch hinter riesigen, flachgeschliffenen Felsblöcken malerisch direkt am Meer, und wenn man Glück hat, erscheinen Elefanten, Büffel und Hirsche nur einen Steinwurf weit entfernt an der Tränke.

Über Mittag wird es unerträglich heiß, und die Tiere verbergen sich im Schatten. Deshalb fahren auch wir wieder zur Forststation, setzen unseren Guide ab und bummeln zurück nach Tissamaharama. Gestreifte Erdhörnchen huschen über die sandigen Wege. Glänzende Pillendreher rollen mit großer Emsigkeit und viel Gebrumm ihre Dungkugeln so rasch davon, daß wir unsere Kameras gar nicht schnell genug einstellen können. Als wir im Rasthaus ankommen, kleben uns die Kleider am Körper, ein Zustand, an den wir uns notgedrungen sehr bald gewöhnen. Die Luftfeuchtigkeit ist groß; sie beträgt etwa 70% bei Tage und 90% während der Nacht.

Über Mittag zieht ein Gewitter auf – auch daran gewöhnen

wir uns. Während wir am Fenster in den niederprasselnden Regen schauen, spaziert plötzlich ein kleiner Bengalen-Waran über die Steinstufen unserer Terrasse zum Ufer des kleinen angestauten Sees. Er bewegt sich völlig sicher und vertraut, so als sei er hier zu Hause. Und das ist er auch wirklich, denn als wir später von einem Abendbummel zurückkommen, arbeitet sich etwas scharrend und kratzend die Regenrinne am Hause abwärts. Wir warten gespannt: Heraus windet sich unser Waran! Von nun an betrachten wir ihn als „Haustier" und finden es ganz selbstverständlich, daß er auf dem roten Ziegeldach des Rasthauses sitzt und sich sonnt.

Am frühen Nachmittag machen wir einen Gang zu den Reisfeldern, die zu Füßen einer kleinen grauen Dagoba – der glockenförmigen ceylonesischen Pagode – ausgebreitet sind. Hier wimmelt es von Vögeln: Wahre Wolken von Muskatfinken schwirren über die Felder, lärmend und auffällig ziehen Schwärme von Halsbandsittichen über uns hinweg, eine Rake sitzt auf dem höchsten Ast eines kleinen Baumes in der Nachmittagssonne, ein grüner Bienenfresser hält kurze Rast auf einem Zweig, und auf einem verdorrten Baumstamm sitzt regungslos ein Weißbrust-Königsfischer. Er ist ein Verwandter unseres europäischen Eisvogels, ernährt sich aber vorwiegend von Heuschrecken, Würmern und kleinen Eidechsen.

Wir kommen am Schlafbaum der Flugfüchse vorüber, die hier zu Hunderten nebeneinander wie riesige braune Früchte kopfabwärts in den Zweigen hängen. Diese fuchsgesichtigen Flattertiere, deren Flughäute etwa einen Meter weit klaftern können, leben in enger Gemeinschaft: Gemeinsam verbringen sie den Tag an festen Rastplätzen, gemeinsam erheben sie sich bei Sonnenuntergang, fliegen in großen Scharen zu den Futterplätzen – sie ernähren sich rein vegetarisch von Früchten – und gemeinsam bei Tagesanbruch wieder zurück zum Schlafplatz.

Am Seeufer haben sich inzwischen die Dorfbewohner zum Baden eingefunden. Unter Lachen und Wassergespritze steigt man mit dem um die Hüfte geschlungenen bunten Sarong ins Wasser. Die Wasserschildkröten jedoch, die am Vormittag gerade an der Badestelle in unübersehbarer Zahl auf dem sonnendurchwärmten Betonrand des Stausees lagen, sind verschwunden.

Nach dem Nachmittagstee sitzen wir vor unserem Rasthaus am Ufer und sehen zu, wie es Abend wird. Noch liegt das große Krokodil träge auf dem Sandstrand der kleinen Insel uns gegenüber. Ein grünlichbrauner Rallenreiher nach dem anderen fällt auf dem Strauchwerk ein, wieder ziehen Sittichschwärme vorüber und rotbrüstige Bartvögel lärmen in der ausladenden Baumkrone über unseren Köpfen. Die Sonne sinkt immer tiefer, bis nur noch ein schmaler roter Streif über dem Wasser sichtbar ist. Es ist 18 Uhr. Wie auf ein einziges unhörbares Kommando flattern die Flughunde heran und hängen sich platschend und zankend an den großen Baum über uns. Er trägt reife, saftige Früchte und wird während der Dunkelheit geplündert. Die Zikaden stimmen ihr eintöniges Lied an. Dann ist es Nacht.

Am nächsten Morgen brummt unser VW-Käfer mit uns zu einem nahegelegenen Vogelreservat, wo sich an mehreren kleinen Stauseen besonders viele Wasservögel niedergelassen haben. An den Teichrändern stehen vereinzelte Graureiher und Silberreiher, Löffler durchsuchen mit ihren hastigen Bewegungen das seichte Wasser nach Nahrung, und einige Graupelikane dösen in der Sonne. Plötzlich entdecken wir am jenseitigen Seeufer eine gewaltige Ansammlung weißer Vögel. Im Fernglas entpuppen sie sich als Nimmersatts. Wir suchen nach einem schattigen Platz für das Auto, beladen uns mit Ferngläsern und Kameras und laufen quer durch eine neugierige Rinderherde langsam zum Ufer. Nimmersatts sind Storchenvögel, nicht größer als unsere europäischen Weißstörche. Schwarz kontrastieren Flügel, Brustband und Schwanz zum schneeweißen Gefieder, und am nackten, intensiv orangeroten Kopf leuchtet ein knallgelber Schnabel. Wie Aschenbrödel sehen dazwischen ihre noch grauen, unausgefärbten Jungen aus. Die Nimmersatts lassen uns recht nahe herankommen, ehe sie aufsteigen und sich erst 100 Meter entfernt wieder niederlassen.

Dabei zieht ihr Spiegelbild unter ihnen im Wasser mit. Auf dem Rückweg kommen wir ungewollt einem brütenden Brahminenweihenpaar zu nahe, das sein Nest in einer Baumkrone gebaut hat. Wir bemerken die sattbraunen Greifvögel mit der weißen, fein längsgestrichelten Brust erst, als sie abstreichen und weit entfernt wieder aufbaumen.

Unser Auto ist trotz des Schattens inzwischen zu einem Brutofen geworden. Es ist unerträglich heiß, und wir sind froh, als wir wieder im Rasthaus gelandet sind. Nachmittags geht es jedoch erneut hinaus zum Ruhuna-Park. Diesmal treffen wir im Forstbüro den Game Ranger, einen jungen Ceylonesen, der von seiner Aufgabe besessen ist. Spontan schließt er seinen Schreibtisch ab und fährt mit uns – und wir möchten von dieser Fahrt auch nicht eine Minute missen! Wir sind auf der Suche nach den „Glanzlichtern" von Ruhuna: Elefanten, Leoparden und Lippenbären. Die Elefanten sind in diesen Tagen noch von keinem Guard gesehen worden, auch die Leoparden bleiben unsichtbar für uns. Mit Bären haben wir gar nicht ernstlich gerechnet. Sie leben zu dieser Jahreszeit in den Felsengebieten des Nationalparks. Erst wenn der Palu-Baum (*Manilkara hexandra*) Früchte trägt, kommen sie wieder in die zugänglichen Gebiete, fressen, was nur in sie hineingeht, und verschwinden wieder. Was wir jedoch an diesem Tag an anderen Tieren sehen, ist großartig: Schwarznackenhasen, zwei Mangustenarten, Schakale, kapitale Axishirsche, tiefdunkle Sambars, Warane, Pfauen über Pfauen, Wiedehopfe und Bienenfresser, grüne Fruchttauben, Sicheltimalien, Malabar-Nashornvögel, einen Ceylonesischen Haubenadler und vieles mehr. Der Paradiesfliegenschnäpper streicht mit wehender roter Schleppe durchs Gebüsch, etwas später spreizt ein Fächerschwanzfliegenschnäpper sein Schwanzgefieder. Die bunten Lafayette-Hühner treten aus dem Dschungel in das helle Sonnenlicht der Wege. Das goldbraune Gefieder der Hähne glänzt, die grünblauen Schwanzfedern schillern, der kennzeichnende gelbe Fleck im roten Kamm leuchtet – es sind herrliche Wildhühner. Immer wieder hören wir nun auch ihren abgehackten Ruf aus dem Wald schallen.

Oft sehen wir auch Wasserbüffel. Doch so malerisch sie auch aussehen mögen mit ihren gewaltigen Hornauslagen, wenn sie bis zum Hals in der Suhle liegend zu uns herübersichern – echte Wildbüffel sind es nur in den wenigsten Fällen. Hausbüffel wandern in großer Anzahl von den umliegenden Dörfern ein und vermischen sich mit den Wildbüffeln. Diese verwilderten Büffel sind ein ernstes Problem für die ceylonesischen Nationalparks. Sie werden zu zahlreich, sie verdrängen die noch lebenden wenigen echten Wildbüffel, und deshalb erwägt man ernstlich, sie herauszuschießen. Dabei dürfte es gar nicht so einfach sein, nun auch wirklich die Böcke von den Schafen, die wilden von den verwilderten Büffeln zu unterscheiden!

Zwischen all diesen Beobachtungen erzählt uns unser Begleiter von seiner Arbeit: Er ist als Game Ranger der Leiter eines Distriktes. Ein Distrikt ist in Reviere aufgeteilt, die jeweils einem „Guard" unterstehen. Der Guard hat 10 „Watchers" zur Verfügung. Guards und Watchers sind dschungelerfahrene, möglichst in dem betreffenden Gebiet oder seiner nächsten Umgebung aufgewachsene Männer. Sie sind meist ausgezeichnete Fährtensucher. Die Rangers dagegen sind zur Schule gegangen und haben eine Spezialausbildung erhalten. Jeder theoretisch ausgebildete Ranger wird dann noch ein Jahr lang von einem erfahrenen Guard angeleitet. Waffen tragen allein die Guards.

Die ceylonesischen Nationalparks sind arm. So besitzt der Ruhuna-Park nur einen einzigen Jeep. Und ein Fahrzeug ist in diesem riesigen Gebiet wahrhaftig kein Luxus, sondern dringend notwendig zum wirksamen Schutz des Parks und seiner Tiere. Die noch vorhandenen Mängel in den ceylonesischen Nationalparks sind den am Naturschutz interessierten Männern bekannt. Im Juni 1966 sprach sie der Präsident der Wildlife Protection Society of Ceylon offen aus: Es gibt noch immer zu wenig Wildhüter, und es fehlt an Transportmitteln, um die vorhandenen Menschen wirksam einzusetzen. Man kann nicht verlangen, daß die Handvoll von Wildschutzbeamten riesige Gebiete kontrollieren, ohne motorisiert zu sein. Das führt auch unter den willigsten Leuten zu Ärger und Verzweiflung.

Der Naturschutz ist hier lange Zeit ein Aschenbrödel gewesen. Zum Glück hat sich das nun dank eines sehr interessierten Staatsministers, dem der gesamte Naturschutz untersteht, geändert. Da die staatlichen Mittel jedoch knapp sind, muß versucht werden, Geld auf andere Weise zu beschaffen. Ein Beispiel dafür gaben die ostafrikanischen Parks, die ihre Besucherzahlen so erfreulich anheben konnten und damit nicht wenig Geld einnehmen. Um Besucher einzuladen, müssen jedoch bequemere Unterkünfte in den Parks gebaut werden, Straßen müssen angelegt werden mit genügend Seitenwegen, damit die erwünschte große Zahl von Besuchern sich nicht an einer Stelle stauen. Gewaltige Aufgaben warten also noch auf die Nationalparkverwaltungen. Hoffen wir, daß Ceylons herrliche Parks erhalten bleiben. Sie sind es wert und brauchen keinen Vergleich mit anderen Ländern zu scheuen.

Wir diskutieren noch endlos mit unserem Begleiter. Vor allem müssen wir ihm ausführlich von den Nationalparks in Süd- und Ostafrika erzählen. Es ist auf diese Weise längst dunkel geworden, als wir uns endlich verabschieden und nach Hause fahren.

Am nächsten Morgen verlassen wir Tissamaharama sehr früh, denn wir haben die anstrengendste Tagestour unserer Reise vor uns. Kurz hinter dem Rasthaus halten wir jedoch noch einmal an: In den Bäumen direkt neben der Straße sitzen Hulmans, die heiligen Affen der Hindus. Sie gehören dem Gott Hanuman, dessen Namen sie tragen, und eine Vielzahl von Legenden rankt sich um den Affengott und seine schwarzgesichtigen Tiere. Die schwarzen Gesichter und Hände haben sie übrigens erhalten, als sie den Göttern das Feuer stahlen und den Menschen brachten. Dabei versengten sie sich Gesicht und Hände – sagt die Legende. Von den Hindus werden die Hulmans geschützt und verehrt, was zur Folge hat, daß die schlanken Affen sich ungeniert und frech in unmittelbarer Nähe der Menschen aufhalten. Immer wieder kann man sie friedlich auf Dächern sitzen oder an der Straße in oft zehn Meter weiten Sprüngen von Baumkrone zu Baumkrone springen sehen. Geboren werden die Hulmans übrigens dunkel. Erst mit zunehmendem Lebensalter wird das Haarkleid silbrig grau. Die Hulmans und die ebenfalls auf Ceylon lebenden Languren gehören zu den Blätteraffen. Aufgrund ihrer speziellen Ernährungsweise – die auch bis vor kurzem ihre Haltung in Zoologischen Gärten sehr schwierig machte – haben Blätteraffen einen in mehrere Abteilungen gegliederten Magen, ganz ähnlich wie ihn auch die Wiederkäuer zum Aufschließen ihrer Pflanzennahrung brauchen.

Aus einem typischen Trockengebiet der Insel steigen wir nun allmählich bergan. Wir durchqueren die mittleren Höhenlagen des Zentralgebirges, mit bewaldeten Hängen und zahllosen Wasserfällen. Hier regnen sich die Monsunwolken ab und schaffen ein immerfeuchtes Klima mit Niederschlägen bis zu 4000 mm. Unser Ziel ist die Stadt Nuwara Eliya in 1887 m Höhe. Damit haben wir das Ceylonesische Hochland erreicht. Hier sind die Niederschläge wieder geringer, die Temperatur ist niedriger, und sehr häufig herrscht nebliges und regnerisches Wetter. Wir arbeiten uns langsam bergauf. Jede Kurve bringt neue, oft unbeschreiblich schöne Ausblicke auf das Land unter uns. Dann breiten sich an einer Straßenbiegung unversehens die endlosen Teeplantagen Ceylons vor uns aus. Wie ein grüner Teppich sind die Teestauden zu unseren Füßen ausgebreitet. Busch fügt sich an Busch. Die hellgrünen Spitzenblätter leuchten aus dem Dunkelgrün des älteren Triebes. Nur sie – eine Knospe und 2 Blätter – werden von den Teepflückern geerntet. Mit ihren farbenfrohen Gewändern setzen die Teepflücker dem grünen Teppich bunte Muster auf. Ab und zu wird die grüne Fläche durch den Bungalow eines Managers unterbrochen oder durch die weißgestrichenen, schmucklosen „Fabrikhallen", in denen der Tee gelagert, getrocknet, verpackt und abtransportiert wird.

Der Siegeszug des Tees auf Ceylon begann um 1866, als ein britischer Farmer die erste Pflanzung anlegte. 1872 gab es etwa 4 Hektar Teeplantagen, 1876 schon etwa 700 Hektar, und 1965 waren über 240.000 Hektar mit Tee kultiviert. Der Ertrag hatte zu dieser Zeit den Rekord von 228 Millionen Kilogramm erreicht, und die davon exportierten 223 Millionen Kilogramm brachten dem Land einen Gewinn von umgerechnet 968 Millionen DM!

Allen pessimistischen Voraussagen zum Trotz haben wir noch vor Einbruch der Dunkelheit unser Nachtquartier erreicht. Noch taumelig vom Kurvenfahren sinken wir todmüde in die Betten und frieren zum ersten Mal entsetzlich unter einer dünnen Wolldecke.

Bald hinter Nurelia (wie die Stadt auf dem Berg verkürzt genannt wird) erreichen wir am nächsten Morgen den 2003 m hoch gelegenen Ramboda-Paß und schrauben uns von der mühsam erklommenen Höhe ebenso mühsam in engen Serpentinen wieder abwärts. Die Kurven sind unübersichtlich, die Hupe glüht fast, und dennoch steht in einer Kehre plötzlich der riesige Kühler eines vorsintflutlichen Lastwagens vor uns. Bremsen kreischen, unser Käfer drückt sich schüchtern zur Seite, beim LKW hat vor Schreck der Motor ausgesetzt. Doch was in Europa ganz sicher entsetzliches Schimpfen ausgelöst hätte, endet hier in Lächeln. Und das ist einer unserer stärksten Eindrücke während dieser Reise: die Freundlichkeit der Singhalesen, das Lächeln, das nicht erlernt ist, sondern von innen heraus den Menschen durchstrahlt; die Harmonie, in der sich Körper und Geist befinden.

Kandy, die Stadt im Herzen des ceylonesischen Hochlandes, gilt als eine der am schönsten gelegenen Städte der Welt. Umgeben von herrlichen Bergwäldern und sanft ansteigenden Reisterrassen liegt sie in 480 m Höhe im Tale des Mahaveli Ganga, des längsten Flusses der Insel. Kandy war die letzte singhalesische Königsstadt, hier nahmen 1815 die Briten Ceylon in ihren Besitz. Die Stadt ist noch heute ein weltberühmtes Religionszentrum der Buddhisten, die von weit her zum „Tempel des Zahns" pilgern. Dieser Tempel beherbergt als Reliquie – so glaubt man – einen Zahn Buddhas. Einmal im Jahr, im August zur Vollmondzeit, feiern die Buddhisten die „Perahera". Das ist ein Fest voller Prunk und quirlendem Leben. Elefanten im Fest-

Wilde Elefanten an der Tränke im Wilpattu-Nationalpark. Deutlich sieht man die pigmentlosen Flecken an den Ohren.

schmuck trotten in langem Zug durch die nächtlichen Straßen, von Fackeln beleuchtet, umgeben von Trommlern und Tänzern und festlich gekleideten Menschen. Allen voran schreitet ein mächtiger Elefantenbulle. Seine Stoßzähne stecken in Goldhüllen, seine Decken sind aus herrlichem Brokat. Auf seinem Rücken trägt er einen juwelengeschmückten Schrein mit dem heiligen Zahn. Es ist ein phantastisches Bild – eine Szene wie aus einem Märchen aus Tausend-und-einer-Nacht. Zehn Nächte hindurch ziehen die Elefanten mit ihren Mahouts so durch die geschmückte Stadt, dann kehren sie wieder zu ihren Arbeitsplätzen zurück. Elefanten sind nämlich dringend benötigte Arbeitstiere auf Ceylon. Ohne ihre gewaltigen Kräfte wäre schon in alten Zeiten der Bau der vielen Bewässerungsanlagen unmöglich gewesen – heute braucht man sie hauptsächlich zur Arbeit in den Sägemühlen und im Wald, wo sie Stämme aus dem unwegsamen Dschungel zu befahrbaren Schneisen transportieren.

229

Elefanten waren früher recht zahlreich auf Ceylon. In der Mitte des 17. Jahrhunderts konnten z. B. jährlich 2.500 abgerichtete Arbeitselefanten nach Indien exportiert werden, und die Fangkrale standen noch zu Beginn des 19. Jahrhunderts dicht bei Colombo. Mit dem Fortschreiten der Kultivierung nahm auch die Zahl der Elefanten ab, und man schätzt die Zahl der heute noch wild lebenden Elefanten auf nur 800. Ceylonesische Elefanten sind durch helle, pigmentlose Flecken am Rüsselansatz und an den Schultern gekennzeichnet. Auch wir hatten im Berliner Zoo bis 1965 eine Ceylonesische Elefantenkuh „Jenny", unsere Stammbesucher werden sich sicherlich noch an ihre hellen Flecken erinnern. Außerdem tragen auf Ceylon nur wenige Bullen Stoßzähne. Diese nennt man „Tusker", sie gehören zu den großen Seltenheiten der Insel.

Arbeitselefanten haben einen geregelten Tagesablauf. Er beginnt mit dem Morgenbad, danach reitet der Mahout sein Tier zum Arbeitsplatz. Er sitzt im Nacken des Elefanten, hat die nackten Füße hinter die Ohren seines Reittieres gelegt und lenkt das gewaltige Tier mit raschen Schlägen der Beine an den Hals. Von 8 bis 12 Uhr wird gearbeitet. Danach werden den Elefanten Fußfesseln angelegt, die ihnen ein langsames Fortbewegen gestatten, und sie dürfen zwei Stunden lang grasen oder sich im Schatten ausruhen. Gegen 14 Uhr holt der Mahout sein Tier zum Mittagsbad, anschließend wird erneut gearbeitet, und die Nacht verbringen die Tiere wieder mit Fußfesseln im Walde. Natürlich gibt es Ausnahmen dieser Tageseinteilung: Eine Kuh mit Kalb z. B. braucht nur vormittags zu arbeiten, brünstige Tiere werden ganz abgesondert gehalten, und an den Wochenenden haben auch die Elefanten frei!

Dicht bei Kandy liegt am Mahaveli Ganga ein berühmter Elefantenbadeplatz. (Einige Tiere haben augenscheinlich immer „Badedienst", damit die Touristen auf ihre Kosten kommen!) Hier bei Katugastota kann man von der Brücke aus in aller Ruhe zuschauen, wie die Elefanten sich voller Wohlbehagen im Wasser drehen und wälzen und von den eifrigen Mahouts mit einer harten, faserigen Kokosschale abgerieben und massiert werden. Auf das Kommando „Dheri udheri" saugen sie den Rüssel voll Wasser, strecken ihn in die Höhe und besprühen sich selbst.

Auf der Fahrt zum nächsten Tagesziel Sigiriya sehen wir die Elefanten noch einmal bei der Arbeit. Auf einer Plantage müssen sie gefällte Bäume zur Seite räumen. Man hat Ketten um die Stämme geschlungen. Der Elefant nimmt die Ketten ins Maul und schleift den gewaltigen Stamm davon. Andere bringen ihren Stamm mit Hilfe des Rüssels, der Füße oder der Stoßzähne (wenn sie vorhanden sind) in die vorbestimmte Lage. Dabei gehorcht jeder der Tierriesen dem Mahout auf seinem Nacken aufs Wort (eine Last von etwa 10 Zentnern kann von einem Arbeitselefanten bewältigt werden).

Je tiefer wir gelangen, desto feuchter und heißer wird das Klima. Als wir in Sigiriya anlangen, sind wir wieder naß und zerschlagen wie in den ersten Tagen unseres Ceylon-Aufenthaltes. Die Mittagspause verbringen wir auf der Terrasse unseres Zimmers im Rasthaus. Von hier aus hat man einen herrlichen Blick auf den Felsen von Sigiriya, der sich als mächtiger, dunkler Granitblock 183m hoch aus der Ebene emporhebt. Dieser Felsen wurde einst von einem Schloß gekrönt, der „Festung im Himmel", die zu den eindrucksvollsten Bauwerken Ceylons gehört und noch heute eine Stätte von großem historischen Interesse ist.

Im 5. Jahrhundert ermordete der singhalesische Prinz Kasyapa seinen Vater Dhatusena. Aus Angst vor der Rache seines Bruders Moggallana zog sich Kasyapa nach Sigiriya zurück und errichtete auf dem Felsen eine sichere Zufluchtstätte. Nur anderthalb Hektar groß ist die Fläche auf der Spitze des riesigen Granitblockes, doch mit architektonischer Genialität fanden hier ein Palast, Wohnräume der Bediensteten, Lagerräume, Zisternen und Wachgräben Platz. Jeder Fußbreit des Bodens war genutzt, und es blieb sogar noch Raum genug für einen winzigen Garten. 18 Jahre lang verbarg sich Kasyapa hier vor seinem Bruder und seinem eigenen schlechten Gewissen. Dann zog das Heer Mogellanas heran. Als die Schlacht am Fuße des Felsens ihren Höhepunkt erreicht hatte, beging Kasyapa Selbstmord. Seine Festung zerfiel. Doch erhalten blieb die Legende. Dennoch lohnt auch heute noch der mühsame Aufstieg über steil ausgehauene Stufen, bis man zwischen den Mauerresten der Festung stehend die baumbestandene Ebene tief unter sich liegen sieht.

Auf dem Weg zu Ceylons größtem Nationalpark liegen zwei alte singhalesische Königsstädte, Polonnaruwa und Anuradhapura. Und bei aller Tierbegeisterung können wir an beiden nicht vorüberfahren, ohne Halt zu machen. Aus halb vom Dschungel überwucherten Pagoden, geborstenen Säulen und ausgegrabenen Grundmauern spricht die jahrtausendealte Kultur des einstmals so blühenden Inselreiches. So lassen wir uns in beiden Städten von ceylonesischen Führern die Bauwerke und ihre Geschichte erklären, und langsam rundet sich in uns das Bild der Löweninsel.

Die Anfänge ceylonesischer Geschichte sind uns aus einer buddhistischen Chronik, dem „Mahavamsa", überliefert. Nach ihren Berichten ist etwa um das Jahr 543 vor Christi Geburt ein indischer Prinz Vijaya mit seiner Heerschar auf die Insel gekommen und hat sie in Besitz genommen. Er heiratete eine eingeborene Vedda-Prinzessin und gründete mit ihr die singhalesische Dynastie, deren letzter König 1739 starb. Der Sage nach stammt der arisch-dravidische Vijaya von einem Löwen ab; das Sanskritwort für Löwe ist „Sinha", deshalb werden die Bewohner der Insel auch „Sinhalesen" genannt. Das Löwenland – „Sinhala Dvija" – wurde zu Ceylon. Die Sinhalesen nannten ihr Land auch „Lanka", das Glänzende, und gaben damit Zeugnis von Ceylons Schönheit und Reichtum. Nicht umsonst verlegt eine Sage das Paradies auf die Löweninsel: Auf dem Adamspeak, einem der höchsten Berge im Zentralgebirge, verehrt man eine Fußspur Adams. Hier hat er gelebt, bis er aus dem Paradies vertrieben wurde und über die Adamsbrücke zum indischen Festland auf die „Erde" hinüberzog.

Um 400 vor der Zeitenwende wurde Anuradhapura gegründet und unter der Herrschaft des vierten singhalesischen Königs zur Hauptstadt gemacht. Anuradhapura war die Keimzelle des Buddhismus auf Ceylon, denn dorthin kam im dritten

Jahrhundert v. Chr. Prinz Mahinda, der Sohn des indischen Kaisers Asoka, und überbrachte die Botschaft Buddhas. Damit wandelte sich das Gesicht der Insel völlig. Fast 1000 Jahre lang blieb Anuradhapura Hauptstadt und Mittelpunkt des Königreiches. 40 Quadratkilometer bedeckte die Stadt, die in ihrer Blütezeit 3 Millionen Einwohner hatte. Es existierte hier ein geschickt ausgeklügeltes System von Wasserreservoiren und Leitungssystemen, es gab neunstöckige Gebäude wie den „Brazen-Palace", von dem eine Chronik berichtet, er habe 1.600 Säulen besessen. Es gab eine Pagode mit einem Durchmesser von 110 Metern und einer Höhe von 120 Metern. Es gab Friese, Reliefs und Statuen von schier unglaublicher Schönheit. Diese Kunstwerke entstanden, obwohl die Aufbau- und Blützezeit Anuradhapuras immer wieder von Eroberungszügen südindischer Tamilen gestört wurde. Im 11. Jahrhundert wurden die Singhalesen völlig aus ihrer Königsstadt vertrieben und machten Polonnaruwa zu ihrer Residenz, bis sie auch hier von den Tamilen vertrieben wurden. Ceylons bedeutendster König Parakrama Bahu der Große regierte in Polonnaruwa. Er industrialisierte Ceylon, baute und renovierte 5.000 Stauseen, trieb einen schwunghaften Außenhandel mit Afrika (Gold), China (Tuchwaren) und Persien (Pferde) und exportierte dafür Reis, Gewürze, Elfenbein und Elefanten!

Er beherrschte jedoch nicht nur das Inselreich, sondern hatte sich auch einige südindische Staaten unterworfen. Ihren Tribut zahlten diese Staaten unter anderem in Form von Arbeitern, die sie nach Polonnaruwa schickten, und die natürlich ihre eigene Bauweise mitbrachten. So sind viele Tempel Ceylons äußerlich Hindutempel und nur im Innern buddhistisch. Die Pracht und Schönheit dieser längst vergangenen Epoche spricht noch aus jedem Mauerrest des heutigen Polonnaruwa, und wir können nur bewundernd die alte Königsstadt durchstreifen.

Am Königlichen Pavillon, dessen Eingangsstufen von steinernen Elefanten und Löwen flankiert sind, findet sich der schönste Elefantenfries der Stadt. Mehr als 100 etwa 50 bis 60 cm hohe Elefanten, jeder anders in Form und Bewegung, ziehen sich um das ganze Gebäude. Herrliche Tierreliefs tragen

Etwa 800 Jahre alt ist dieses Teilstück aus dem Elefantenfries am Royal Pavillon in Polonnaruwa.

auch die Schwellensteine, die vor vielen Tempeleingängen liegen. Nach ihrer Form, einem Halbkreis, nennt man sie Mondsteine. Ihr Mittelstück ist eine Lotosblume, um die in konzentrischen Kreisen Tiere dargestellt sind. Meist sind es Pferd, Löwe, Ochse und Elefant, die vier Symbole der Himmelsrichtungen (die Lotosblume symbolisiert den Zenith), der vier großen indischen Flüsse oder auch der Jahreszeiten.

In den alten Städten treffen wir auch wieder auf Naga-Darstellungen, deren schönste und eindrucksvollste die Wächtersteine sind: Aus oft mannshohen Steinplatten ist die Figur des Nagagottes mit der Kobrahaube und Symbolen der Fruchtbarkeit herausgehauen. Reste alter singhalesischer Wandgemälde befinden sich im Nord-Tempel, und noch heute habe ich einen Ausschnitt vor Augen, auf dem die Hand eines Gottes ein Kaninchen in die Scheibe des Vollmondes malt.

Mit der Eroberung Polonnaruwas durch die Tamilen im 15. Jahrhundert endete nicht nur das rege Leben der Königsstadt, sondern mit den Palästen und Dagobos wurde auch die blühende Kultur vom Dschungel wieder verschlungen. Die Städte sanken in Vergessenheit, bis ihre Ruinen im Verlaufe des letzten Jahrhunderts wieder entdeckt und zum Teil ausgegraben wurden.

Als wir noch einmal allein durch die Straßen der alten Stadt fahren, tummeln sich zwischen geborstenen Säulen und den stillen Gesichtern der Standbilder Buddhas Scharen von Ceylonesischen Hutaffen und bringen uns lärmend wieder zurück in die Gegenwart. Die Königsstädte waren nur Zwischenstation auf unserer Reise: Unser Ziel ist der Wilpattu-Nationalpark an der Westküste der Insel.

Am frühen Morgen stehen wir schon am Tor, bezahlen unseren Eintritt und fahren los. Der Wilpattu-Park ist mit 662 Quadratkilometern der größte Nationalpark der Insel. Man kann ihn in zwei Landschaftstypen teilen: den westlichen Teil mit sandigen Ebenen, kleinen Tümpeln und spärlichem Baumbewuchs und die östliche Hälfte mit dichtem Sekundär- und Tertiärwald. Naturgemäß ist es sehr schwer, hier Tiere zu entdecken, und so sehen wir an diesem Tage keinen Leoparden, keinen Bären und nicht einmal die hier so zahlreichen Elefanten. Das Glück hat uns im Stich gelassen. Um so größer ist die Zahl der Vogelarten, die wir teils im Dschungelgebiet des Parks, teils in den Ebenen an den kleinen Teichen vorfinden. Pfauen und Dschungelhühner kreuzen ständig unseren Weg, Sporenkuckucke balzen beinahe in Reichweite neben uns im Gebüsch. Nimmersatts, Klaffschnabelstörche, Löffelreiher, Pelikane, Kiebitze und Stelzenläufer, die langzehigen Wasserfasane, eine Blatthühnchenart, und die wieselflinken Strandläufer beleben die Ufer der Teiche oder „Villus", wie man sie auf Ceylon nennt. Die etwa taubengroßen Wasserfasane erhielten ihren Namen nach den langen, fasanenähnlichen, elegant geschwungenen Schwanzfedern, die beide Geschlechter während der Brutzeit tragen. Diese graziösen, braun-weiß gefiederten Vögel schreiten bei der Nahrungssuche behende über die Wasserpflanzen hinweg. Dabei helfen ihnen ihre außerordentlich langen Zehen, die das Gewicht der Vögel verteilen. Schließlich entdecken wir noch einen schön ausgefärbten Teichadler, dessen charakteristischer Ruf uns aus unserem Zoo so gut bekannt ist.

Ganz besonders eindrucksvoll sind jedoch die Bengalen-Warane, die überall an den Wegrändern, in den Lichtungen und auf den grasbewachsenen Ufern der Teiche sitzen. 56 Warane zählen wir in drei Stunden. Dann geben wir das Zählen auf und ernennen den Tag zum „Tag der Warane". Diese Reptilien sind geradezu Urbilder der Drachen unserer Märchen und Mythen! Auf kräftigen Beinen mit scharfen Krallen ruht ein massiger Körper.

Ein noch recht kleiner Bengalen-Waran sonnt sich am Wegesrand.

Der langgestreckte Schädel und die schmalen Augen geben dem Tier ein „kühnes" Aussehen, und der lange dicke Schwanz scheint dazu geschaffen, furchterregende Hiebe auszuteilen. Richtet sich der Waran noch in die Höhe und fährt seine tiefgespaltene Zunge aus dem Maul heraus, dann ist die Übereinstimmung mit dem „Drachen" vollkommen. Wie alle wechselwarmen Tiere ist auch der Waran in seinem Tagesrhythmus an die Außentemperatur gebunden. Hat er sich in der Morgensonne genügend durchwärmt, dann geht er auf Nahrungssuche. Fische, kleine Reptilien, Vögel und vor allem Eier sind seine Speise. Der Waran folgt der Duftspur seiner Beute nicht nur mit der Nase, sondern er „schmeckt" die Spur auch! Mit seiner langen Zunge nimmt er nämlich feinste Duftstoffe auf und bringt sie zu einem besonderen Sinnesorgan, dem Jacobsonschen Organ. Dieses im Mundhöhlendach gelegene Organ kann die Duftstoffe wahrnehmen. Auch die Schlangen besitzen übrigens ein solches Jacobsonsches Organ.

Wenn die Abendkühle hereinbricht, dann erstarren auch die

Lebensgeister der Warane, und die Drachen ziehen sich zu ihren Schlafplätzen zurück.

Nach neun Tagen haben wir unsere Rundreise beendet und treffen ein wenig müde, aber sehr glücklich über den guten Verlauf unserer einsamen Fahrt und über die vielen gewonnenen Erfahrungen, die unseren Berliner Zootieren zugute kommen werden, wieder in Colombo ein. Unseren treuen Käfer, der uns ohne Panne 1620 km weit bergauf und bergab getragen hat, geben wir zurück, und im Badezimmer des Mount Lavinia-Hotels verwandeln wir uns aus etwas verwilderten Landstreichern wieder in gepflegte Mitteleuropäer.

Denn am nächsten Tag beginnt die Jahrestagung des Internationalen Verbandes von Direktoren Zoologischer Gärten, um derentwillen wir nach Ceylon gekommen waren. Tagungsort ist der Dehiwala-Zoo, Colombos artenreicher und landschaftlicher herrlich angelegter Tierpark. Er wurde übrigens von John Hagenbeck gegründet. Zuerst war er nur Tierumschlagplatz, später wurde er jedoch öffentlicher Zoo. In den dreißiger Jahren kaufte die ceylonesische Regierung den Besitz auf und übernahm 4 Tiger, 3 Ceylon-Elefanten, einen Schwarzen Panther und 2 Kragenbären. Aus den etwa 4,5 Hektar wurden im Laufe der Zeit 17, und unter der geschickten Leitung der Direktoren Major Weimann (1949-1962) und Lyn de Alwis (ab 1962) entwickelte sich der Garten zu einem der schönsten Ostasiens. Das milde Klima von Ceylon erfordert keine geheizten Häuser – damit entfallen die großen Bauten unserer Zoos im gemäßigten Klima. In Dehiwala braucht man dagegen Schatten, und deshalb sind überall Bäume angepflanzt, die den Zoo zu einem kleinen Botanischen Garten werden lassen. Dabei kommen die Tiere jedoch keineswegs zu kurz! Lyn de Alwis hat eine großartige und nahezu vollständige Sammlung einheimischer Säugetiere in seinen Gehegen. Eine beträchtliche Anzahl von ihnen züchtet sogar. Ein über 1 ha großes Freigehege wird als Miniatur-Schutzgebiet von Axishirschen, Muntjaks und Schweinshirschen bewohnt. An zwei hübschen Süßwasserteichen sammeln sich freilebende Vögel in großer Zahl.

Im Dehiwala-Zoo von Colombo werden die Elefanten jeden Mittag zum Baden geführt.

Unter ihnen ist die merkwürdige Kreuzung zwischen einem Marabu und einem Nimmersatt zu sehen. Auch einen Freiflugraum gibt es in Colombo. Witterungsbedingt besteht er lediglich aus einer riesigen Drahtvoliere, die für Besucher zugänglich ist. Die Vogelsammlung ist zu groß, um sie hier einzeln aufzuzählen. Sie umfaßt etwa 400 verschiedene Arten, unter denen vor allem die vielen Sitticharten auffallen. Neben einer ausgezeichneten Sammlung niederer Affen kann Lyn de Alwis seinen Besuchern auch Gorillas, Orang-Utans und Schimpansen zeigen. Bei den Hirschen ist eine Kreuzung zwischen einem Axis- und einem Schweinshirsch bemerkenswert. Von den insgesamt 13 Elefanten (11 Ceylon-Elefanten und 2 Afrikanische Elefanten) geben 6 jeden Tag eine interessante Vorstellung in einer großen Arena. An dieser Stelle, rund um die Arena, kann man häufig merkwürdige „Sphärenklänge" vernehmen. Sie stammen von einem Flug Tauben, denen man kleine Metallpfeifen auf die Schwanzfedern gebunden hat. Im Flugwind beginnen die Pfeifen zu tönen und gemeinsam die seltsame Musik hervorzubringen. Tiere wie Gorale, Nordchinesische Leoparden und Schwarzschnabel-Störche weisen auf gute Beziehungen zu chinesischen Zoos hin. Auch Reptilien, Amphibien und Fische fehlen nicht im Dehiwala-Zoo, wobei hier besonderer Wert auf in Ceylon heimische Tiere gelegt wird. Die Bevölkerung Colombos zeigt sich sehr interessiert an ihrem Zoo, denn jährlich wird er von etwa 700. 000 Menschen besucht. Besonders glücklich und vielversprechend für den Bestand und Schutz der ceylonesischen Tierwelt ist die Tatsache, daß unser Kollege de Alwis nicht nur Direktor des Zoologischen Gartens, sondern zugleich auch Direktor aller Nationalparks auf Ceylon ist. Diese Konstellation scheint mir in idealer Weise die Erfahrung zu bekräftigen, daß der Zoo nicht auf den Naturschutz und der Naturschutz nicht auf die Zoologischen Gärten verzichten kann.

Als die Tagung zu Ende gegangen ist, sitzen wir noch einmal mit unserem singhalesischen Freund Amerasinghe bei einem Curry-Gericht, lachen, diskutieren und schweigen, während draußen die Brandung ans Ufer rollt. Dann heißt es Abschied nehmen von Ceylon, seinen wilden Tieren und fröhlichen Menschen, von dem Duft in den Teegärten, den glockenförmigen Dagobas und den versunkenen Königsstädten. Löweninsel oder Lanka, wie immer man es nennen mag: Ceylon wird für uns stets das Märchen bleiben, das für vier unvergeßliche Wochen Wirklichkeit wurde.

10
Auf Foto-Safari in Ostafrika

Es ist der 2. Januar 1966. In Hamburg regnet es in Strömen. Mit der Dunkelheit kommt Nebel auf, und selbst die hellen Kerzen auf den Weihnachtsbäumen im Flughafenrestaurant können nicht darüber hinwegtäuschen, daß ein ganz miserables Winterwetter herrscht. Ein Wetter, das am besten zu ertragen ist, wenn man an Sommersonne, tropische Blütenpracht und Vogelgezwitscher denkt. Und das tun wir auch intensiv, sobald wir endlich im Flugzeug unsere Plätze gefunden haben. „Wir", das sind 16 Personen – zusammengetrommelt durch den Berliner Zoo und das rührige Reisebüro Windrose –, ein buntes Gemisch von Männlein und Weiblein, verschiedenen Berufen, verschiedenen Altersgruppen, verschiedenen Charakteren (o ja!), uns allen gemeinsam aber ist die Vorfreude auf das große Abenteuer, das nun seinen Anfang genommen hat: 21 Tage Foto-Safari in Ostafrika. Ich fungiere als wissenschaftlicher Reiseleiter der kleinen Gruppe (dessen „wissenschaftliches" Betätigungsfeld unterwegs ungeahnte praktische Ausdehnung erfährt!), meine Frau als Fotografin, Dolmetscherin, Apothekerin, kurz als Mädchen für alles. Ihr damaliges Tagebuch dient mir als wertvolle Hilfe auch für dieses Kapitel des Buches.

Schon während des 12stündigen Fluges über Zürich, Athen und Khartoum treten die verschiedenen Züge unserer Reisegefährten offen zutage: da sind die Mitteilungsbedürftigen und die Stillen im Lande, die routinierten Reisenden und die Neulinge, die Unermüdlichen, die durch Wolkendecken hindurch noch Land ausspähen, und die Eifrigen, die mit „Knaurs Tierreich" bewaffnet gen Afrika ziehen, um es ganz genau zu wissen – liebenswert alle miteinander. Und wenn ich ab und zu einmal um der Allgemeinheit willen die Samthandschuhe aus-

Zebrabusse erwarten uns in Uganda.

zog und den gestrengen Reiseleiter mimte, dann bitte ich nachträglich um Verzeihung.

Das erste Ziel unserer Reise ist Uganda. Als wir gegen Mittag mit einiger Verspätung auf dem Flugplatz von Entebbe ausrollen, sind wir müde. Unsere Wintersachen kleben am Körper, und die endlos dauernden Zollformalitäten saugen uns den Rest unserer Energie aus den Poren. Erst als wir im großzügigen Lake Victoria Hotel den Reisestaub abgespült und mit den Wintermänteln auch den zugeknöpften Städter in der Garderobe abgegeben haben, sind wir wirklich in Afrika.

Drei Volkswagenbusse, blankgeputzt und vollgetankt, erwarten uns vor dem Hotel. Sie sind ideal für solche Foto-Safaris: schnell auf den langen Straßenstrecken, geländegängig in der Steppe und bequem. Jeder von uns hat einen Fensterplatz und kann mühelos aus dem hochgeklappten Fenster hinaus fotografieren. Ein großes Sonnendach gibt noch zusätzliche Bewegungsfreiheit. Als besonderer Gag sind die Wagen in einem

242

Zebramuster lackiert. Sollen sie uns, wie ehemals das Trojanische Pferd, tief in die ahnungslosen Wildherden hineintragen? Der afrikanische „Boß" und Fahrer des ersten Wagens heißt Hamisi. Er ist nicht nur ein routinierter Chauffeur, der unser Zebragefährt mit solchem Tempo durch die zahlreichen Kurven zieht, daß eine kilometerlange Staubfahne über das Land weht und unsere Mägen empört revoltieren, sondern er liebt sein Afrika und ist bereit, lange Diskussionen zu führen über Menschen, Tiere, Pflanzen und alles, was man will – nur mit Afrika muß es zusammenhängen. Unermüdlich hat er etwas zu zeigen und zu erklären, und es gibt bald – wie auf jeder großen Reise – einen regelrechten „Ersten-Tages-Salat" aus sich überstürzenden neuen Begriffen: Barktree und Liffa,Tapioka und Mango, Ankole-Rinder und Milane, Kaffeestrauch und Bananenbier, Glanzstare und Webernester.

Erst in der Dunkelheit erreichen wir den Elisabeth-Park. Eine Hyäne trollt sich von der Straße ins Buschwerk, ein Dik Dik läuft davon, und dann steht vor uns auf der Straße unser erster Elefant – groß und eindrucksvoll. Seine riesigen Ohren wedeln noch vor unserem Auge, als wir im Hotel Margherita in Kasese, 36 Stunden nachdem wir Berlin verlassen haben, endlich im Bett liegen und schlafen.

Die Stadt Kasese liegt am Fuße des Ruwenzori, dessen schneebedeckte Gipfel sich aus den ariden Steppen am Albertsee 5.127 m hoch in den Himmel erheben. Die Eingeborenen im Semlikital nennen ihn „Runssoro", das bedeutet Regenmacher. Tatsächlich gehört das Ruwenzorigebiet zu den feuchtesten Landstrichen der Erde und hat im Jahr durchschnittlich 300 Regentage. Das ist bedauerlich für uns, denn das gewaltige Massiv ist auch heute von Wolken eingehüllt. Für die Menschen am unteren Nil jedoch bedeuten die schweren Regenwolken Nahrung und Leben; denn hier am Ruwenzori liegt eine der Wiegen des Nils. Während wir in Uganda umherstreifen, werden wir den Vater Nil ein kleines Stück Weges begleiten.

Noch sind wir jedoch auf dem Weg zum Mweya-Lodge, mitten im Queen Elizabeth National Park. Auf einer kleinen Anhöhe, dem Queens Pavillon, machen wir Halt. Uganda ist seines landschaftlichen Reizes wegen berühmt als die „Perle Afrikas", und hier ist so ein paradiesisches Fleckchen Erde: Zum Westen hin reihen sich kleine Krater mit steilen Hängen und grünen Pflanzenteppichen aneinander, im Osten liegt der Georg-See mit seinen geschwungenen Ufern. Zwischen ihm und uns blinkt ein kleiner Salzsee, an dessen Rand wir per distance zum ersten Male Bekanntschaft mit Ugandas Vogelwelt machen und die großen weißen Kleckse als Pelikane, die kleineren als Flamingos ansprechen. Durch die Ebene ziehen Wasserböcke, Gnus und Büffel, und als wir sogar Elefanten entdecken, kennt die Freude keine Grenzen. „Das ist der Höhepunkt des Tages!" Wirklich? Wir werden von Höhepunkt zu Höhepunkt fahren, und wenn die Reise gut verläuft, werden wir uns noch am allerletzten Tage genauso von der Begegnung mit der afrikanischen Tierwelt beeindrucken lassen wie heute am Queens Pavillon.

Gerade rechtzeitig zum Mittagessen treffen wir im Mweya-Lodge ein. Das ist eines der schönsten Camps von Ostafrika. Seine Hütten liegen in blühenden Büschen versteckt, und tritt man durch die Hintertür seines Zimmers hinaus auf die kleine Terrasse, dann schaut man tief unter sich auf den Edward-See, an den Büffel und Elefanten zur Tränke ziehen, und an dessen jenseitigem Ufer der Kongo beginnt.

In den blühenden Büschen schwirrt es von emsigen Flügeln: Nektarvögel huschen von Blüte zu Blüte und tauchen ihre langen, gebogenen Schnäbel tief in die Kelche, um den Nektar hervorzuholen. Je nach Lichteinfall blitzen die geschäftigen kleinen Vögel grün, bronzen oder golden, ja sogar purpurrot wie Edelsteine in der Sonne auf. Der Laie könnte sie leicht mit Kolibris verwechseln, denn es gibt manche Parallele in der Gestalt und in der Lebensweise. Kolibris sind jedoch Schwirrvögel, während die Nektarvögel in die große Ordnung der Singvögel gehören.

Aber noch haben wir keine Ruhe, uns still hinzusetzen und Blüten und Vögel zu bewundern. Das Jagdfieber hat uns gepackt. Wir müssen näher heran an das Großwild! So fahren wir am

Ein Kaffernbüffel hebt sein mächtiges Haupt aus dem Grasdickicht.

Nachmittag wieder tief in den Park. Elefanten mit winzigen Babies ziehen an uns vorüber, die leuchtend rotbraunen Ugan-
da-Wasserböcke äugen uns an, Warzenschweine fliehen eilig
mit steil aufgerichtetem Schwänzchen. Sie sind etwas foto-
scheu, diese bizarren Herrschaften!

Als wir um ein Dickicht biegen, stehen unsere ersten Kaffernbüffel vor uns. Sie sind so nah, daß man das Spiel der gewaltigen Muskelpakete unter der schwarzen Haut beobachten
kann, und als sie das mächtige Haupt senken, zeigen sie die im-
ponierende Stirnkappe, zu der die Basis beider Hörner sich zu-
sammengeschoben hat.

Elefanten, Nashörner und Büffel sind Afrikas urtümlichstes
und wehrhaftestes Großwild. Die Kameras klicken. In gebührender Entfernung schafft sich unsere Gruppe unter aufgeregtem Geschnatter Luft und sprudelt über von richtiger Be-
lichtungszeit, Blendeneinstellung, Filmen, die gerade im ent-
scheidenden Moment zu Ende gingen, und dergleichen
wichtigen Dingen mehr. Einer ist auffallend still, und auf unsere besorgte Frage, ob er denn gar nicht zu Schuß gekommen

sei, erleben wir mit seiner Antwort die liebenswerteste und schönste Reaktion auf unser Rencontre mit den Büffeln: „Als ich diese herrlichen Tiere im hellen Sonnenlicht in der Steppe sah, bekam ich solches Herzklopfen, daß ich den Auslöser gar nicht gefunden hätte." Wie schön, mit Menschen reisen zu können, die beim Anblick eines Tieres noch Herzklopfen bekommen!

Der Schrei der Nilgänse kündigt ein Wasserloch an. Langbeinige Stelzenläufer stolzieren durch das seichte Wasser, eine Mohrenralle huscht ins Rohrdickicht, und auf den dicken Leibern der Flußpferde treiben vorwitzige Schattenvögel wie auf einem Floß vorüber. Dann wieder stehen wir vor einem Schlammloch, dessen hügelige Oberfläche plötzlich Leben bekommt: Wie aus der Unterwelt entsteigen dem Modder schnaufend und dreckspritzend total schlammüberkrustete Flußpferde. Ein Bild, das so überaus komisch ist, daß wir noch lange danach in uns hineinlachen, wenn wir nur daran denken.

Unser erster Löwe beschließt die Fahrt. Ein magerer, schreckhafter Jüngling ist es noch, der sich schleunigst im nächsten Dickicht verkriecht und es seinen Brüdern in Kenya überläßt, das Bild vom „König Löwen" bei uns wieder zurechtzurücken.

Ein neuer Tag beginnt mit einer Bootsfahrt auf dem Kazingakanal. Diese Verbindung zwischen dem Georg- und Edward-See ist ein Dorado der Wasservögel, und wer hier nicht vogelnärrisch wird, dem ist nicht zu helfen. Das gewaltige Nilbecken mit seinen vielen Wasserläufen und Sümpfen ist in der Welt bekannt für seinen Vogelreichtum. Man weiß nicht, wohin man zuerst schauen soll: zu den ruhig dahinsegelnden Flotten der riesigen Rosapelikane und ihrer etwas unscheinbaren grauen Verwandten, der Rotrückenpelikane, oder zu den in allen Regenbogenfarben schillernden Bienenfressern, die im sandigen Steilhang ihre Höhlen haben? Zu den mannshohen rotbraunen Goliathreihern oder den weißbäuchigen Kormoranen, die mit ausgebreiteten Schwingen am Ufer stehen und sich sonnen?

Auf schwankenden Ästchen sitzen Eisvögel über dem Wasser, starren hinab und stürzen sich urplötzlich auf der Jagd nach Beute ins Wasser. Der Schwarzweiße Königsfischer ist der häufigste unter ihnen, seltener sehen wir den Graukopf-Königsfischer, und der blitzende Malachit-Königsfischer bildet das I-Pünktchen unter den wendigen Jägern. Dicht am Ufer stehen Löffelreiher mit ihren plattgedrückten Schnabelenden, Silberreiher, Seidenreiher, Kuhreiher und Schwarzkopfreiher, Nimmersattstörche und vereinzelte Sattelstörche, die ihren Namen einer grellgelben Wachshaut verdanken, die wie ein Sattel auf dem roten Schnabel liegt.

Auf einem im Wasser stehenden, abgestorbenen Baumstumpf sonnt sich ein Nilwaran und kümmert sich gar nicht um das herantuckernde Boot. Vorsorglich haben wir das starke Teleobjektiv auf unsere Kamera geschraubt, aber was hilft uns das in diesem Fall? Schließlich wollen wir keine Großaufnahme eines Waranhinterbeines machen – und mehr paßt nicht ins Format, so nahe treiben wir an ihn heran. Schließlich stupsen wir ihn sogar mit der Bootswand an und da endlich bequemt er sich ins Wasser und gleitet mit geschmeidigen Bewegungen ans Ufer. Was für ein friedliches Tier! Und doch ist diese übergroße Eidechse (ausgewachsene Exemplare können bis zu 2 m lang werden!) der gefährlichste Feind der wehrhaften Krokodile. Die Warane suchen nämlich mit buchstäblich tödlicher Sicherheit die im warmen Sand versteckten Krokodileier und fressen sie.

Im Mweya-Lodge bittet der afrikanische Steward mittels Schlägen auf einer Zebratrommel zum Abendessen. Es wird hier in den Tropen rasch dunkel. Als wir zum abendlichen „Zoologieunterricht" auf der Terrasse sitzen, schwirren Fledermäuse in weichem Flug um uns herum, und in der Ferne heult eine Hyäne.

Von nun an sitzen wir jeden Abend noch ein wenig zusammen, lassen die Erlebnisse des Tages gemeinsam an uns vorüberziehen, besprechen, was am nächsten Tage zu erwarten sein wird, und ich erzähle von der Biologie der Tiere, denen wir begegnet sind. So können sehr rasch alle den weinerlichen Schrei der Hagedasch-lbisse vom hellen Ruf der Schreiseeadler un-

Wo die grauen Riesen in Überzahl leben, verwandeln sie grünes
Land in trostlose Öde.

terscheiden und nehmen mit ihrer Fotoausbeute auch ein
wenig mehr Wissen um die Tierwelt mit nach Hause.

Während wir schlafen, bekommt das Lodge ungebetenen Besuch: Ein Elefant interessiert sich für das Papyrusdach des Post-
gebäudes und frißt es auf. Beim Rückzug ist ihm ein Baum im
Weg – er drückt ihn um. Ehe er noch mehr Unheil anrichten
kann, wird der ungebetene Gast erschossen, sein Fleisch verteilt und der Rest den Geiern überlassen. Die Unermüdlichen
unserer Gruppe haben natürlich den Schuß gehört, und schon
stecken wir am nächsten Tag in einer langen Diskussion über
theoretischen wie praktischen Naturschutz und um das natürliche Gleichgewicht in den Nationalparks, das ja schon lange
gar keins mehr ist. Infolge der gesicherten Lebensbedingungen, der guten Weidemöglichkeiten, der damit resultierenden
stärkeren Nachkommenzahl und vieler anderer Faktoren ist die
Kopfzahl mancher Tierarten in den Nationalparks übermäßig
angewachsen. So etwa bei Elefanten, Flußpferden und Büffeln.
Natürlich ist das zur Verfügung stehende Areal groß, und würde

Liebe Leserin, lieber Leser,

edition q – dieser Name steht für ein interessantes und internationales Verlagsprogramm in den Bereichen Belletristik, Zeitgeschichte, Kulturgeschichte und Kunst. Schicken Sie uns einfach diese Karte. Sie bekommen dann regelmäßig im Frühjahr und Herbst unseren neuesten Gesamtkatalog frei Haus und können bei Ihrem Buchhändler gezielt nach unseren Titeln fragen.

edition q

man fein säuberlich Elefant neben Elefanten stellen, könnten sich die grauen Riesen noch Jahrzehnte hindurch ungestört vermehren. Damit ist es jedoch nicht getan. Pflanzenfresser verzehren jeden Tag gewaltige Mengen an Futter. Die Weideflächen sind übermäßig abgegrast, sie können sich nicht schnell genug erholen. Das Ergebnis sind kahle Flächen, wo früher saftiges Gras stand. Damit ist dann der Bodenerosion Tür und Tor geöffnet. So zerstört also die übergroße Zahl der Tiere nach einiger Zeit ihr eigenes Refugium. Ein von Elefanten abgeernteter Wald ist mit seinen zerborstenen, nackten Ästen und Stämmen, den entrindeten Bäumen und dem zertrampelten Grund ein gespenstischer und hoffnungsloser Anblick! Wenn sie nur in genügend großer Zahl vorhanden sind, können die Kolosse ohne große Anstrengungen Waldland in Grasland verwandeln und das Gesicht einer Landschaft so verändern, daß die Lebensbedingungen untragbar werden. Deshalb muß der Mensch eingreifen. Er muß in den geheiligten Nationalparks schießen, wenn er nicht die Existenz der Parks gefährden will. Im Jahre 1964 sind allein im Elizabeth-Park 1.203 Flußpferde geschossen, untersucht und verwertet worden, ohne eine fühlbare Lücke hinterlassen zu haben. Wir werden uns an den Gedanken gewöhnen müssen, in den Nationalparks eines Tages riesige Zoologische Gärten zu sehen, in denen das Wild sorgsam gehegt wird. Und warum auch nicht? Die Gebiete dort sind zum Glück so groß, daß auch viele Autos sich verteilen und trotz gewissenhafter Hege noch immer der Eindruck der Wildnis bleibt.

Früh am Morgen ist der See vor unserem Fenster noch bleigrau. Aus dem Morgendunst dringen die klatschenden Ruderschläge der eingeborenen Fischer zu uns herauf. Eine Wolke von Kuhreihern zieht über eine Landzunge, der Defassabock gerade vor unserer Tür erhebt sich und stellt die Lauscher. Die ersten schimmernden Nektarvögel sirren emsig von Blüte zu Blüte, und in der Luft hängt der flötende Ruf des Rotbauchwürgers. Er ist ein scheuer Bursche, der Gonolek, wie er in Afrika heißt, und nur einmal gelingt es uns, den schwarzrückigen Vogel mit der leuchtend roten Unterseite im dichten Gebüsch zu entdecken. Der melodische, zweisilbige Ruf „uii-oo" verfolgt uns während unserer ganzen Fahrt.

Nach dem Frühstück müssen wir aufbrechen. Der Weg bis zum Murchison Falls National Park ist weit, und so rollt das eintönige Band der Straße Meile um Meile fast ohne Unterbrechung unter uns ab. Einmal berühren wir einen weit nach Osten vorgestreckten Zipfel des tropischen Regenwaldes und ahnen nun, wie es weiter im Westen, etwa im Ituriwald, aussieht.

In diesen Waldgebieten leben die Guerezas oder Colobusaffen, herrlich kontrastreiche Tiere mit schwarzem Fell und langem, weißem Schulterbehang. Wer beschreibt unsere Freude, als Hamisi mit seinen Falkenaugen plötzlich direkt neben der Straße zwei Guerezas entdeckt! Ich muß gestehen, daß ich wohl am aufgeregtesten war. Schließlich pflegen wir seit vielen Jahren Guerezas mit gutem Erfolg im Zoo und haben sie sogar schon gezüchtet. Solche besonders seltene und heikle Pfleglinge nun draußen in der Freiheit zu sehen, muß das Herz eines Tiergärtners höher schlagen lassen. Noch ein zweites Mal sehen wir die schönen Affen und können sie sogar in gutem Licht fotografieren, ehe sie mit wehendem Behang, von Ast zu Ast springend, im dichten Laub verschwinden.

Trotz gelegentlicher großer Plantagen, die sich von der Straße weit ins Land ziehen, hat man hier doch das Gefühl, tief im Innern und abgeschnitten von aller Zivilisation zu sein. Wir wollen uns nicht täuschen lassen: Zwar ist der Boden fruchtbar und der Regenfall ausreichend, aber wieviel Mühe, Geld und Wissen ist hier noch erforderlich, bis Uganda, die „Perle Afrikas", wirklich zum Paradies geworden ist! Zwar fahren wir an Schulen vorüber, aber noch sind 70 Prozent der Einwohner Ugandas Analphabeten. Es gibt hervorragend kluge und gebildete Menschen dort, es gibt aber auch – z. B. in Karamoja, im Nordosten Ugandas – Stämme, die noch immer nackt herumlaufen und weder Luganda noch Suaheli, sondern nur ihren eigenen Dialekt sprechen. Uganda ist ein Land zwischen Traum und Zukunft. Möge ihm ein friedliches Erwachen beschieden sein.

Je näher wir dem Murchison Falls National Park kommen, desto

Schild am Eingang zum Nationalpark: „Langsam fahren – Elefanten haben Vorfahrt".

eintöniger wird die Landschaft. Der Park ist erst 1952 eröffnet worden und umfaßt ein Gebiet von 3.900 Quadratkilometern – fünfmal so groß wie Berlin.

Unser erstes Ziel an diesem Tage ist der Murchison Fall. Schon unterwegs sehen wir Elefanten und Büffel in großen Herden; Topis mit ihrem bizarr langgezogenen Gesichtsschädel und den stahlblauen Schenkeln äsen friedlich.

Auf einem toten Baum sitzen dunkelbraune Klaffschnabelstörche, und Kronenkraniche ziehen über uns hinweg. Sie legen im Flug ihre goldgelben Federhauben nach hinten und bieten dadurch dem Wind weniger Widerstand.

Dann endlich stehen wir am Fall. Tosend und gischtend stürzt sich der Nil hier durch eine 7 Meter breite Felsspalte 40 Meter tief hinab. Über dem schäumenden Wasser stehen zwei Regenbögen, und wie um das unbeschreiblich schöne Bild abzurunden, kreist hoch am Himmel mit klangvollem Ruf ein Schreiseeadler. Dies ist das eindrucksvollste Schauspiel, das der Nil auf seiner 6.671 km langen Reise zum Mittelmeer hervorbringt.

Hoch auf den Baumkronen stehen die Marabus wie Standbilder gegen den blauen Himmel.

Lange waren die Quellen des gewaltigen Flusses von Geheimnissen umwittert. Bereits Herodot und Äschylus, Aristoteles und Ptolemäus schrieben über seinen möglichen Ursprung, aber erst dem 19. Jahrhundert blieb es vorbehalten, die Quellsysteme des „Vater Nil" zu entdecken. John Hanning Speke erkannte 1862 den Victoriasee als eines der Quellbecken und entdeckte als erster Forscher den Ausfluß des Nils an dessen nördlichem Ufer. Zwei Quellflüsse speisen den längsten Fluß der Erde: der Weiße und der Blaue Nil. Auch der Weiße Nil hat wiederum zwei Quellflüsse. Der erste beginnt in den Mufumbirobergen im Norden Ruandas und strömt als „Kagera" in den Victoriasee. Als „Victoria Nil" verläßt er den See am Nordende, durchströmt den Kiogasee, stürzt über die Karumafälle und den Murchisonfall talwärts und mündet in den auf der Sohle des Zentralafrikanischen Grabens gelegenen Albertsee. Hier trifft er mit dem Semliki zusammen, der sein Wasser aus dem Ruwenzorigebirge zu Tal bringt. Vom nördlichsten Zipfel des Albertsees strömt der Fluß als „Albert Nil" nordwärts. Während er den Sudd, das ausgedehnte Sumpfgebiet im Süden des Sudan, durchquert, nennt er sich „Bahr el Jebel". Hinter dem Sudd wird er zum „Weißen Nil". Bei Khartoum trifft er auf den zweiten großen Quellfluß, den Blauen Nil, der aus den Bergen Äthiopiens herabströmt. Beide Quellflüsse zusammen werden nun zum Nil.

Zwei Kappengeier haben sich auf einem Ast niedergelassen.

In schneller Fahrt erreichen wir die Fähre, die uns und unsere Autos über den Victoria Nil setzt. Am anderen Ufer liegt das Paraa-Lodge, unser nächstes Quartier. Auch hier wohnen wir wieder in kleinen Häuschen, die hinter dem Schlafraum auch gleich ein Bad haben. Das abendliche Bad ist in Afrika kein Luxus. Nach einer Fahrt über die ungeteerten Straßen haben in der glühenden Sonne Staub und Schweiß eine regelrechte Kruste auf unserem Körper gebildet, und ein Bad und ein frisches Hemd sind abends einfach eine Notwendigkeit.

Am Nachmittag sind wir schon wieder auf dem Wasser und tuckern flußaufwärts zu den Fällen. Dieser Teil des Victoria Nil ist bekannt wegen seiner vielen Krokodile. Überall an den flachen Ufern und auf den warmen Sandbänken im Fluß liegen sie und sonnen sich. Aber ihre Fluchtdistanz ist groß. Kaum haben wir unsere Kameras am Auge, da gleiten sie auch schon ins Wasser und schwimmen davon. Es dauert lange, bis eine der großen Echsen einmal liegenbleibt, um sich von allen Seiten fotografieren zu lassen. Die Filme schwinden, die Begeisterung steigt und findet ihren Höhepunkt, als einer aus der Gruppe die sagenhafte Krokodilsträne auf den Film gebannt hat! Na? Warten wir ab, vielleicht war es nur ein Schweißtropfen, der von seiner Stirn auf den Sucher der Kamera geriet.

Schreiseeadler mit ihren weißen Köpfen und Bäuchen sitzen auf den Baumkronen am Ufer. Rotkehlige Bienenfresser funkeln in der Sonne. Zwischen den uns nun schon längst gewohnt gewordenen weißen Reiherarten entdecken wir einen Nachtreiher, der kleiner und gedrungener wirkt und dessen nachtblaue Kappe mit zwei schmalen, bandförmigen Federn abschließt. Über den Nilkohl schreiten die kleinen Jassanas mit ihren langen Zehen graziös hinweg. Es sind zierliche, rotbraune Rallen, die im englischen Sprachraum den hübschen Namen „Lilytrotters" (die über die Wasserlilien Trottenden) tragen. Der ornithologische Höhepunkt ist jedoch eine ganze Kolonie von Scherenschnäbeln, die sich auf einer Sandbank niedergelassen hat. Die schwarzweißen Vögel mit den korallenroten Schnäbeln sind Seeschwalben, jedoch mit einem besonderen Merkmal: Ihr Unterschnabel ist um ein weniges länger als der Oberschnabel, und wenn die Tiere über den Wasserspiegel streichen, durchpflügt der Unterschnabel das Wasser nach Beutetieren.

Am Abend sitzen wir wieder zusammen auf der Terrasse. Der Nil unter uns wird von der untergehenden Sonne goldrot gefärbt, und auf der anderen Seite steht der Vollmond leuchtend gelb am Himmel. Der dröhnende Ruf Kibokos, des Flußpferdes, wird unser Schlaflied. In der Nacht durchstöbern Elefanten die Abfalltonnen im Lodge, und der Afrikaner, der uns am nächsten Morgen den unvermeidlichen Tee ans Bett bringt, weist mit grinsendem Gesicht zur Tür hinaus auf ein Flußpferd, das gemütlich zwischen den Hütten einhermarschiert.

Der nun folgende Tag bringt uns zum Albert Nil, dessen fruchtbare Uferzone ein wahres Tierparadies ist. Die Vegetation wird üppig und grün, die Tierwelt überstürzt sich: Drongoübersäte Tembos (Elefanten) stehen im Gras, Büffel mit gewaltigen Hornkappen, Kuhantilopen, herrliche Impalas und zierliche Oribis, die zum leichteren Unterscheiden freundlicherweise ein schwarzes Schönheitspflaster auf jeder Wange tragen. Schier unüberschaubar ist der Reichtum der Vogelwelt:

tanzende Kronenkraniche, Hornraben, Schlangenhalsvögel, Kormorane, Schreiseeadler, Elsternwürger, unser Freund, der Gonolek, und immer wieder Hornraben. Für einen Moment läßt sich ein Geierseeadler auf einer Euphorbie bewundern, ehe er mit elegantem Flügelschlag abstreicht. Er ist ein Vegetarier unter den Greifvögeln und ernährt sich hauptsächlich von den Früchten der Ölpalme.

Kaum haben wir dem Albert Nil den Rücken gekehrt, da umgibt uns ödes Land. Ab und zu durchfahren wir verkohlte Flächen. Hier haben Eingeborene das trockene Gras abgebrannt, um dem frischen Grün Platz zu schaffen. Diese Methode, die auch in Asien angewendet wird, ist sehr umstritten. Ganz offensichtliche Nutznießer sind nur die vielen Weihen, Marabus und Abdimstörche, die sich an solchen Brandstellen einfinden, und die unzähligen Heuschreckenfalken, die, in der Wolke von Rauch und emporgetragenem Gras kreisend, Jagd auf jene Tiere machen, die vom Feuer aus ihren Verstecken getrieben werden.

Das Chobi-Lodge ist unser Tagesziel. Es ist ganz neu eröffnet, sehr schön und sehr elegant. So elegant, daß wir ein ungutes Gefühl nicht unterdrücken können. In den einfachen Holzhäuschen haben wir uns wohlgefühlt – ein elegantes Hotel im Lande der Elefanten aber paßt nicht ins Bild. Es zerstört den Bubentraum vom wilden Afrika, der sicherlich eine der stärksten Antriebskräfte für die weite Reise gewesen ist, und es beschwört Visionen von Tanztees und Dinnerjackets und vielleicht sogar künstlichem Löwengebrüll und Hyänengeheul herauf. Möge doch einer der verantwortlichen Planer in Uganda ein Herz haben für die Unverbesserlichen, für die ewigen Romantiker, die sich ihren Traum so farbig wie möglich erhalten wollen. Die gerne mit Kibokos Stimme im Dunkeln zufrieden sind und darauf verzichten, ihn im Rampenlicht starker Scheinwerfer ans Ufer steigen zu sehen.

Vom Chobi-Lodge geht es in schneller Fahrt zurück nach Entebbe. Noch einmal ziehen Ödland, fruchtbare Täler und dichte Papyrussümpfe an uns vorüber. Eines ist uns verwehrt geblieben: den König der Vögel, Abu Markub, zu erleben. Er bewohnt als scheuer Einzelgänger die Nilsümpfe vom Sudd bis zum Victoriasee, und uneingestanden beobachten wir schon seit Tagen jeden Papyrussaum. Aber nur im Traum sieht meine Frau einmal die grüne Wand sich öffnen und den grauen Storch mit seinem gewaltigen, schuhförmigen Schnabel hervortreten. So bleibt uns ein Vorwand, eines Tages zurückzukehren nach Uganda, und den Abu Markub, den königlichen Schuhschnabel, zu suchen.

In Entebbe schließt sich der erste Kreis. Neun Tage sind wie im Fluge vergangen.

Wir verlassen nun Uganda und fliegen über den Victoriasee – mit seiner Fläche von 68.800 Quadratkilometern der drittgrößte Binnensee der Erde – nach Kenya.

Nairobi, die blütenübersäte, moderne Hauptstadt Kenyas, empfängt uns mit strahlendem Sonnenschein. Einen Nachmittag lang bummeln wir durch die großzügig angelegten Straßen, treffen uns mit Freunden und rüsten zur nächsten Etappe unserer Reise. Am frühen Morgen des 11. Januar beginnt die Fahrt zum Mara-Reservat.

Wir rollen westwärts, und schon nach kurzer Fahrt machen wir an einer Aussichtsplattform halt: Vor uns liegt in steil abfallenden Wänden ein riesiges Tal, dessen grüne Sohle viele Kilometer breit ist. Kein Fluß hat dieses gewaltige Bett ausgewaschen, sondern wir stehen vor dem Eastern Rift Valley, einem Teil des großen Grabensystems, das sich in über 6.500 km Länge durch Ostafrika zieht. Seinen sichtbaren Ursprung nimmt es in der Türkei, zieht sich durch das Tote Meer, das Rote Meer, quer durch Äthiopien, durch den Rudolfsee weiter durch Kenya und Tanzania, wo es zu verschwinden scheint. Dieses System ist das Eastern Rift Valley oder der Ostafrikanische Grabenbruch. Ein zweites System, das Western Rift Valley oder der Zentralafrikanische Grabenbruch, entspringt am Albertsee in Uganda, umfaßt den Edwardsee, den Tanganyikasee und den Nyassasee und verläuft sich im Tale des Sambesi.

Die fahlbraunen Grantgazellen werden für viele Safaritage unsere Begleiter.

Nirgendwo anders auf der Welt werden uns die gewaltigen Tiefenkräfte der Erde so deutlich vor Augen geführt wie in diesen Grabenbrüchen, deren Sohle z. B. am Tanganyikasee 700 m unter dem Meeresspiegel liegt! Im frühen Tertiär wölbte sich die uralte Festlandscholle Afrikas unter der Wirkung gewaltiger tektonischer Kräfte auf, brach auseinander und bildete gigantische Risse – eben die Grabenbrüche. Aus den Bruchlinien stiegen Vulkane empor, unter ihnen der Kilimandscharo, den wir am Ende unserer Reise sehen werden.

Die Fahrt zum Reservat ist recht eintönig. Immerhin sehen wir jedoch vier der stattlichen Koritrappen, den ersten weißbäuchigen Augurenbussard, und begegnen großen Herden von Grant- und Thomsongazellen, die uns von nun an quer durch Kenya und Tanzania begleiten werden. An Bäumen und Sträuchern hängen seltsam geformte Nester wie große Früchte herab. Oft sind es Hunderte an einem einzigen Baum. Sie gehören den Webervögeln, die mit wahrhaft meisterlichem Geschick aus Gräsern und Halmen ihre schwankenden Kinderwiegen bauen. Im Ruhekleid sind die sperlingsgroßen Vögel unscheinbar graubraun, in der Brutzeit jedoch tragen die Männchen leuchtende Federkleider, meist gelb mit braunen Abzeichen. Der schönste unter ihnen ist der Oryxweber, ein strahlend schwarz-roter Wicht. Und mit Recht sagen die Afrikaner zu Beginn der Brutzeit von ihm: Der König zieht seine

Robe an. Ein reges Leben herrscht in solchen Kolonien. Gräser werden herbeigeholt und mit emsigen Schnäbeln verflochten. An manch fertigem Nesteingang aber hängt schon ein Männchen und wirbt flügelschlagend um ein Weibchen. Und welches Weibchen könnte schon einem bezugsfertigen Eigenheim widerstehen?

Das Mara-Reservat ist erst kurze Zeit für Besucher geöffnet. Unser Fahrer Shabani, ein rundlicher Kikuyu, war noch nie hier und verfährt sich prompt. In hochwirbelnden Staubwolken erreichen wir dann aber doch noch pünktlich zum Mittagessen das bezaubernde Keekerok-Lodge. Hier in Kenya ist es Pflicht, einen Führer mitzunehmen – und das hat seine großen Vorteile. Diese Leute kennen ihr Reservat genau und sind stets informiert, wo sich das gesuchte Wild gerade befindet.

So steigt also zu Beginn der Nachmittagstour ein afrikanischer Guide zu uns in den Wagen. Seine Ohrläppchen sind an den Rändern aufgeschlitzt und künstlich ausgeweitet. Wenn sie herunterhängen, berühren sie fast die Schultern. Offensichtlich stört das unseren Freund, denn er hat die dünne Hautschlaufe zu einem wulstigen Knoten über die verbliebene Muschel gelegt, und uns überläuft still und heimlich eine Gänsehaut. Das Gewehr, das er lässig zwischen die Knie klemmt, ist konstant auf uns gerichtet und verdirbt uns die reine Freude an der Fahrt durch die Steppe. Wer weiß denn, ob der Donnerstock gesichert ist? Und wer garantiert, daß der Sicherungshebel nicht auffliegt, wenn wir durch das nächste Warzenschweinloch poltern?

Alles Unbehagen ist jedoch vergessen, als wir das erste Löwenrudel finden. Faul und absolut nicht ängstlich liegen sie neben unseren Autos und blinzeln schläfrig in die Objektive. Insgesamt 32 Tiere sehen wir in zwei Stunden. Es ist kaum zu glauben. Dieser Tag im Mara-Reservat wird in unserem Tagebuch „der Tag der Löwen". Ein Gepard, den wir ein wenig später entdecken, sucht dagegen schleunigst das Weite, und wir können nur die eleganten Sprünge bewundern, mit denen er flieht. Zwei schöne Schabrackenschakale mit ihrer dunklen Rückendecke kreuzen unseren Weg, putzige Löffelhunde

Vor der sengenden Mittagssonne haben sich Mutter und Kind in den Schatten eines Dickichts zurückgezogen.

schlüpfen in ihren Bau, wenn wir zu nahe kommen, und schließlich können wir noch eine große Topiherde bewundern, deren hellbraune Kälber, unbesorgt um unsere Anwesenheit, unter dem Euter der Mutter „knien" und saugen. Die Schirmakazien sind besonders schön hier in dieser Landschaft, und wenn wir uns mit Bewußtsein umschauen, sind wir umringt von verschiedenen Akazienarten. Die Akazie ist der charakteristische Baum Afrikas und hat sich fast an jede Vegetationszone des Kontinents angepaßt. Der Fieberbaum mit seiner grünen Rinde ist eine Akazie, ebenso wie die niedrige Flötenakazie, in deren kugeligen schwarzen Gallen der Wind sein Lied spielt. Manche Arten tragen 10 Zentimeter lange Dornen, scharf und hart wie Dolche. Akazien können niedrige Büsche sein und hohe Baumriesen, wie die bizarren Schirmakazien, deren Krone mitunter einen Durchmesser von 40 Meter erreicht.

Das Mara-Reservat stößt an der Grenze zwischen Kenya und Tanganyika direkt an den berühmten Serengeti-Nationalpark, der unser nächstes Ziel ist. Am frühen Vormittag fahren wir durch die weite Steppenlandschaft nach Seronera. Hier sind wir in Zelten untergebracht. Die Unverbesserlichen (zu denen wir auch gehören) stürzen sich mit tiefer Freude auf dieses neue Erlebnis: das dünne Zeltdach über den Betten, die blecherne Wasserkanne (in einiger Entfernung ist jedoch ein sauberes Badehaus!), die wacklige Petroleumlampe und die ausgefahrenen Wechsel eines ganzen Mäusestammes, die verdächtigerweise von der Stammburg unter einer Blumenrabatte sternförmig zu den Ecken der Zelte führen. Einigen Gesichtern allerdings sah man an, daß sie eigentlich nicht unbedingt ganz so nahe am Busen Afrikas ruhen wollten!

Die Serengeti lockt uns am Nachmittag wieder hinaus. Wir sehen einige Sekretäre, die trotz der langen Ständer keine Kraniche, sondern richtige Greifvögel sind. Und es wird ein Gruppensport, sie einzeln zu entdecken, nur weil ich im abendlichen Zoologieunterricht erklärt habe, sie kämen meist paarweise vor. Ein Trupp Strauße schaukelt mit weit ausholenden Schritten auf muskulösen Beinen davon. Sie passen so gar nicht in das Schema „Vogel" hinein. Liegt es an ihrer Größe? Daran, daß sie ihre Flugfähigkeit verloren und statt dessen als typische Renner so unvogelhafte, starke Keulen bekommen haben? Dennoch sind sie echte und rechte Vögel. Sie legen Eier, in die 25 normale Hühnereier hineinpassen, und brüten sie aus: der schwarze Hahn bei Nacht, die graue Henne bei Tag, wenn sie dem eintönigen Steppengras besonders gut angepaßt ist.

Der Höhepunkt des Tages wird jedoch die Zebraherde, in der wir plötzlich stehen und von der wir kein Ende absehen können, so weit wir auch die Hälse aus dem Sonnendach unserer Wagen herausstrecken. Kopf an Kopf stehen sie, soweit das Auge reicht. Dicht bei uns sind sie noch deutlich schwarz-weiß gestreift, weiter in der Ferne aber verwischt sich das scheinbar so auffällige Muster und die leuchtenden Tigerpferde werden bestenfalls zu grauen Eseln. Die Serengeti ist berühmt wegen ihrer großen Tieransammlungen, und wenn man zur rechten Jahreszeit kommt, trifft man Tausende und Abertausende von Antilopen und Zebras, die quer durch die Steppe zu anderen Weidegründen ziehen.

Gegen sechs Uhr morgens wird es allmählich hell. Ein Löwe

Eine Zebraherde schier ohne Ende zieht an uns vorüber.

brüllt, zwei Geckos knorren sich die neuesten Ereignisse zu, hinter dem Camp wird der Himmel langsam rot, der Mond verblaßt und die Vogelstimmen werden immer intensiver. Vor meinem Zelt hüpfen leuchtende Dreifarben- und Hildebrandts Glanzstare umher, und aus der Küche dringt der Geruch von gebackenem Schinken. Die Nacht ist vorüber, wir starten zur Morgensafari. Unser Guide, ein junger und ausgesprochen hübscher Bursche, bringt uns offensichtlich Glück: Ein Leopard erhebt sich aus dem bräunlichen Gras und verschwindet. Aber hinter ihm streicht schon der nächste heran, springt auf einen Baum und läßt sich dort eine halbe Stunde lang von uns bewundern. Was nun geschieht, klingt nach Münchhausen: Der Gefleckte verläßt den Baum und bummelt mit weichen Schritten auf einen unserer Wagen zu, der mit offenem Sonnendach dasteht. Nicht nur Tiere haben ihre kritische Distanz, bei deren Erreichen sie entweder fliehen oder angreifen. Bei uns Menschen scheint es ähnlich zu sein, denn urplötzlich wird in dem betroffenen VW-Bus unter offensichtlich aufgeregtem Ge-

Geier und Löwin am Zebrariß.

schnatter und von zwölf Händen zugleich das Verdeck zuge-
zogen. Der Leopard reibt seine Schulter am Auto, läßt sich für
kurze Zeit in dessen Schatten nieder, kriecht schließlich unter
ihm durch und verschwindet auf der anderen Seite gleichmütig
im dichten Buschwerk. Noch lange danach, als wir längst andere Tiere gesehen haben, krümmt sich unser kleiner Guide
vor Lachen und ahmt mit den Händen das hastige Dachzu-
schieben nach. Welch ein Abendspaß wird das im Lager der
Guides werden!

Noch ist das Glück uns hold: Eine Löwin liegt am Zebrariß. Ihr
Bauch hängt schwer und vollgefressen nach unten, dennoch
kann sie sich nicht von der Beute trennen und leckt und zerrt
weiter daran. In gebührender Entfernung stehen drei Geier
und warten geduldig. Endlich dreht die Löwin ab – und schon
eilen die Geier mit vorgestreckten Hälsen auf den Riß zu. Aber
nur zweimal können sie hastig zuschnappen, dann kommt die
Löwin ärgerlich zurück. Ängstlich weichen die Geier aus und
beziehen wieder ihre Wartestellung. Das Spiel beginnt von
neuem. Inzwischen sind es immer mehr geworden: Fahle Gänsegeier, Zwerggänsegeier, Rüppelsgeier, Lappengeier und
Wollkopfgeier. Und alle starren zum Riß. Die Löwin wird wohl
dort übernachten müssen. Doch da kommt aus dem nahen Gebüsch mit ebenso hängendem Bauch eine zweite zur Wach-
ablösung, und die erste trollt davon. Wir tun das gleiche.
Zweimal noch sehen wir Leoparden auf einem Baum. Der
letzte ist so versteckt, daß unser Guide schon verzweifelt die
Hände ringt, als wir ihn auf 50 Meter Entfernung noch immer
nicht entdecken. Aber so einfach ist das gar nicht, denn auf den
breiten Ästen der Akazie liegt immer ein Blattschatten neben
einem Sonnenkringel, und dieses Muster wird genau vom Leoparden fortgesetzt: eine dunkle Rosette neben einem goldenen
Fellstück. Erkannt hat ihn selbst unser Guide nur an dem her-
unterbaumelnden Schweif. Dazu braucht man allerdings Falkenaugen, solche z. B. wie die des schiefergrauen Singhabichts
mit den orangegelben Ständern, der abwartend mitten in der
Steppe sitzt und zu uns herüberäugt.

Damit wir nicht übermütig werden, gerät dann die Ausbeute des zweiten Serengeti-Tages recht mager. Ein Leopard gleitet sofort aus dem Baum und verschwindet, zwei Löwen drehen uns den Rücken und ziehen sich in den Dornbusch zurück. Und am Lake Magadi, zu dem wir nur der Flamingos wegen hinfahren, finden wir auch nicht eine einzige rosa Feder. Nur ein einsamer Rotrückenpelikan sitzt auf einem Baum. Erst als wir die Serengeti verlassen und zum Ngorongorokrater fahren, haben wir wieder Glück. Noch einmal treffen wir auf eine viele tausend Köpfe starke Zebraherde, die uns nahe herankommen läßt, ehe die Tiere in halsbrecherischem Tempo mit kraftvoller Anmut davongaloppieren und jedes eine kleine Staubfahne als Spur zurückläßt. Etwas später folgen unzählige Gnus, die wie auf ein unsichtbares Kommando plötzlich eins hinter dem anderen, einem lebenden Fries gleich, vor uns über die Straße donnern. Langbeinig, mit runden schwarzen Tupfen auf dem fahlgelben Fell, steht ein Serval neben der Straße und tut, als seien wir gar nicht vorhanden. Hunderte von ockerfarbenen Flughühnern schwirren vom Weg auf und lassen sich wieder nieder, sobald unsere Autos vorübergefahren sind.

Wir schrauben uns langsam bergauf und lassen die Serengeti tief unter uns zurück. Der mächtige Kegel des Lemagrut ragt vor uns auf, und endlich stehen wir am Kraterrand und werfen den ersten Blick auf den Ngorongoro. Dieser gewaltige Kessel gehört zu den größten Kratern – oder besser Calderas – der Erde. (Calderas sind durch Einsturz und Erosion erweiterte Vulkankrater.) Er mißt vom Norden zum Süden 16 km und vom Osten zum Westen 19 km. Auf der grünen Kratersohle rund um den flachen See bewegen sich, vom 600 m höher gelegenen Kraterrand aus gesehen, wie schwarze Ameisen unzählige Tiere. Das ganze Jahr über sind hier große Herden von Antilopen und Zebras, zahlreiche Löwen, Hyänen und Hyänenhunde, Nashörner und Strauße versammelt und machen den Ngorongoro-Krater zu einem der anziehendsten Wildreservate Ostafrikas.

Das Lodge liegt auf dem Kraterrand in rund 2.700 m Höhe. Es wird kalt hier im Hochland der Vulkane. In unserem Zimmer qualmt der Kamin, und der beizende Rauch treibt uns die Tränen in die Augen. Das Holz ist so frisch, daß sich dicke Tropfen bilden und am Ende der Kloben zu Boden fallen. Es ist eine Gewissensfrage: Soll man mit tränenden Augen zu schlafen versuchen oder lieber eine durchfrorene Nacht und eine Erkältung riskieren?

Am nächsten Morgen winden wir uns in drei Landrovern die steilen Serpentinenstraßen abwärts in den Krater. Es wird der Tag der Tüpfelhyänen. Gleich am Anfang treffen wir auf eine etwa zehnköpfige Rotte, die einen angeknabberten Gnukopf mit sich herumschleppt, ihn vor Schreck über unser Erscheinen fallenläßt, knurrend wieder zurückholt und erneut erhobenen Hauptes weiterträgt. Später sehen wir noch mehr Hyänen, teils einzeln, teils in starken Rotten, und ich kann mir nicht helfen: Ich finde sie schön, trotz des klobigen Kopfes, des steil abfallenden Hinterteiles und der lautstarken gegenteiligen Meinungen unserer Reisegefährten!

Löwen sehen wir, Gnus, Zebras, eine ganze Herde scheuer Elenantilopen und am Seeufer Flamingos und Pelikane, Sattelstörche und Nimmersatte, Löffler und heilige Ibisse, Kuhreiher und Rallenreiher, Hottentottenenten und unsere heimischen Lietzen (Bleßhühner).

Das schönste Erlebnis bleibt jedoch für uns alle die Begegnung mit einer Nashornkuh und ihrem etwa 7 Monate alten Kalb. Sie läßt uns zwar nicht allzu nahe an sich herankommen, aber in einiger Entfernung tut sich das Kalb unter ihr nieder und beginnt unbekümmert zu trinken.

Ein ganz neues Bild erwartet uns auf der nächsten Station unserer Safari. Vom Lake Manyara Hotel, das am Rande des Steilhanges liegt, blicken wir 600 Meter tief hinab in den Ostafrikanischen Grabenbruch, in dessen Sohle – zwischen See und Grabenwand - der Lake Manyara Nationalpark liegt. Es ist ein langgezogener Streifen mit den verschiedensten Vegetationszonen: Salzsee und flache Ufer, Grasland, Sumpf und dichter Regenwald. Eine einzige Straße, von der links und rechts einige Schleifen abzweigen, führt durch den ganzen Park. Hier am

265

Ein prächtiger Anblick: Aus kurzer Distanz beäugt uns eine Giraffe.

Lake Manyara gibt es eine berühmt gewordene Spezialität: Löwen, die auf Bäume klettern!

Das Nachrichtensystem der Guides klappt ausgezeichnet, und schon auf der ersten Fahrt entdecken wir einen stattlichen Mähnenlöwen, der bequem (ich wüßte allerdings Besseres!) in der Krone einer Akazie liegt und schläfrig blinzelt. Es gibt ein ganzes Bündel von Theorien über diese merkwürdige Gewohnheit der hiesigen Löwen, auf Bäumen Siesta zu halten. Zum Beispiel sollen die vielen in der Nähe des Sees vorhandenen Mücken die Manyaralöwen auf die Bäume getrieben haben. Aber so recht einleuchtend ist das auch nicht. Die „üblichen" Tiere säumen die Straße: einzelne Elefanten, Büffel, eine Giraffe, Zebras, Impalas und Paviane. Fast am Ende des Parks stoßen wir auf ein totes Zebra. Es ist vor nicht mehr als vier Stunden bei der Geburt eines Fohlens gestorben. Sehr bald schon werden sich hier Geier, Schakale und vielleicht auch Löwen zum Fraß einfinden. Leider müssen wir zurück zum Hotel. Aber nach sechs Stunden sind wir wieder da – und trauen unseren Augen nicht: Vom ganzen Zebra sind nur noch das blanke Gerippe und ein Fuß übriggeblieben. Alles andere haben die Geier verschlungen. Eine wirksamere und promptere Gesundheitspolizei kann man sich gar nicht vorstellen.

Schon werden die Schatten lang im Rift Valley, da poltert eine starke Elefantenherde von rund 100 Tieren trompetend und stampfend parallel zur Straße hangaufwärts. Es ist ein urgewaltiges Bild, wie die grauen Kolosse in eine Staubfahne gehüllt verschwinden. Kaum hat sich unsere Aufregung ein wenig gelegt, da nimmt zuerst eine alte Elefantenkuh und danach ein brünstiger Bulle unseren Wagen an. Hamisi findet den richtigen Gang erst, als die wedelnden Elefantenohren schon unangenehm nahe sind. Als sich die drei Autos kurz danach treffen, steht uns allen das Unbehagen im Gesicht. Allen? Einer strahlt – zwar etwas schuldbewußt, aber unübersehbar: unser temperamentvolles Sorgenkind, das am liebsten jeden Löwen streicheln und jedem Büffel ins Auge sehen würde. Das war ein Abenteuer nach seinem Geschmack! Gerade noch rechtzeitig, kurz vor dem Ende unserer Safari! Denn nun bleibt uns nur noch das Amboseli-Reservat, dann sind die Reisetage zu Ende.

Zwei berühmte Nashorn-Exemplare aus dem Amboseli-Reservat:
1966 begegneten wir der ohrmuschellosen „Pixi" (oben). Das Foto
unten (von 1956) zeigt die Spitzmaulnashornkuh „Gerti" mit ihrem
außergewöhnlich langen Horn nebst Kalb.

Auf der Fahrt dorthin stehen zuerst noch die interessanten Baobabs oder Affenbrotbäume an der Straße. „Upside-down-tree" werden sie hier genannt. Und wirklich könnte man denken, der Baum stecke mit seinem merkwürdig aufgeblähten Stamm im Erdreich und die plumpen, kurzen Äste seien die Wurzeln. Bald aber verschwinden sie aus dem Landschaftsbild, und die Fahrt wird recht eintönig. Nur einmal noch werden wir hellwach, als plötzlich die braune Steppe mit weißen Tupfen übersät ist, die sich im Näherkommen als etwa 1.000 emsig pickende Europäische Störche entpuppen!

Wir lassen Arusha mit seinem farben- und düftefrohen Markt hinter uns und nähern uns dem Amboseli-Reservat. Unterwegs hat sich jeder aus Hügeln und Wolken seinen eigenen Kilimandscharo zusammenphantasiert – aber am Abend ist er wirklich für kurze Zeit einmal in aller Schönheit zu sehen.

Auch am nächsten Tag hebt sich die Wolkenfahne, die so häufig den Blick auf den Berg verwehrt, für kurze Zeit, und beide Gipfel, der schneebedeckte Kibo und der niedrigere, spitz gezackte Mawensi, stehen klar gegen den blauen Himmel.

Groß ist die Ausbeute nicht im Amboseli-Reservat. Unser sprichwörtliches Glück scheint schon unterwegs zur nächsten Safarigruppe zu sein. Zu guter Letzt taucht dann aber doch noch das bekannte ohrmuschellose Nashorn „Pixi" auf, danach ein gewaltiger Stoßzahnträger und wieder ein Nashorn. Und ganz zum Schluß, als das „Büchsenlicht" schon schwindet, stehen am Wegesrand die langgesuchten Gerenuks oder Giraffengazellen. Es sind merkwürdige Tiere, graziös im Körperbau, aber mit einem übermäßig langen, schlanken Hals. Sie verharren lange genug für einen bewundernden Blick und ein Foto aufs Geratewohl, dann ziehen sie auf ihren streichholzdünnen Beinen ins Dickicht davon.

Am Abend sitzen wir noch einmal alle zusammen. Wir zählen unsere verknipsten Filme und kommen pro Kopf auf die stattliche Anzahl von 20. Auch wer noch so sparsam denkt, wird bei dieser Vielfalt der Motive einfach mitgerissen, und die Kamera klickt, ehe er es recht weiß. Ich bin oft vor und während der Reise nach unserer Fotoausrüstung gefragt worden: Wir sind Leica-Anhänger mit ganzem Herzen, weil die Leica uns noch immer als die beste und handlichste Kamera für unsere Zwecke erscheint. Im Laufe der Zeit haben wir uns eine ganze Reihe von verschiedenen Objektiven zugelegt – vom Weitwinkel (Summoron 1: 2,8/35 mm) bis zum Telyt (1 :5/400 mm) –, und je länger wir mit ihnen fotografieren, je mehr Schrammen sie trotz aller Sorgfalt aufweisen, desto weniger wollen wir uns von dieser Ausrüstung trennen. Außerdem schwören wir auf Agfafilm. Wir mögen seine weichen, unaufdringlichen Farben und schätzen seine Zuverlässigkeit selbst unter so veränderten Bedingungen wie hier in den Tropen.

Nairobi. Die Fahrt ist zu Ende. Meine Frau und ich, die wir als passionierte Alleinreisende zuerst mit etwas Skepsis an eine Gruppentour dachten, haben unsere Meinung bei dieser Gruppe geändert. Wir müssen unsere Gefährten loben: Sie waren erstaunlich pünktlich (wie wichtig das ist, wird mir jeder Reiseleiter bestätigen können!), aufgeschlossen, interessiert, immer bereit zu ernsthafter Diskussion oder fröhlichem Gelächter. Außerdem sind sie uns lieb geworden in diesen 21 Tagen: unsere tapfere Veteranin und das Gruppenküken, der lachende Cherusker und der Fototechniker, die Temperamentvollen und die Stillen – und wir hoffen, daß sie sich auch heute noch so an diese Foto-Safari erinnern wie wir: Es war ein einmaliges Erlebnis!

11

Gemsböcke und Seebären – Tiererlebnisse in Südwestafrika

Im Jahre 1963 hatten wir unsere beiden Breitmaulnashörner auf ihrer Schiffsreise von Durban um das Kap der Guten Hoffnung herum, die Westküste Afrikas nordwärts bis nach Rotterdam begleitet. Dabei hatte es in Walfishbay einen kurzen Landurlaub gegeben. Wir bummelten durch die Hafenstadt. Ihr intensiver Fischgeruch stieg uns in die Nase, die ersten rötlich-gelben Dünen der Namib breiteten sich vor unseren Augen aus und das genügte, um in uns den Entschluß reifen zu lassen: eines Tages würden wir nach Südwestafrika zurückkommen.

Fünf Jahre später ergab sich die langerwartete Gelegenheit – die internationale Tagung von Direktoren Zoologischer Gärten fand 1969 in Pretoria statt. Wie immer wollten wir diese Gelegenheit nutzen, um Land, Menschen und Tierwelt eines neuen Gebietes kennenzulernen, und diesmal würde es Südwestafrika sein. Für die nachfolgende Schilderung, verehrter Leser, verehrte Leserin, gilt auch diesmal – wie bei den anderen Reiseberichten –, daß ich Zustände und Gegebenheiten von damals schildere. Gerade in der fraglichen Region hat es ja seitdem zahlreiche, nicht nur politische Veränderungen geben.

Wir standen also am Morgen des 15. September 1969 vor dem Haus unseres Freundes, des Ornithologen Dr. Otlef Prozesky vom Naturkundemuseum Pretoria, und warteten auf Georg, den „Dritten im Bunde", der pünktlich auf die Minute um die letzte Straßenecke bog und unseren geliehenen VW-Clipper vor uns ausrollen ließ. Georg von Kalckstein, der uns auf unseren Foto-Safaris durch Ostafrika ein lieber und vertrauter Freund geworden war, hatte sich in Nairobi auf dem Flugplatz zu uns gesellt und wollte nun vier Wochen mit uns fahren. Schnell waren die Berge von Proviant, Wasser- und Benzinkanistern, die Koffer und Fotoapparate eingeladen, dann mußten wir aufbrechen. Vor uns lag eine Strecke von 590 Kilometern. Das ist nicht viel, wenn man sie in Deutschland auf der Autobahn hinter sich bringen kann. Aber man lernt in Afrika sehr bald umzudenken!

Durch Pretorias saubere, blühende Straßen fahren wir westwärts. Halbwegs zwischen Pretoria und Johannesburg ragt das gewaltige, steinerne Vortreckerdenkmal auf, das die Erinnerung an den großen Treck der Buren in den dreißiger Jahren des vergangenen Jahrhunderts wachhalten soll.

Bald lassen wir auch die Hochhäuser Johannesburgs hinter uns zurück, die dichte Besiedlung hört auf, das Land wird trocken. Meile um Meile rollt das graue Band der Asphaltstraße unter uns hinweg. Wir fahren durch verdorrte Maisplantagen, gepflügtes Land, Sonnenblumenfelder, vorbei an Rinderherden, deren Tiere uns durch ihre kantigen und spitzen Hörner auffallen. Aber auch die ersten wilden Tiere zeigen sich: über die Straße huschende gelbe Mangusten, Erdmännchen, die, hoch auf die Hinterbeine aufgerichtet, aus dem trockenen Gras neugierig zu uns herüberäugen, Kronenkiebitze, Schwarzbauchtrappen, Schwarzflügelgleitaare, ein Sekretär, der auf langen Ständern mit fliegendem Federschopf davoneilt, und die ersten Paradieskraniche. An einem Damm neben der Straße – einem der vielen künstlich angelegten kleinen Stauseen, die in diesem trockenen Land die Lebensgrundlage bilden – stehen etwa 40 Flamingos aufgereiht.

Allzulange können wir uns jedoch an diesem ersten Tag nirgends aufhalten. Es wird Abend, und noch haben wir ein ganzes Stück bis nach Kuruman zu fahren. Die untergehende Sonne taucht einen Berg vor uns in lila-rötliches Licht. Es wird immer intensiver, und zuletzt scheint der ganze Fels in Flammen zu stehen. Allmählich erlischt das Rot, zuerst am Berg, dann auch am Himmel, und es ist dunkel, als wir endlich in Kuruman, einem kleinen Städtchen der nördlichen Kap-Provinz, eintreffen.

Das gleiche Ziel hatte übrigens 164 Jahre vor uns der Gründer unseres Berliner Zoologischen Gartens, Dr. Martin Hinrich Lichtenstein. Allerdings brauchte er für annähernd die gleiche Entfernung, die wir in einem Tag zurückgelegt hatten, mehrere Monate. Lichtenstein kam damals vom Süden: „Donnerstag, am 30. Mai, verließen wir den Sackrivier, und mit ihm auf mehrere Monate alle von Weißen oder Christen bewohnte Gegenden." Unter unsäglichen Mühen und Strapazen kämpfte er sich mit seinen Begleitern nordwärts, dem „Lande der Beetjuanen" entgegen. Schließlich erreichte er als nördlichsten Punkt seiner Reise das Flußbett des „Kuruhman": „Wir waren jetzt so weit gefördert, daß wir das Land der Beetjuanen nunmehr vor uns liegen hatten. Nur ein kleines Gebirge trennte uns noch, das wir frühmorgens überstiegen. – Der ganze Anblick der Landschaft erfüllte uns mit Freude und mit gespannter Erwartung der vielen neuen und merkwürdigen Gegenstände, denen wir hier begegnen sollten."

Nicht anders ist es uns zumute, als wir am ersten Abend mit einem Glas Kap-Wein über unseren Straßenkarten sitzen und noch einmal unsere Fahrtroute für die folgende Zeit besprechen. Schon am nächsten Tag würden wir im Kalahari-Gemsbockpark und damit an der Grenze nach Südwestafrika sein.

Mitten im Zentrum des kleinen Städtchens entspringt der Kuruman-Fluß. Aus einer Dolomithöhle, dem „Auge von Kuruman", sprudeln aus einer starken Quelle täglich 18 Millionen Liter Wasser hervor. Ein kleiner Park ist mit viel Liebe um die Quelle und den von ihrem kristallklaren Wasser gespeisten See herum eingerichtet worden. Der Kuruman-Fluß selbst versickert trotz dieses verheißungsvollen Auftakts nach ein paar Kilometern im Sand, wie so viele Flüsse Süd- und Südwestafrikas. Letzteres Gebiet besitzt überhaupt nur zwei Flüsse, die ständig Wasser führen: den Oranje im Süden und den Kunene im Norden. Andere, wie z. B. der Swakop, sind nur zur Regenzeit mit Wasser gefüllt, wieder andere, wie Nossob und Auob, die beiden „Riviere" im Kalahari-Gemsbockpark, nur ein- oder zweimal in hundert Jahren. Wasser ist eines der Hauptprobleme dieses Landes: wo es auf irgendeine Art an die Oberfläche

Die Siedelweber
bauen riesige
Gemeinschafts-
nester.

gelangt, grünt alles; wo es versickert, vertrocknet das Land und der fruchtbare Boden liegt ungenutzt.

Wir folgen dem Tal des Kuruman westwärts. Allmählich wird der Boden rot, und hinter Franzylsrust erheben sich die ersten Dünen der Kalahari mit ihren scharfen, geschwungenen Graten. Hin und wieder ziehen sich die Spuren unzähliger Ziegen über die unberührten Hänge, oder eine Horde vergnügter Kinder rutscht auf alten Autoreifen die steile Fläche hinab, daß der feine Sandstaub nur so aufwirbelt. Es gibt unendlich viel zu sehen: eine Strahlenschildkröte, die langsam über gelbblühendes Gelände marschiert, zerbrochene Chitinpanzer riesiger Tausendfüßler, die merkwürdigen breiten Früchte einer Akazie, die wie Kinderrasseln klappern, und vieles mehr.

Am auffälligsten sind massige, aus Ästchen und Reisig bestehende Gebilde, die in oft bizarren Formen in den trockenen Baumkronen hängen. Es sind die Gemeinschaftsnester der Siedelsperlinge, kleiner, unscheinbarer Vögelchen, die jedesmal zwitschernd davonstieben, wenn wir uns einem ihrer Nistbäume nähern. Ein solch ungefüger Reisighaufen besteht aus vielen Einzelnestern, die unter einem gemeinsamen Dach vereint sind. Jedes Nest hat eine nach unten weisende Einflugröhre, die Nestmulde ist mit Gras und weicheren Halmen ausgepolstert. Zwanzig bis dreißig Nester sind durchschnittlich in einer Kolonie vereint, es soll jedoch auch Kolonien mit fünfzig bis hundert Vogelpaaren geben. Ein solches Riesennest kann einen Durchmesser von 4 Metern und eine Dicke von 1,5 Metern erreichen.

Jahrelang wird solch eine Kolonie bewohnt und vergrößert. Dabei geschieht es nicht selten, daß die ungefüge Last zu schwer wird und mit dem stützenden Ast zugleich abbricht. Während das alte Nest unter dem Baum verfällt, beginnen die kleinen Vögel unverdrossen im verbliebenen Astwerk ein neues Nest zu bauen.

Es ist schon fast 18 Uhr, als wir durch das schlichte Eingangstor in den Kalahari-Gemsbockpark einfahren. Gleich an der Parkgrenze liegt das kleine Camp „Twee Riviera", wo wir zwei Nächte schlafen werden. Es gibt hier keinen Luxus wie in den meisten Lodges in Ostafrika. Die Hütten sind einfach, ebenso das Mobiliar. Da es kein Restaurant gibt, kocht jeder sein Essen selber in kleinen Küchen, die mit einem Gaskocher ausgestattet sind. Proviant führt man ebenfalls mit sich, denn hier erhält man nur wenige unverderbliche Lebensmittel.

Wir haben uns im Büro angemeldet, versichert, daß wir weder Feuerwaffen noch lebende Tiere oder große Mengen von Biltong (an der Luft getrocknetes und sehr wohlschmeckendes Fleisch) mit uns führen, haben unsere Hütte bezogen, geges

Die Springböcke im Kalahari-Gemsbockpark.

sen und sitzen nun voller Wohlbehagen auf der Veranda unserer Hütte. In der Dämmerung ziehen die ersten Springbockherden an uns vorüber zum nahegelegenen Wasserloch, die Grillen stimmen ihr eintöniges Konzert an, der Generator, der das Kamp abends mit Strom versorgt, tuckert, und über uns spannt sich der herrlich klare Sternenhimmel Afrikas. Wir haben die erste große Etappe unserer Fahrt erreicht: die Kalahari.

Ein riesiges, mit Sand gefülltes Becken ist diese Kalahari. Es erstreckt sich vom Hochplateau Südwestafrikas ostwärts durch Betschuanaland bis hin zu den Steppen von Transvaal. Die Kalahari ist ein sehr altes Gebiet. Ihr Sand stammt nicht vom Meer, sondern ist im Laufe von Jahrmillionen durch Verwitterung von Gesteinen gebildet worden. Seine typisch rote Farbe verdankt er Beimischungen von Eisenoxiden.

Die Kalahari ist keine echte Wüste, dazu sind die jährlichen Niederschlagsmengen zu groß. Jeder Regen versickert jedoch sehr rasch in dem lockeren Sandboden und läßt die Kalahari auf weite Strecken völlig ohne Oberflächenwasser und sehr unwirtlich zurück. Man könnte sie am ehesten als steppenähnliche Halbwüste bezeichnen. Trotz des trockenen Gesamteindrucks findet man überall Vegetation: Gräser, Buschwerk und sogar hohe, knorrige Bäume, die genügend Nahrung für einen ansehnlichen Großsäugerbestand bieten.

Der Kalahari-Gemsbockpark umfaßt ein 9.000 Quadratkilometer großes Gebiet direkt an der Grenze zu Südwestafrika. Am südlichen Kamp Twee Rivieren gabeln sich die Flußläufe des Nossob und Auob, und diese trockenen Riviere bilden gleichzeitig auch die beiden Hauptverkehrsstraßen des Nationalparks. Außer ihnen gibt es noch einen Verbindungsweg zwischen beiden Flußläufen, und auf diese drei Straßen beschränkt sich aller Touristenverkehr.

Am ersten Tag fahren wir den östlich gelegenen Nossob aufwärts. Das Flußbett ist weit – an manchen Stellen etwa einen Kilometer breit –, sehr trocken und spärlich bewachsen. Nur hin und wieder steht eine große Akazie im rötlichgelben Sand. Manche von ihnen sind über und über von Tausenden goldgelber Blüten bedeckt.

Wer den Wildreichtum ostafrikanischer Steppen gewöhnt ist, wird hier zunächst enttäuscht sein: der Tierbestand ist geringer, die Tiere sind wesentlich scheuer und haben die Möglichkeit, sich mit wenigen Sprüngen in das für uns unbefahrbare Dünengebiet rechts und links des Flußbetts zurückzuziehen. Aber wir haben Zeit: Wir können eine halbe Stunde lang stillstehen und beobachten, wie die putzigen Erdhörnchen zuerst vorsichtig aus ihrem Loch herauslugen, sich nach kurzer Zeit an unser Auto gewöhnen und nun miteinander spielen, sich jagen oder in aller Ruhe Staubbäder nehmen.

In Abständen von wenigen Meilen hat die Parkverwaltung Brunnen angelegt, deren metallene Windräder sich unaufhörlich drehen und Wasser in Betonbecken und kleine Dämme schöpfen. Das ist ein recht kostspieliges Vergnügen, durchschnittlich hat wohl jede dieser Pumpen die Parkverwaltung etwa 6.000 DM gekostet.

Zu diesen Tränken ziehen nun die Tiere, um ihren Durst zu löschen: Zuerst sehen wir große Herden von Springböcken, die

Oryxantilopen an der Tränke.

sich mit ihrem rötlichen Fell kaum vom fast gleichfarbigen Boden abheben. Der scheinbar so auffällige schwarze Flankenstreifen hilft noch mit, die Körperumrisse aufzulösen und das Tier zu tarnen. Springböcke sind besonders graziöse und dennoch kraftvolle kleine Antilopen von der Größe unserer europäischen Rehe. Beiden Geschlechtern eigen ist eine merkwürdige Hautfalte, die sich von der Kruppe bis zum Schwanzansatz zieht. Bei großer Erregung öffnet sich diese Falte und gibt das darunter verborgene lange weiße Haarkleid preis. Es wird dadurch zum leuchtenden Fanal und hat sicherlich wichtige Signalfunktionen innerhalb des Herdenverbandes. Es ist ein verblüffendes Geschehen, das wir leider viel zu selten beobachten können. Meist vollführen die Springböcke zwar ihre federnden, meterhohen Sprünge, denen sie ihren Namen verdanken, oder sie prallen vier- bis fünfmal mit gekrümmtem Rücken und tief gesenktem Kopf wie ein Gummiball auf den Boden; den weißen Rücken zeigen sie uns jedoch nur selten.

An den Abhängen des Fluß-
tales entdecken wir schließlich auch die ersten Oryxantilopen, die „Gemsböcke" der
Südafrikaner. Sie sind so groß
wie ein Warmblutpferd, tragen lange, gerade Hornspieße
und haben mit den europäischen Gemsen bis auf das
graue Fell nicht die geringste
Ähnlichkeit! Der kraftvolle
Körper wird von sehnigen,
schwarzweiß gezeichneten
Läufen getragen. Ein breiter
schwarzer Streifen grenzt seitlich den weißen Bauch gegen
die mausgrauen Flanken und
den gleichfarbigen Rücken ab.
Der Schwanz ist dunkel und
voll wie ein Roßschweif. Das

Im hellen Sonnenlicht steht die
Gackeltrappe neben dem Weg.

auffallendste ist jedoch das
Gesicht mit der für alle Oryxantilopenarten kennzeichnenden
schwarzweißen Maske. Das Tüpfelchen auf dem i, die letzte Eleganz, bringen die von beiden Geschlechtern getragenen
spießförmigen Hörner zustande, die bis zu 1,20 Meter lang werden können! Viel Zeit verbringen wir beim Betrachten der
Gemsböcke, und besonders glückliche Augenblicke sind es,
wenn wir uns langsam ganz nahe an die herrlichen Tiere her-
anpirschen können.

Außer Springböcken und Gemsböcken lebt noch eine Vielzahl anderer Antilopen im Park: große Herden von Blauen
Gnus, wunderschöne, rotbraune Kaama-Antilopen, Elenantilopen, Kudus und Steinböckchen. Sie sind jedoch sehr scheu,
und wir bekommen sie im Kalahari-Gemsbockpark nur selten
zu Gesicht. Auch die Löwen gehen uns aus dem Weg. Sie sollen hier besonders dichte und dunkle Mähnen haben – aber
wir bekommen keine Gelegenheit, sie mit den ostafrikanischen
Löwen zu vergleichen.

Selbst die Vogelwelt ist spärlich vertreten. Unter den Großvögeln fallen vor allem Steppenadler, Singhabichte, wenige Gänsegeier, Sekretäre und stattliche Koritrappen auf. Es sind hier aber auch noch die zierliche Rotschopftrappe und die Gackeltrappe – die Schwarzbauchtrappe – zu Hause. Warum dieser Vogel „Gackeltrappe" genannt wird, demonstriert er uns an einem der nächsten Tage eindringlich und lautstark.

Nur mit unserer üblichen Tasse Tee im Magen fahren wir am folgenden Tag das Auob-Tal nordwärts und bummeln mit vielen Pausen bis zum Kamp Mata Mata. Wieder beobachten wir Gemsböcke und Springböcke in großen Herden. Auffallend sind aber an diesem Tag die vielen Strauße, die uns über den Weg laufen. Wir zählen 40 an einem Vormittag. Es ist der südafrikanische Blauhalsstrauß, bei dem der Hahn einen blaugrauen Hals aufweist.

Am ersten Morgen in Mata Mata weckt uns ein merkwürdiges Brummen und Schnauben: wie dunkle Schatten ziehen im Morgengrauen die Gnus zur Tränke vor dem Kampzaun. Dieser Tag führt uns auf dem Verbindungsweg zwischen den beiden Flußtälern des Nossob und Auob quer über die Dünenlandschaft des Kalaharipark. Der Weg schlängelt sich bergauf und bergab um Dünenhänge herum und bietet immer wieder neue Einblicke in die mit spärlichem Gras bewachsenen Ebenen. An jeder Wegbiegung wird die Spannung riesengroß – und die Enttäuschung ebenfalls, denn die Großsäuger sind wie vom Erdboden verschluckt! Zwar sehen wir hin und wieder Gemsböcke, Springbockmütter mit Jungen und einmal auch weit entfernt eine stattliche Herde der Kaama-Antilope, im Ganzen gesehen ist jedoch die Tagesausbeute gering. Nur an einem Plateau, wo das Gras dichter steht und einen vielleicht 30 cm hohen gelben Teppich bildet, herrscht Leben: Hier sind die Balzplätze des Gackelhuhnes, der etwa fasanengroßen Schwarzbauchtrappe. Alle paar Meter steigen die Hähne steil aus dem schützenden Steppengras auf, schreien ihr durchdringendes „krrracker, krrracker" und purren wie mechanisches Spielzeug knatternd und knarrend über uns hinweg. Das ganze Feld ist erfüllt von den gackernden Balzrufen der kleinen Kerle. Mitunter rufen sie auch auf dem Erdboden. Dann stehen sie im Sonnenlicht: die Läufe gelb wie das Steppengras, Rücken und Flügeldecken braunweiß gewellt, Bauch und Hals und der dicke Kopf pechschwarz. Grau ist der Scheitel, in der Ohrgegend leuchtet ein weißer Fleck, und der Schnabel prangt in einem kräftigen Korallenrot. Nur die Hähne tragen allerdings dieses herrliche Gefieder, nur sie stoßen auch in der Balzzeit die bezeichnenden Rufe aus. Die Hennen sind unscheinbar gefärbt, weisen aber als rasches Unterscheidungsmerkmal von den Weibchen anderer kleiner Trappenarten einen schwarzen Bauch auf. Die Hennen sind sehr scheu, und es dauert lange, bis wir die erste entdecken – dann eilt sie auch schon mit langen Schritten, Kopf und Hals weit vorgestreckt, durch das Gras davon.

Dieser letzte Tag in der Kalahari ist ein überaus glücklicher „Vogeltag", er führt uns balzende Gelbschnabeltoks, großäugige Kaptriele und ein Paar der hübschen kleinen Tüpfelsandhühner direkt vor die Kamera und beschert uns 5 Meter neben dem Weg in einem kleinen Baum Afrikas schönste Eule, den Milchuhu. Seine stattliche Größe und die milchiggraue Tönung des Gefieders unterscheiden ihn von allen anderen afrikanischen Eulen. Halb hinter einem dicken Ast verborgen dreht er den Kopf mit den auffälligen Federohren zu uns herüber, und jedesmal, wenn er die haselnußbraunen Augen schließt, sehen wir die purpurroten Lider leuchten.

Bei Anbruch der Dunkelheit sind wir wieder in Mata Mata. An diesem Abend werden die vielen Insekten ausgesprochen lästig, sie umschwirren uns beim abendlichen Drink auf der Veranda und machen das Kochen in der winzigen Küche hinter der Hütte zur Qual. Hier haben sich nämlich Heerscharen von langgliedrigen Mücken versammelt. Die beiden „Küchengeckos" müssen wohl bis zur Erschöpfung gejagt haben, denn sie hängen abgekämpft und mit prallen Bäuchen in einer Ecke unter dem Tisch. Unwillkürlich kommt uns Wilhelm Busch in den Sinn: „Und vom ganzen Hühnerschmaus guckt nur noch ein Bein heraus!" Ohne die beiden Jäger haben die Mücken nun freies Feld, sie kriechen in jede Büchse und jede Tüte und schwirren unaufhaltsam in den Kochtopf, wenn man nur den

Deckel einen kleinen Spalt öffnet. So gibt es am letzten Abend in der Kalahari Makkaroni mit Mückenbeinen. Mitten in der Nacht weckt uns noch einmal der helle Ruf eines unbekannten Nachtvogels.

Am Morgen verlassen wir den Gemsbockpark und fahren nordwärts in Richtung Windhuk. Absichtlich meiden wir die große asphaltierte Hauptstraße und schlängeln uns auf einer kleineren Schotterstraße vorwärts. Bis auf den in gewaltigen Wolken aufsteigenden Staub fährt es sich gut auf diesen unbefestigten Wegen. Wenn eine Straße durch starkes Befahren die gefürchtete „Wellblech"-Oberfläche erhalten hat, kommt der riesige „Grader", ein Fahrzeug, das die Bodenwellen wieder einebnet. Auf den ersten Meilen unserer Strecke sehen wir noch hin und wieder Springböcke, dann wird es öde und trocken – trocken – trocken! Wir fragen uns schon lange, wie von dem spärlichen dürren Gras Schafe leben können, denn wir fahren durch ausgesprochenes Karakulland. Aber sie leben, und nicht einmal schlecht! Die Schafe, denen wir bald in kleineren und größeren Herden begegnen, sehen wohlgenährt und gesund aus.

Allmählich wird die Landschaft wieder schöner und interessanter. Wir haben herrliche Ausblicke auf immer neue Berge und Felsmassive, die uns so besonders beeindrucken, weil sie unbewachsen sind. In Südwestafrika verwischt keine Vegetation die bizarren Umrisse der Gebirge: Schroff und nackt liegen die Gesteinsformationen vor unseren Augen. Wer ein wenig geologisch vorgebildet ist, kann hier ganze Kapitel aus dem Leben dieses uralten Kontinents ablesen.

Als wir gegen Abend um die letzte Wegbiegung fahren, liegt unter uns im Tal weit ausgebreitet Windhuk, die Hauptstadt von Südwest. Zwischen Auas- und Erosgebirge liegt sie in 1830 m Höhe auf dem Zentralplateau von Südwestafrika. Windhuk ist eine der kleinsten Hauptstädte der Erde, zugleich aber eine der anziehendsten. Wir freuen uns, auf der Rückfahrt genügend Zeit zu haben, um die Stadt dann ausgiebig durchstreifen zu können.

Vorerst aber zieht es uns an die Küste, dem zweiten zoologi-

282

schen Schwerpunkt unserer Fahrt entgegen. Von Okahandja aus führt die Teerstraße fast schnurgerade nach Westen. Wir verlassen die Hochebene, rollen allmählich abwärts in die Küstenniederung und tauchen nach achtstündiger Fahrt ein in die Nebelbänke der Namib. Hier, zwischen der Brandung des Atlantischen Ozeans und den endlosen Sandfeldern der Wüste, liegt das bezaubernde Swakopmund, das für einige unvergeßliche Tage unser Standquartier wird. Mit offenen Armen werden wir empfangen, sei es von dem bekannten Ornithologen Herwarth von Schwind und seiner Familie, von den liebenswürdigen Besitzern der blitzsauberen Pension Anton oder von den vielen anderen Menschen, die wir während unseres Aufenthaltes kennenlernen. Sie alle sind von einer so großzügigen und herzlichen Gastfreundschaft, daß wir uns keinen Augenblick als Fremde zu fühlen brauchen. Herr von Schwind, mit dem wir schon lange vor Antritt unserer Fahrt korrespondiert haben, hat mit Rat und Tat sehr viel zum Gelingen beigetragen. Darüber hinaus ist er es aber auch, der mit seiner Begeisterungsfähigkeit, seiner humorvollen Güte und der Bescheidenheit, hinter der sich ein so umfassendes Wissen verbirgt, unserem Aufenthalt in Südwestafrika die menschliche Wärme und Verbundenheit gegeben hat.

Herr von Schwind ist unermüdlich mit uns unterwegs. Er führt uns zu den Strandvögeln an der Küste, wo wir neben guten Bekannten aus Europa – wie Uferschnepfe, Kampfläufer, Regenbrachvogel, Knutt und verschiedenen Regenpfeifern – auch für uns fremde Vogelarten beobachten: den Schwarzen Austernfischer zum Beispiel, die Dominikanermöwe oder den Weißstirnregenpfeifer.

Er zeigt uns die Vogelwelt der Klärteiche von Swakopmund und führt uns zu den Zwergflamingos in einer kleinen Bucht nördlich der Stadt. Ihm verdanken wir auch die Bekanntschaft mit einem begeisterten Vogelfotografen aus Walfishbay, der uns einen ganzen Abend lang die herrlichsten Bilder von der Brut der Regenpfeifer vorführt. Und wenn er, mit einer Hand die Kamera haltend, mit der anderen einen brütenden Vogel vorsichtig vom Nest hebt und später ebenso sacht wieder nie-

dersetzt, dann halten wir alle voll großer Spannung den Atem
an.

An diesem Abend kommt das Gespräch ganz beiläufig auch auf
unser Interesse an Pelikanen, und wir bedauern, mit unserem
sonst so großartigen VW-Bus nicht nach Sandwich Harbour fahren zu können. Hier leben nämlich in einer Lagune Rosapelikane, die wir uns gern von nahem angesehen hätten. Der Weg
dorthin führt jedoch durch die Wüste, die nur mit einem Vier-
rad-Antrieb-Fahrzeug befahren werden darf. Herr Drygalla
macht das schier Unmögliche möglich: er mobilisiert einen jungen Mann mit einem Landrover, beschafft uns die notwendige
Genehmigung (dieser Teil der Namib gehört schon zum Dia-
mantensperrgebiet) und schickt uns auf den Weg zu den Pelikanen. Wir fahren auf einem Pfad, der nur Eingeweihten er-
kenntlich und für uns höchstens zu erahnen ist – rechts die
Weite des Atlantik, links nur die Ebene der Namib mit den trügerischen Sandflächen. Ein wildes, verlassenes, ödes, großarti-
ges Stück Erde!

Das Ziel unserer Fahrt ist eine große Brackwasserlagune im
Mündungsgebiet des Kuiseb. An dem von Schilf umwachsenen
Wasser rasten Hunderte von Säbelschnäblern, Grau-, Silber-
und Schwarzkopfreihern und als besondere Freude für uns
Wassergeflügelnarren verschiedene schöne Entenarten: die
zänkischen Kasarkas, die lärmenden Nilgänse, Marmelenten in
ganzen Scharen und die zierlichen Hottentottenenten. Ganz
besonders fesselt uns jedoch eine Entenart, die wir hier zum
ersten Male in der Freiheit sehen: die Afrikanische Schwarz-
kopfruderente. Die merkwürdigen Ruderenten zeichnen sich
durch flache, breite Schnäbel und einen steifen, starren
Schwanz aus, der beim Schwimmen entweder aufs Wasser geneigt oder steil aufrecht getragen wird. Die Weibchen sind
recht unauffällig graubraun gefärbt, die Erpel jedoch tragen ein
kastanienbraunes Gefieder, einen kontrastreich schwarzweiß
gezeichneten Kopf und einen leuchtend blauen Schnabel. In
Sandwich Harbour balzen die Erpel: Sie richten die Schwanzfedern steil auf und präsentieren den Weibchen die leuchtend
weiße Schwanzunterseite, oder sie pumpen den Hals voll Luft

und schlagen mit dem Schnabel dagegen. Dabei lösen sich aus dem Halsgefieder kleine Luftbläschen, die an die Oberfläche steigen und dort zerplatzen.

Am anderen Ende der Lagune schwimmt in stattlichem Geleitzug eine ganze Flotte herrlicher Rosapelikane, die bald so nahe zu uns herankommen, daß wir in Ruhe die unterschiedlichen Färbungsstadien beobachten können. Da gibt es Vögel mit und ohne Schnabelhöcker, einige mit langen Schopffedern, anderen fehlt diese Kopfzier völlig. Einige sind noch ganz im Ruhekleid, vier oder fünf jedoch weisen schon die leuchtend apfelsinenfarbene Gesichtshaut der Balzzeit auf. Es ist eines der vielen unvergeßlichen Bilder dieser Reise: die großen Vögel vor der Kulisse der steil ansteigenden Dünen der Namib!

Auf der Fahrt von Swakopmund nach Walfishbay sieht man im seichten Wasser, nur wenige Meter vom Strand entfernt, merkwürdige Holzgerüste stehen. Es sind Guanotische. „Guano" ist die Bezeichnung für die sehr stickstoff- und phosphorsäurehaltigen Ausscheidungen der Seevögel, die als Düngemittel überaus begehrt sind. Wirtschaftlichen Nutzen bringt der Guano allerdings nur dort, wo er in größerer Menge anfällt, und das ist an der Küste Südwestafrikas der Fall. Die Grundlage dafür bietet der Benguellastrom, der parallel zur Küste im Atlantik verläuft. In seinem kühlen und salzhaltigen Wasser entwickeln sich große Mengen von Plankton, das Schwärmen von Fischen als Nahrung dient. Die Fische ihrerseits bilden die Ernährungsgrundlage für ungezählte Wasservögel, diese wiederum sind die Lieferanten des Guano.

Anders als an der südamerikanischen Westküste, wo durch den Humboldtstrom die Verhältnisse ganz ähnlich liegen, gab es an der südwestafrikanischen Küste nur sehr wenige Brut- und Rastplätze, auf denen die Seevögel vor Raubwild geschützt brüten konnten. Ein findiger Tischler baute den Vögeln deshalb von 1930 an erstmals mehrere künstliche Brutplattformen, die auch ohne Zögern angenommen wurden. Hier sitzen nun Seevögel dicht gedrängt, neben Rosapelikanen und Möwen sind es in der Hauptsache Kormorane: der Weißbrustkormoran, der dunkle, metallisch schimmernde Kapkormoran und

Zwergseebären an der Küste von Cape Cross.

die ein wenig wollig wirkende Küstenscharbe. Sie alle produzieren fleißig Guano, der einmal im Jahr eingesammelt wird. Schichtenweise wird er von der hölzernen Unterlage abgehackt und mit Hilfe einer Seilbahn in großen Säcken ans Ufer gezogen. Ein „anrüchiges" aber rentables Unternehmen!

Auch die Seebären profitieren von den reichen Nahrungsquellen des Benguellastromes, dem sie weit nordwärts bis zum Cape Cross in tropische Breiten folgten. Auf etwa 300.000 bis 600.000 schätzt man die Zahl der afrikanischen Zwergseebären, die an bestimmten Küstengebieten ihre Wurfplätze haben. Der bekannteste Robbensammelplatz liegt auf dem Cape Cross, dem Kreuzkap, einem geschichtlich sehr interessanten Punkt an der südwestafrikanischen Küste.

Hier lag nämlich 1485 als erster Europäer der portugiesische Entdecker Diego Cão vor Anker. Er war von seinem König, Johann II. von Portugal, ausgeschickt mit dem Auftrag, Afrika zu umsegeln. Das gelang allerdings erst drei Jahre später seinem Landsmann Bartholomeo Diaz. Cão mußte am Kreuzkap umkehren. Als Kennzeichen für den südlichsten Punkt seiner

Reise errichtete er an jener Stelle ein Marmorkreuz. Über 400 Jahre lang stand das Kreuz dort. Es verwitterte allmählich und neigte sich zur Seite. 1893 holte es der deutsche Kreuzer „Falke" nach Kiel und setzte an seiner Stelle als originalgetreues Abbild ein Granitkreuz.

Das Gelände am Kap gehört einem Robbenschläger, Herrn Kleyenstüber. Wie so oft in diesem Land muß man auch hier wieder jedes Vorurteil fallenlassen: die hiesigen Robbenschläger sind Heger ihrer Tiere. Ohne sie hätten die Robben wahrscheinlich schon lange ihre Wurfplätze an der Küste verlassen. Sie sorgen für absolute Ungestörtheit der Robbenplätze. Das Gebiet um Cape Cross darf z. B. nur zwischen dem 15.12. und 31.1. jedes Jahres von Besuchern betreten werden. Und auch dann wird durch Absperrungen dafür gesorgt, daß die Menschen nicht zu nahe an die Kolonie herankommen und die Tiere aufstören.

Herrn Kleyenstüber lernen wir nun durch die Vermittlung von Herrn von Schwind in Swakopmund kennen, und er verspricht, uns einmal mit ans Kap hinauszunehmen. So fahren wir eines Morgens zwei Stunden lang auf der Küstenstraße nordwärts, bis wir das einsame Kreuz gegen den grauen Himmel aufragen sehen. Der Wind ist kalt hier unten am Meer und pfeift durch unsere dicken Wollpullover. Aber wir vergessen Kälte und Nässe, als wir nach vorsichtigem Anmarsch auf einer der vielen rundgeschliffenen Klippen sitzen und vor uns Leib an Leib etwa 6.000 Robben liegen. Die Bullen sind stattliche Kerle, die bis zu 215 kg wiegen können und den Namen „Zwerg"seebären wahrhaftig nicht verdienen. Jeder erwachsene Bulle hat in seinem Harem etwa 7 bis 8 der sehr viel kleineren und schlankeren Weibchen um sich versammelt. Das ganze Jahr über leben die Robben hier. Sie werfen ihre Jungen etwa von Mitte November bis Mitte Dezember; wenige Tage darauf sind die Weibchen schon wieder paarungsbereit. Zur Wurfzeit wimmelt es an der Küste von Schabrackenschakalen, die über die Nachgeburten und wohl auch über schwächliche Jungtiere herfallen.

Viel erzählt uns Herr Kleyenstüber über die Lebensgewohnheiten der Seebären, während wir Stunde um Stunde auf den von den Leibern der Tiere glattpolierten Klippen hocken. Das sind die Gelegenheiten, um derentwillen wir Tiergärtner reisen müssen: um Menschen zu treffen, die „unsere" Zootiere aus anderer Sicht kennen, von denen wir lernen und denen wir vielleicht aus unserer Erfahrung auch das eine oder andere Neue berichten können.

Es riecht durchdringend nach Ammoniak, die salzhaltige Luft schlägt sich als feuchte Kruste auf unserer Haut nieder. Das ganze Gebiet ist erfüllt von den hellen, merkwürdig bellenden Rufen der Seebären, und unsere Augen können sich nicht lösen von den Tieren, die dort noch naß und glänzend oder schon wollig aufgeplustert am Strand liegen. Hinter ihnen stoppen die Felsklippen jäh die anrollenden Brandungswogen und lassen sie als weißschäumende Gischt meterhoch aufsteigen. Das schönste sind jedoch die Robben, die zu Hunderten in den glasklaren grünen Wogen heranrollen, sie gewandt und spielerisch durchtauchen oder überspringen und uns ein Schauspiel überschäumender Lebenskraft bieten. Die Seebären vom Kreuzkap verfolgen uns noch lange, sie stehen uns auch heute noch in aller Intensität vor Augen.

Bevor sich unser Aufenthalt in Swakopmund dem Ende zuneigt, machen wir noch einen Ausflug in die Namib, die so bedeutsam für die Besiedlung Südwestafrikas war. Wie ein abschreckender Sperrgürtel zieht sie sich etwa 500 Kilometer lang und 100 Kilometer breit an der Küste entlang und nahm lange Zeit europäischen Kolonisatoren jeden Mut, sich in diesem scheinbar so unwirtlichen Land niederzulassen.

Die Namib gehört zu den niederschlagsärmsten Gebieten der Erde: Die regenbringenden östlichen Winde haben bereits den ganzen Kontinent überquert und den Rest der mitgeführten Feuchtigkeit im südwestafrikanischen Hochplateau abgeregnet. Im Westen verhindert die kalte Luft des Benguellastromes die Bildung von Regenwolken. Lediglich durch die ständigen Küstennebel erhält die Namib einen geringen Prozentsatz (etwa 14 mm Niederschlag jährlich) an Feuchtigkeit. Im größten Teil der Namib trägt die Oberfläche keinerlei Vegetation, an anderen Stellen wachsen lediglich harte Gräser oder Gewächse, die sich auf mannigfaltigste Weise den Umweltbedingungen angepaßt haben. Über weite Gebiete der Namib erstrecken sich Kies- und Steinwüsten; der größte Teil besteht jedoch aus Sanddünen, die sich 150 Meter, ja einige sogar 300 Meter hoch erheben.

Von Walfishbay aus fahren wir an einem Morgen durch weitflächige Ebenen nach Gobabeb, wo eine kleine Wüstenforschungsstation eingerichtet wurde. Wir lassen verwitterte Flächen, auf denen vom Wind dreikantig geschliffene schwarze Steine in allen Größen verstreut liegen, hinter uns und dringen immer tiefer in die Dünenlandschaft ein. Ganz in der Nähe des Kuiseb-Tales liegt die Forschungsstation, in der wir von den jungen Wissenschaftlern herzlich willkommen geheißen werden. Sie laden uns in ihre Landrover und fahren mit uns ein Stück bergauf. Bald jedoch müssen wir die Wagen stehen lassen und den Dünenkamm zu Fuß erklimmen. Es sieht gar nicht so steil aus; der ständig nachrutschende heiße Sand macht jedoch die Klettertour zur Strapaze. Wir sind alle recht kurzatmig geworden, als wir – zum Teil auf allen Vieren – die letzten Meter überwunden haben und nun oben auf dem Dünengrat stehen. Aber welch ein Blick belohnt uns: So weit wir schauen können, liegt unter uns ein unberührtes Meer roter Dünen, deren geschwungene Grate sich überschneiden und in der Ferne verlaufen; eine Landschaft, die man zu Unrecht als tot bezeichnet. Für uns zählt sie zu den schönsten der Erde.

Auf dem Heimweg entdecken wir zwei Rüppels Trappen, deren Federkleid dem rötlichen Sandboden hervorragend angepaßt ist, und kurz darauf durch einen puren Zufall einen Erdwolf. Er liegt bis zum Hals in seinem Bau verborgen und hat nur den spitzen Kopf mit dem dunklen Gesicht herausgestreckt. Erdwölfe sind merkwürdige Geschöpfe. Mit schwarzer Streifung auf graugelbem Fell, einer aufrechtstehenden Mähne und dem nach hinten stark abfallenden Körper sehen sie aus wie Miniatur-Streifenhyänen. Ihr Gebiß ist jedoch – ganz im Gegensatz zu dem der Hyänen – nur schwach entwickelt, und sie ernähren sich hauptsächlich von verschiedenen Insekten und vor allem von Termiten. Man bekommt den Erdwolf nur selten

Das Eingangstor zu einem der größten Wildreservate Afrikas, der Etoshapfanne.

zu Gesicht, da er den Tag meist in seiner Erdhöhle verschläft und erst in der Dämmerung aktiv wird.

Voller Dankbarkeit verlassen wir nach vier erlebnisreichen Tagen Swakopmund. Unser nächstes Ziel ist die Etoshapfanne im Nordwesten des Landes. Zuerst folgen wir noch ein Stück der Straße zum Kreuzkap. Sie ist übrigens nicht asphaltiert, sondern ihre glatte Oberfläche besteht aus einem Gemisch von Salz – das in mehr oder weniger großen Pfannen dicht neben der Straße liegt –, Wüstensand und Wasser! Bald aber biegen wir von der Küstenstraße scharf nach Osten ab, erklimmen allmählich wieder das Hochplateau und landen abends in der Farm Etemba am Fuße des gewaltigen Erongo-Massivs. Hier übernachten wir, machen am nächsten Morgen eine kurze Rundfahrt durch das interessante Farmgelände und erreichen am Abend das Kamp Okaukuejo in der Etoshapfanne.

Der Etosha-Nationalpark gehört mit einer Ausdehnung von etwa 67.000 Quadratkilometern zu den größten Wildreservaten der Erde. Nur ein Teil davon ist allerdings vorerst für Besucher freigegeben. Sein Kernstück ist die „Pfanne" selber: ein viele tausend Quadratkilometer großes, flaches Becken, das während der Regenzeit zum Teil mit Wasser gefüllt wird und dann einer Schlammwüste ähnelt. In der Trockenzeit dorrt sie jedoch völlig aus. Auf dem Boden der Pfanne haben sich dann Salze auskristallisiert, die das einfallende Sonnenlicht in blendender Helle zurückwerfen, und nur die Fata Morgana täuscht in der weiten Öde des Beckens reges Leben vor.

1907 wurde der nordwestliche Teil Südwestafrikas von dem deutschen Gouverneur von Lindequist zum Wildschutzgebiet erklärt. Mit dem Ausbau des Wildparks begann man 1952 und errichtete seither neben vielen Wasserstellen und Verbindungswegen drei bequeme Rastkamps für die Parkbesucher.

Am interessantesten ist wohl Namutoni, ein altes deutsches Fort, das 1957 als Touristenunterkunft eingerichtet wurde. Nebenbei ist es auch noch ein historisches Monument, dessen Geschichte den Besuchern in einem kleinen Museum in einem der Wachtürme vor Augen gestellt wird. 1904 hatten hier sieben deutsche Schutztruppler die Angriffe von über 500 aufständischen Ovambos abgewehrt. Das von Palmen malerisch umrahmte weiße Fort mit der wehenden Fahne gehört sicherlich zu den meistfotografierten Objekten im Etosha-Park.

Man schläft in den ehemaligen Kasematten, und wie einst werden abends die drei Tore rasselnd geschlossen. Der Unterschied zwischen der offenen Steppe und dem engen, von hohen Mauern umgebenen Hof des Forts ist so kraß, daß wir geradezu ein wenig Platzangst bekommen.

In Okaukuejo, dem zweiten Kamp, fühlen wir uns wohler. Die einzelnen Hütten liegen weit verstreut und sind von der Steppe nur durch eine niedrige Steinmauer und einen Zaun getrennt. Jenseits des Zaunes ziehen die Tiere zur Tränke, unbekümmert um den Lichtschein, der aus den Hütten fällt.

An unserem ersten Abend in Okaukuejo rollt ein ganzes Schauspiel vor uns ab: Den Auftakt bildet das erregte Stampfen zweier kämpfender Gemsböcke, deren Hörner krachend aneinanderschlagen. Schrittweise kämpfen sie sich auf die „Bühne", die Lichtung mit dem Wasserloch. Als stumme Statisten ziehen Zebras heran, trinken und verschwinden wieder im Hintergrund. Dann betreten die unbestrittenen Hauptdarsteller die Bühne: neun starke Elefanten. Trotz ihres Gewichts hört man sie nicht kommen. Lautlos tauchen sie plötzlich aus der Dunkelheit auf. Lange Zeit bleiben sie am Wasser, tauchen ihre beweglichen Rüssel, diese phantastischen Universalwerkzeuge, ins Wasser, trinken, spritzen sich naß, wedeln mit den großen Ohren, und wir werden nicht müde, ihnen zuzuschauen.

In Okaukuejo ist auch die Verwaltung des Wildparks stationiert. Schon am ersten Abend – nach der „Vorstellung" an der Tränke – lernen wir den Tierarzt des Parks kennen und verbringen danach manch anregende Stunde in seinem Haus. Von ihm erfahren wir auch den Tierbestand der Etosha-Pfanne: Es sind dort etwa 3.000 Zebras, 2.000 Gemsböcke, 3.000 Gnus, 4.000 Elenantilopen, 800 Kaama-Antilopen, 300 Elefanten, hingegen nur wenige Löwen, Leoparden und Hyänen zu finden. Tatsächlich hatten wir das Geheul der Hyänen, das so charakteristisch für die ostafrikanischen Nächte ist, schon lange vermißt.

Ein drittes Kamp ist erst 1967 zwischen Okaukuejo und Namutoni eröffnet worden. „Halali" ist das modernste Lager und besitzt auch ein Restaurant, das den beiden anderen fehlt.

Fast vier Tage durchstreifen wir mit unserem VW den Park und wohnen nacheinander in allen drei Kamps. Die unbefestigten Wege im Park berühren die eigentliche Pfanne nicht, sondern führen uns in dem mit Gras, Strauchwerk und Bäumen bestandenen Randstreifen von Wasserloch zu Wasserloch. Hier setzen wir uns in unserem Auto an und warten, bis die Tiere zur Tränke kommen. Gemsböcke und Blaue Gnus kennen wir schon vom Kalahari-Gemsbockpark, ebenso die zierlichen Steinböckchen, die mit dem derben, untersetzten Hochwild unserer Alpen nichts Gemeinsames haben. Steinböckchen sind im Gegenteil besonders zartgliedrige Antilopen, deren schmales Gesicht von zwei übergroßen Lauschern eingerahmt wird.

Die Böckchen tragen winzige, nur etwa 12 cm lange Horn-spieße.

Endlich können wir nun auch die Kaama-Antilopen mehr aus der Nähe besehen. Der langgezogene Gesichtsschädel und die so kennzeichnend gekrümmten Hörner stellen sie auf den ersten Blick in die Gruppe der Kuhantilopen, von denen wir mehrere Arten aus Ostafrika kennen. Mit ihrem leuchtend mahagonifarbenen Haarkleid gehören die Kaamas zweifellos zu den Schönsten dieser artenreichen Gruppe.

Staubwolken aufwirbelnd ziehen die Zebras über die Steppe. Es sind Damarazebras, eine Unterart, die in Südangola, im Damaraland und im westlichen Betschuanaland beheimatet ist. Damarazebras sind besonders breit gestreift und haben im Extremfall völlig weiße Beine. Wie es aber keine zwei Zebras mit genau gleicher Zeichnung auf der Welt gibt, variieren auch die Damarazebras untereinander sehr stark: es gibt helle und bräunliche Typen, Exemplare, bei denen die Schwanzwurzel

Kudus sind Laubäser und leben im Buschland.

regelrecht quergestreift ist, und Tiere, deren Kruppenzeichnung in einzelne Tupfen aufgelöst ist. Unvergeßlich bleibt uns wohl der Abend, an dem einige Zebras nur wenige Meter von uns entfernt ihr Staubbad nehmen. Schnaubend vor Wohlbehagen wälzt sich ein Tier nach dem anderen in einer Bodenvertiefung, in der sich dichte Lagen feinsten Staubes angesammelt haben. Sie liegen auf dem Rücken, alle vier Läufe gen Himmel gestreckt, räkeln sich ausgiebig, um dann plötzlich mit einem einzigen, eleganten Schwung wieder auf allen Vieren zu stehen und dem nächsten Zebra Platz zu machen.

Auch die Giraffen im Etoshaland gehören zu einer anderen Unterart und sind durch ein fahlbraunes Haarkleid mit verschwommenem Netzmuster gekennzeichnet. Man nennt diese Unterart Angola-Giraffe.

In den ersten Tagen sehen wir nur vereinzelte Kudus, und dann auch nur Weibchenherden. Erst zum Schluß kreuzen die kraftvollen und harmonisch gebauten Bullen häufiger unseren Pfad. Da schreiten sie über eine Lichtung (man kann ihren Gang nicht anders bezeichnen), drehen ruhig ihre trockenen Gesichter zu uns herüber, so daß ihr gedrehtes Gehörn wie ein klares „V" gegen den Himmel steht, und verschwinden wieder im Strauchwerk.

Bei allen Lebewesen treten hin und wieder Farbmutanten auf. Es kommt im Extremfall zu Schwärzlingen bei zu dichter Pigmentanlagerung oder zu albinotischen Exemplaren beim Fehlen jeglicher Farbträger. Im Etosha-Nationalpark finden wir fast an der südlichen Grenze ein weißes Kuduweibchen, das sich allerdings besonders scheu zeigt und gleich ins Dickicht drückt.

Wir vermissen schon lange die bizarren Warzenschweine und sind regelrecht erleichtert, als wir ziemlich am Ende unseres Aufenthalts in der Etoshapfanne endlich eins entdecken! Infolge des dichten Strauch- und Baumbestandes ist auch die Vogelwelt viel reichhaltiger als im Kalahari-Gemsbockpark. Zu Tausenden fallen morgens die Namahühner an den Wasserstellen ein. Sie kommen in kleinen Verbänden angeflogen, landen dicht vor der Wasserstelle, eilen die letzten Meter zu Fuß, schöpfen und steigen gemeinsam wieder auf, während schon der nächste Schwarm gelandet ist und der übernächste in der

Im Norden von Namibia sehen wir die fahlbraune Angola-Giraffe.

Luft kreist. So geht es pausenlos. An einem anderen Wasserloch hat sich neben einem durstigen Gemsbock ein Finkenschwarm niedergelassen. Die Antilope läßt sich Zeit beim Trinken und schnaubt zwischen den einzelnen Schlucken immer wieder friedlich vor sich hin. Bei jedem Schnauben fliegt der Finkenschwarm erschreckt einige Handbreit in die Höhe.

Ein auffälliger Vogel ist der Rotbauchwürger, der in einer ähnlichen Form auch in Ostafrika vorkommt. Die Südwester nennen ihn „Reichsvogel", denn er vereinigt in seinem Gefieder die alten Reichsfarben Schwarz, Weiß und Rot. Kehle und Unterkörper des Rotbauchwürgers sind leuchtend rot, Oberkopf, Rücken, Schwingen und Schwanz tiefschwarz, und nur auf dem Flügel prangt ein breiter weißer Streif.

Als wir Etosha verlassen, sind gerade die ersten Straußenkücken geschlüpft. Wie kleine Igel anzusehen, rennen sie kurzhalsig und kurzbeinig hinter ihren Eltern drein, deren flache Köpfe sich aus ihrer Sicht in geradezu schwindelnden Höhen über ihnen bewegen.

Gerade sind die Straußenküken geschlüpft.

Nach den ruhigen Tagen an der Küste und im Etoshaland empfängt uns Windhuk wieder mit seiner freundlichen Geschäf-
tigkeit. Wir wohnen im rund 60 Kilometer entfernten Nach-
barstädtchen Okahandja, wo uns die Familie des bekannten
Tierfängers Walter Schulz großzügige Gastfreundschaft gewährt. Seit sechs Jahrzehnten besteht das Band zwischen der
Firma Schulz und dem Berliner Zoo, und schon Vater Christoph
lieferte Großwild an die Spree. Damals war die Firma noch in
„Deutsch-Ostafrika“, jetzt Tanzania, ansässig. Nach vielen
Schicksalsschlägen, bedingt durch die beiden Weltkriege, hat
Walter Schulz nun in Okahandja wieder neu begonnen. Abwechselnd begleiten seine Frau, seine beiden Söhne oder er
selbst die zahlreichen Tiertransporte per Schiff in ihre über-
seeischen Bestimmungsorte. Daneben hat er in Okahandja
einen Tierpark aufgebaut, der seinen Besuchern in der Hauptsache südafrikanisches Wild zeigt.
  So oft wir können, fahren wir nach Windhuk. Am Stadtrand
hat ein anderer Tierhändler, der Deutsche Wolfgang Delfs, seinen Sitz, und es ist selbstverständlich, daß wir auch ihn aufsu-

chen und uns mit Vergnügen durch die sauberen und gepflegten Stallungen führen lassen. Bei beiden Firmen werden
Erfahrungen ausgetauscht, Geschäfte angeknüpft und es wird
manche Überraschung für die Berliner Zoobesucher vorbe-
reitet.

Unser erster Gang in der Stadt führt uns zum Regierungsgebäude, dessen alter Teil liebevoll spottend „Tintenpalast" genannt wird. Hier arbeitet unter anderem auch Herr de la Bat,
der Chef der Abteilung für Naturschutz und Tourismus. Wieder gibt es interessante Diskussionen über die Zukunftspläne
der südwestafrikanischen Naturschutzverwaltung, über Ver-
gleiche zwischen den Nationalparks anderer Staaten und
denen von Südwestafrika, über Probleme einzelner Tierarten
und vieles mehr. Zum Schluß bietet Herr de la Bat uns an, gemeinsam zu dem nahegelegenen „Daan Viljoen Game Park" zu
fahren. Dieses 4.000 Hektar große Reservat liegt nur 15 Kilometer von Windhuk entfernt in einem hügeligen Gelände rund
um einen hübschen Damm. Das dort lebende Wild hat man eingesetzt; es lebt aber nun in völliger Freiheit. Es sind hauptsächlich Antilopen (Elen, Gnu, Kudu) und Zebras. Diese Zebras sind
jedoch etwas Besonderes, nämlich die sehr selten gewordenen
Frau Hartmanns Bergzebras, die wir schon in Etemba gesucht,
aber nicht gefunden haben. Sie sind größer und stärker als die
Steppenzebraarten, tragen eine kleine Halswamme, und der
Bauch ist ungestreift. Die Hartmanns Zebras leben in kleineren
Trupps fast ausschließlich in den Gebirgen, die die Namib zum
Osten hin begrenzen. Ihren Gesamtbestand in Südwestsfrika
schätzte man 1967 auf etwa 7.000. Der Bestand einer südlichen
Unterart, des Kap-Bergzebras, ist noch wesentlich geringer und
wurde 1965 mit nur 75 Tieren angegeben.

Einer unserer letzten Wege in Windhuk führt uns in das neue
Landratsamt, das 1964 als sechsstöckiges Gebäude neben dem
„Tintenpalast" errichtet wurde. Man sollte meinen, ein Landratsamt könne außer staubigen Amtsräumen nicht viel bieten.
Weit gefehlt! Im Regierungsgebäude von Windhuk ist auf
glücklichste Art Südwestafrika mit seinen verschiedenen Landschaftstypen, seinem Tierreichtum, der merkwürdigen Pflan-

zenwelt, seiner Viehzucht und seinen Bodenschätzen, mit allen Schönheiten und allem Reichtum großartig konzentriert. Die Wände im Erdgeschoß sind mit polierten Platten südwestafrikanischer Gesteine verkleidet, das Zifferblatt einer Wanduhr ist mit im Lande gefundenen Halbedelsteinen geschmückt. Zwei Wandreliefs mit den seltsamen Pflanzen der Trockenzone flankieren das große Fenster mit dem Blick auf ein hinter dem Haus beginnendes Wildreservat. Die Wandelgänge des ersten Stockwerks sind in ihrem Schmuck der Fischindustrie gewidmet, die des zweiten Stockwerks der Viehzucht und den Wildtieren. Aus sehr warm wirkendem einheimischem Holz sind Antilopen, Zebras und Giraffen herausgeschnitzt. Ein etwa 10 Meter langes Wandgemälde faßt in vielen einzelnen Miniaturbildern noch einmal Südwestafrika in seiner ganzen Vielfalt zusammen: Man sieht die Dünen der Namib und die seltsame uralte Pflanze Welwitschia, die Küste mit ihrem Fisch- und Vogelreichtum, die bizarren Felsformationen, die Steppe mit ihren Tierherden, dazu viele Darstellungen von der Entdeckung, der Besiedlung und Entwicklung des Landes. Das Kernstück des Hauses bildet der große Landratssaal. An seinem Kopfende hängt das Amtswappen von Südwest, das in dieser Form mit der Eröffnung des Landratssaales amtlich eingeführt wurde: Der Wappenschild trägt in einem Querbalken den alten deutschen Reichsadler, das Fort Namutoni und das Kreuz des Diego Cão. Darunter stehen der Kopf eines Widders und eines Rindes als Symbole der Viehzucht, sowie die gekreuzten Hämmer und die Symbole der Diamanten als Zeichen für Südwests Bodenschätze. Umrahmt wird der Schild von drei typischen Wildtieren, nämlich Springbock, Kudu und Gemsbock. Darunter breitet sich eine Welwitschie aus, und unter allem steht der Wahlspruch des Landes: „Viribus unitis" – mit vereinten Kräften.

Als wir Windhuk verlassen, liegt der weitaus größte Teil unserer schönen Reise hinter uns. Es geht heimwärts. Zwar halten wir noch einige Male, schauen uns den gewaltigen Hardapdamm an, um den herum eines Tages ein Reservat gestaltet werden soll, und fahren zum Kokerboom-Wald. Der Kokerboom ist eine Baum-Aloe (Aloe dichotoma), die uns in ihrer urtümlichen Gestalt unwillkürlich an die Steinkohlenwälder der Vorzeit denken läßt. „Koker" ist das kapholländische Wort für Köcher, denn die Buschmänner pflegten die mit weichem Mark gefüllten Aste auszuhöhlen und als Köcher für ihre Pfeile zu gebrauchen.

Schon fast an der südlichen Landesgrenze liegt eine der großartigsten Landschaften Südwestafrikas: der Canyon des Fischflusses. Hier, in der Einsamkeit des südlichen Berglandes, hat der Fischfluß eine 650 Meter tiefe Schlucht eingegraben. Der Fluß führt nur selten Wasser. Nach starken Regenfällen jedoch stürzt er mit unvorstellbarer Gewalt zu Tal, und das hat ihm genügt, um sich im Laufe von Jahrtausenden tief in das weiche Sandsteingebirge einzusägen. Wir sitzen lange am Rande der Schlucht. Tief unten blinken im weißen Sand des Flußbetts die letzten Wasserpfützen. Auf der Sonnenseite leuchtet der Sandstein in warmen Farben, aber wo die dunklen Schlagschatten liegen, wird die Schlucht düster und abweisend. Es ist eigentlich keine „schöne" Landschaft; sie ist wild, schroff und dabei unendlich ehrfurchtgebietend.

Die Stunden am Canyon sind unser Abschied von Südwestafrika. Aber kein Abschied für immer, denn wir wollen eines Tages wiederkommen.

12
Bären und Elche –
Unterwegs in Kanada

September 1969: Wir waren wieder auf Reisen, mit unseren Gedanken halb noch im herbstlichen Berlin, halb schon in Kanadas Prärien und Felsengebirgen. Genau genommen befanden wir uns an Bord einer Boeing 727 der Lufthansa, etwa 10.000 Meter hoch über der Südspitze von Grönland. Gerade erst waren im einfarbig blauen Meer unter uns kompakte silberweiße Gebilde mit türkisblauen Säumen aufgetaucht: Eisberge! Sie funkelten und blitzten in der Sonne wie Hunderte von geschliffenen Edelsteinen. Dann traten kleine Felseninseln an ihre Stelle; schließlich tauchte die Küste auf, wild zerklüftet, mit vereisten Fjorden, die sich allmählich in tief verschneite Ebenen verloren. Eine halbe Stunde währte das Schauspiel, dann hatten wir Grönland überquert und nahmen nun endgültig Kurs auf Kanada.

Macht man sich zu Hause jemals klar, wie gewaltig dieses Land ist? Mit rund 10 Millionen Quadratkilometern (einschließlich der arktischen Inseln sogar 11,4 Millionen) ist Kanada der zweitgrößte Staat der Erde. Die Entfernung vom Norden des Landes bis zum Süden entspricht etwa der Strecke vom Nordkap bis nach Oberitalien, die von der Ostküste zur Westküste Kanadas der gesamten Breite Europas von Portugal bis zum Ural.

Nur einem verschwindend kleinen Ausschnitt aus dieser unermeßlichen Weite galt unser Flug: den Nationalparks in den kanadischen Rocky Mountains. Als Ausgangspunkt hatten wir Edmonton gewählt, die Hauptstadt der Provinz Alberta. Hier landeten wir mit reichlicher Verspätung am 20. 9. 1969 in tiefer Dunkelheit und hatten nach 14stündigem Flug nur noch einen Wunsch: schlafen! Es ist ja nicht nur die lange und unbequeme Reise selbst, die uns so ermüdet hat, sondern vor allem die Zeitumstellung. Wir flogen unentwegt nach Westen und mußten dementsprechend unsere Uhr um insgesamt acht Stunden zurückstellen. Damit ist der zu Hause gleichmäßig ablaufende Tagesrhythmus gehörig durcheinander gebracht, und der Körper protestiert dagegen durch das Gefühl unglaublicher Zerschlagenheit.

Der erste Tag vergeht mit notwendigen Vorbereitungen und kurzen Erkundungsfahrten durch Edmonton. Die Innenstadt liegt hoch auf einem Hügel. Schon von weitem sieht man die rührend altmodischen Türmchen des McDonald-Hotels, dicht dahinter jedoch drängen sich moderne Wolkenkratzer, als wollten sie sich gegenseitig die kleine Fläche des Stadtkerns streitig machen. Wie viele moderne amerikanische und kanadische Städte ist auch Edmonton in Quadraten angelegt, und seine Straßen sind numeriert. Von Ost nach West verlaufen die „Avenues", senkrecht dazu die „Streets". Nur das breite Tal des Saskatchewan bringt ein wenig Unordnung in das sauber ausgetüftelte Schachbrettsystem.

Edmontons Geschichte begann – weit weniger geordnet – Ende des 18.Jahrhunderts, als der North Saskatchewan-Fluß eine der wichtigsten Straßen des Fellhandels war. Von den Stammsitzen der Firmen im Osten des Landes kamen die Fellhändler der Hudson's Bay Company und der Northwest Company in die Wälder des Westens, kauften hier Felle auf und kehrten in langen, gefährlichen Reisen mit hochbeladenen Kanus und Booten wieder nach Osten zurück. Als entferntesten Stützpunkt erbauten beide Kompanien fast gleichzeitig je ein Fort am Ufer des Saskatchewan. Diese Forts hatten jedoch kein langes Leben: beide wurden von den Schwarzfußindianern zerstört, von den Kompanien wieder aufgebaut, von neuem niedergebrannt und wieder errichtet. Um 1850 war aus Fort Edmonton der Ort „Edmonton" geworden. Knapp 20 Jahre später vervielfachte sich die Einwohnerzahl durch den Ansturm der Goldwäscher, die im North Saskatchewan ihr Glück suchten, und wiederum etwa 30 Jahre später stieg die Bevölkerung sprunghaft an, da Edmonton direkt auf dem Weg zu den Goldfunden in Klondike lag. 1904 erhielt es die Stadtrechte, 1910 erlebte es einen wirtschaftlichen Höhepunkt, als die Pacific-Eisenbahn gebaut wurde, eine zweite Hochkonjunktur begann, als man 1947 nur wenige Meilen südlich der Stadt Ölquellen entdeckte.

Edmonton ist eine Stadt, in der alter Pioniergeist und modernes Managertum miteinander verschmelzen, und es würde sicherlich lohnen, längere Zeit dort zu verweilen. Uns jedoch zieht es aus dem Stadtgebiet hinaus zu Kanadas großer westlicher Felsenbarriere, den Rocky Mountains.

Wir verlassen die Stadt am frühen Morgen und rollen in unserem stahlblauen VW-Käfer westwärts. Das Land um uns ist flach und weit. Alberta gehört ja mit Manitoba und Saskatchewan zu den Prärieprovinzen Kanadas. Hier erstreckten sich früher die „Great Plains" unserer Indianerbücher, die endlosen Grasebenen, in denen kraftvolle Bisons und die merkwürdigen Gabelböcke in unermeßlicher Zahl ihre Wechsel durch das Land zogen. Heute sind Gabelböcke und Bisons in kleine, abgelegene Gebiete und Reservate zurückgedrängt worden, und statt der endlosen Grasebenen breiten sich Weizenfelder aus. Überall rechts und links der Straße stehen hinter weißen Holzzäunen freundliche, saubere Farmgebäude, deren rotgestrichene Scheunen wie fröhliche Farbkleckse in den Feldern wirken. Allmählich werden die Bäume zahlreicher und leuchten in bunten Farben. Es ist Herbst in Kanada. Die Kanadier nennen diese Zeit „Indianersommer", und meinen, diese Wochen seien tausendmal schöner als die heißen Sommermonate mit ihrer sengenden Sonne. Nur in diesem Jahr scheine der Winter früher seinen Einzug halten zu wollen. Und sie streifen die Wolken am Himmel und unsere Gesichter mit einem bedauernden Blick.

Die Straße steigt allmählich an. Wir überqueren malerische Felsschluchten, und dann erreichen wir nach fünfstündiger Fahrt den Eingang zum Jasper-Nationalpark. Die Grasebenen sind nun endgültig hinter uns zurückgeblieben. Wir betreten eine völlig neue Welt: das Land der Grizzly- und Schwarzbären,

Ein Maultierhirsch wechselt vor uns über die Straße.

der Schneeziegen, Dickhornschafe, Elche und Wapitis. Unsere Straße macht einen Bogen nach Süden und führt uns den Athabasca aufwärts immer tiefer in die Gebirgswelt der Rocky Mountains.

Die kanadischen Rockies gehören zu der gewaltigen Felsenbarriere, die sich in fast parallel laufenden Zügen mehr als 6.500 Kilometer an der Westküste Kanadas und Nordamerikas entlangzieht. Ihre Gipfel erreichen Höhen von fast 4.000 Meter, dem Schmelzwasser ihrer zahlreichen Gletscher entspringen große Flüsse und Ströme, und in die flachen Täler sind Seen von unglaublicher Klarheit eingebettet. In dieser grandiosen Landschaft liegt einer der weiträumigsten Nationalpark-Komplexe der Welt: Banff-, Jasper-, Yoho- und Kootenaypark zusammen bedecken eine Fläche von 20.140 Quadratkilometern; das ist fast so groß wie ganz Israel oder vierzigmal so groß wie West-Berlin! Im Westen schließen sich die Nationalparks von British

Columbia, im Süden die berühmten Parks der Vereinigten Staaten an.

Wir sind erst wenige Meilen gefahren, da leuchten am Berghang neben der Straße die weißen Spiegel der ersten Bighornschafe auf. Friedlich äsend zieht eine ganze Herde von Schafen und Lämmern bergauf und läßt sich nicht im geringsten von den unter ihnen vorüberjagenden Autos stören. Um diese Jahreszeit bilden die Widder noch ihre eigenen Rudel und halten sich meist auf den höchsten Bergmatten auf. Erst später im Jahr, zur Zeit der Brunft, erkämpfen sich die stärksten Böcke ein Weibchenrudel und bleiben bis zum Abklingen der Brunft bei den Weibchen. Ein starker Widder kann bis zu 175 kg wiegen. Von diesem Gewicht nimmt das gewaltige Gehörn allein etwa 25 kg in Anspruch. Den Weltrekord hält das Gehörn eines Widders mit einer Hornlänge von 114,3 cm,

Am Berghang leuchten die weißen Spiegel der Dickhornschafe.

einem Basisumfang von 40,6 cm und einer Entfernung von 49,5 cm – von einer Hornspitze zur anderen gemessen! Die kleineren und schwächeren Weibchen haben allerdings nur schwache, scharf zugespitzte Hörner, die Ziegenhörnern ähneln. Im Juni kommen die Lämmer zur Welt, und schon kurz nach der Geburt können sie mit unglaublicher Behendigkeit den Müttern über steile Wände und schmale Felsgrate folgen. Wie alle Wildschafe haben auch die Dickhornschafe keine Wolle, sondern ein Haarkleid in unscheinbar graubraunen Tönen. Den dunklen Felsen und sandigen Hängen ist diese Farbe ausgezeichnet angepaßt – und hätten nicht die weißen Spiegel geleuchtet, dann wären wir sicherlich an unserem ersten Rudel vorübergefahren. So aber stehen wir lange Zeit, bis die letzten Tiere hinter einer Felsgruppe verschwunden sind. Langsam fahren wir weiter, noch befangen von dem Erlebnis am Hang. Andere Wagen überholen uns in raschem Tempo, und ihre Insassen scheinen sich weder für die Landschaft noch für die Tierwelt zu interessieren. Was aber suchen sie dann in einem Nationalpark? Des Rätsels Lösung ist einfach: Die Landstraße, auf der wir uns befinden, ist eine Hauptverkehrsstraße und eine wichtige Verbindung zur Trans-Kanada-Straße, die ebenfalls – allerdings etwas weiter südlich – quer durch den Park führt. Es ist hier überhaupt vieles anders als z. B. in den ostafrikanischen Nationalparks.

Jasper- und Banff-Park dienen zwar in erster Linie dem Schutz der Tierwelt, aber gleichzeitig sind sie auch Erholungsorte, wo die Besucher angeln, zelten und wandern können oder im Winter auf den großen Hängen skilaufen. Jasper, der kleine Ort, in den wir gerade hineinfahren, ist dementsprechend kein Camp, sondern vielmehr je nach Jahreszeit eine Sommerfrische oder ein Wintersportgebiet. Ein hübsches Motel reiht sich an das andere, es gibt Restaurants, die unvermeidlichen Andenkenläden – alles ist auf großen Touristenbetrieb abgestimmt. Wir haben jedoch Glück: Die Sommersaison ist vorüber und für den Wintersport ist es noch zu früh. Die Straßen sind relativ leer, Jasper träumt friedlich vor sich hin.

Wir haben gerade noch Zeit, kurz vor Dienstschluß den Direktor des Wildlife Departments zu begrüßen, und er verspricht uns, am nächsten Morgen einen seiner Wildhüter mit uns in die Seitentäler des Parks zu schicken. Er gibt uns auch noch einen Wegeplan des Jasperparks, und mit dem Plan auf den Knien fahren wir mit unserem VW noch einmal aus der Ortschaft heraus.

In der Nähe der großen Abfallgrube trollen sich zwei Schwarzbären ins Dickicht. Von der Hauptstraße zweigt eine kleinere Straße ab, die sich in unzähligen Kurven aufwärts schlängelt. Der Wald schiebt sich bis dicht an die Straße heran und läßt nur wenige kleine Lichtungen frei. Lange Zeit sehen wir nichts. Plötzlich bewegt sich etwas vor uns auf der Straße: ein Sprung weiblicher Maultierhirsche. Und was uns zuerst ins Auge fällt und sich unverlierbar einprägt, sind die graziösen Schritte der nur rehgroßen Tiere und die langen, beweglichen Lauscher. Ein weibliches Tier zieht mit seinem Kitz nur drei, vier Schritte über uns am Hang vorüber. Ein zweites steht mitten auf der Straße und lockt mit tiefem Fiepen zwei Kitze, die zögernd am Abhang stehen. Der Sprung scheint ihnen zu steil zu sein, und erst nach vielen unentschlossenen Ansätzen überwinden sie sich endlich, springen auf das Alttier zu und beginnen mitten auf der Straße zu saugen! Minutenlang schauen wir auf das friedliche Bild, dann ziehen die drei davon.

Am Ende der Straße liegt langgestreckt in einem schmalen Tal der Medizin-See. Am entferntesten Seeufer ragen Berge mit schneebedeckten Gipfeln auf, die linke Seite wird von einem merkwürdigen Berghang begrenzt: seine bleigraue Flanke sieht wie eingeschlämmt aus von Sand, der in großen Mengen aus den obersten Spitzen herauswitterte und zu Tal rollte. Der See selbst verändert mit dem Einbruch der Dämmerung seine Farbe unaufhörlich.

Es wird nun Zeit für uns, zurückzufahren. Zufrieden mit dem, was wir am ersten Abend gesehen haben, hängt jeder schweigend seinen Gedanken nach. Die Hälfte des Rückwegs liegt hinter uns, da stehen auf einer Lichtung zwei dunkle Gestalten: hochbeiniger und schwerer als Wapitis, und für einen Moment sehen wir ein charakteristisches langschädliges Profil. Wir ziehen die Luft ein und sagen wie aus einem Mund: „Das kann doch gar nicht sein!" Und sie sind es doch. Unsere ersten Elche!

Hochbeinige Elche schreiten durch das lichte Gebüsch.

Das Herz schlägt uns bis zum Hals, als Mutter und Kalb eilig über die Straße wechseln und im Gehölz verschwinden.

Welch ein herrlicher Abend ist das geworden! Eigentlich nur zum Abreagieren machen wir noch einen kurzen Umweg zur Abfallgrube – und da buddeln doch tatsächlich unsere beiden „Blackies" von vorhin in den Abfällen herum!

Am nächsten Morgen erscheint pünktlich der Wildhüter in unserem Hotel. Nach dem üblichen „Hallo" und „How are you?" kommt die große Überraschung: Mr. Klettl heißt mit dem Vornamen „Toni" und erklärt schmunzelnd in fließendem Deutsch: „Wir könnten uns natürlich auch auf diese Weise unterhalten." Und wie wir uns unterhalten! Wir sitzen in seinem Jeep, fragen, diskutieren, und Toni erweist sich als so unglaublich gut informiert, daß dieser gemeinsam verbrachte Tag ein großer Gewinn für uns wird und viel zu schnell zu Ende geht.

Unser erster Weg führt noch einmal zur Abfallgrube. Diesmal

sind keine Bären hier, aber dafür sehen wir nun im Tageslicht deutlich den Bärenwechsel, der vom Bergwald über einen kahlen Hang zur Abfallgrube führt. Der Gedanke, daß man zu stinkenden Müllgruben fährt, um Bären zu sehen, ist uns unbehaglich und zerstört manche Illusion vom „König der Wälder". Baribals sind zum Glück für den Fortbestand ihrer Art sehr anpassungsfähig. Sie lernten es, die Anwesenheit der Menschen in ihren abgeschlossenen Lebensräumen zu dulden und sogar Nutzen daraus zu ziehen. Es ist nun einmal bequemer, einen Abfallhaufen nach Nahrung zu durchstöbern, als mühsam im ganzen Revier einen Bissen nach dem anderen zu suchen. Und wenn sich im Sommer die Touristen in Strömen in die Täler ergießen und die bettelnden Blackies füttern, dann fühlen sich Baribals wie im Schlaraffenland. Der Wohlstand macht die Tiere übermütig, und viele von ihnen werden frech und aufdringlich und holen sich bei unvorsichtigen Touristen rücksichtslos alles aus dem Auto, was ihnen, wie sie wohl meinen, zusteht. Bedauernd berichtet uns Toni, daß schon so mancher Blacky aus diesem Grunde erschossen werden mußte.

Hier ist das Revier der Schwarzbären.

Natürlich bekommt den Baribals der Schutz, den sie hier genießen, und das gleichmäßig gute Nahrungsangebot außerordentlich gut. Ihre Zahl nimmt ständig zu.

Die Zahl der Grizzlies dagegen nimmt immer mehr ab. Dieser gewaltige Braunbär, der seinen Namen den grauen (engl. grizzle) Haarspitzen auf dem Rücken verdankt, scheut die Nähe des Menschen und hat sich in entlegene Gebiete zurückgezogen. Obwohl wir viele Abende an den Abfallgruben warten, bekommen wir ihn bei unserem Aufenthalt niemals zu Gesicht.

Nur wenige Meilen hinter der Müllkippe bekommt zum Glück das häßliche Bild der Schwarzbären, die zwischen Konservendosen und Papiertüten herumschnüffeln, doch noch eine Korrektur in unserer Erinnerung: Hoch oben in der Astgabel einer Douglas-Fichte sitzt ein Baribal und äugt mißtrauisch zu uns herunter. Als wir aussteigen und ihn fotografieren, schnauft er mißmutig. Wir lachen alle drei laut heraus, als er sich schließlich aufrichtet, den Stamm mit beiden Vorderbeinen umfaßt und von der anderen Seite um den Baum herumäugt, als hoffe er, daß das Bild der Störenfriede unter ihm dadurch angenehmer würde!

Dann fahren wir auf Nebenwegen weiter. Aber es ist wie verhext: Wir sehen kein Wild mehr, so angestrengt wir auch Ausschau halten. Dennoch ist der Tag randvoll gefüllt mit neuen Erlebnissen und neuem Wissen. Wir lernen, daß die Gräser, die wie Millionen feuerroter Fuchsschwänze im Winde wehen, wirklich „Fuchsschwanz" heißen und mit unserer Gerste eng verwandt sind. Wir vergewissern uns, daß die Beeren des kanadischen Zwergwacholders genauso schmecken wie unsere heimischen Wacholderbeeren, und hören interessiert zu, wie Toni von der Aufgabe berichtet, die ihn gerade zu dieser Zeit beschäftigt: die Lebensweise und das Verhalten der Waldkaribus zu beobachten, die in einem versteckten Tal im Jasper-Park leben und von denen die Zoologen fast noch gar nichts wissen.

Bevor wir Jasper verlassen, müssen wir natürlich noch den Totempfahl fotografieren, der auf dem Bahnhofsgelände aufgestellt ist. Gut 20 Meter hoch ist der schlanke Stamm, aus dem etwa 15 Köpfe und Embleme herausgeschnitzt und bunt bemalt worden sind. Gekrönt wird der Pfahl von einem stilisierten Adlerkopf.

Von Jasper aus geht die Fahrt weiter südwärts. Ab und zu bricht die Sonne durch die Wolken und bringt ein Bild von unglaublicher Farbenpracht hervor. Das Herbstlaub leuchtet in einer Palette vom zartesten Grün über lichtes Gelb und tiefe Goldtöne bis zum wärmsten Dunkelrot. Dazwischen stehen streng und schmal aufgerichtet schwarzgrüne Nadelbäume.

Zuerst begleitet uns noch der Athabasca-Fluß, später tritt der ebenso reißende und klare Sunwapta an seine Stelle. Mit dem Überschreiten des Sunwapta-Passes betreten wir auch zugleich den Banff-Nationalpark. Ganz in der Nähe des Passes liegt der bekannte Columbia-Gletscher. Seinem Schmelzwasser entspringen drei große Flüsse: Athabasca, Saskatchewan und Columbia. Der Himmel hat sich leider wieder bezogen, und als wir vor dem Gletscher stehen, beginnt es zu schneien und die gewaltige Eisfläche sieht stumpf und glanzlos aus.

Ein Wapiti-Hirsch mit prächtigem Geweih beäugt uns im Banff-Nationalpark.

Bisons im Banff-Nationalpark.

Banff- und Jasper-Nationalpark gleichen sich landschaftlich sehr stark: Auch hier rahmen hohe Bergmassive das breite Haupttal ein, von dem schmale Seitentäler abzweigen. Von der Baumgrenze herab zieht sich dichter Mischwald bis fast an die Straße und läßt nur gelegentlich eine kleine Lichtung oder eine ausgedehntere Wiese frei. Gerade als wir uns dem Ort Banff nähern, treten die ersten Hirsche zum Äsen aus dem Wald heraus. Im Dunkeln suchen wir unser Hotel, das sich als alte und sicherlich früher einmal sehr vornehme Trutzburg erweist. Zum Glück liegt es ganz außerhalb des Ortes, und als wir von einem Stadtbummel zurückkommen, laufen die Maultierhirsche auf der Landstraße vor uns her.

Der erste Gang am nächsten Morgen gilt der Müllkippe von Banff. Kein Bär ist zu sehen. Nur Möwen und Krähen fliegen erschrocken auf, als wir uns nähern, und ein Kojote verschwindet eilig im Gestrüpp.

In der Nähe von Banff ist ein Bisongehege eingerichtet worden. Mit dem Auto fährt man auf einer gewundenen Straße durch das kleine Reservat und kann mit etwas Glück eine 14köpfige Bisonherde, Wapitis oder Elche sehen. Das klingt recht bequem und unsportlich und ist letzten Endes für die vielen Sommertouristen eingerichtet worden. Aber das Gehege ist ja nichts Künstliches. Seine Landschaft ist ein winziger Sektor, der aus dem normalen Lebensraum der Tiere herausgeschnitten ist. Warum sollte man sich nicht an dem Bild einer Bisonherde im gelben Steppengras erfreuen oder an einem Elch, der zwischen dünnen Pappelstämmen hindurchschreitet, nur weil irgendwo im Hintergrund, im Gesträuch verborgen, ein Zaun verläuft? Wir sind auf alle Fälle recht glücklich, als wir die ganze Herde frei auf einer Lichtung stehen sehen. Der kraftvolle Bulle hält sich ein wenig abseits und schubbert sich gerade mit offensichtlichem Wohlbehagen an einem Baumstumpf.

Vom Bisongehege aus fahren wir eine schmale Straße entlang, die einige Kilometer weit zu einer Sesselbahn führt. Wir sind den ganzen Tag unterwegs, aber erst als die Dämmerung hereinbricht, sehen wir wieder Wild: Eine ganze Anzahl von Maultierhirschen wechselt vor uns über die Straße, und von einem Erdhügel schaut ein starker Wapiti auf uns herab. Wenige Minuten später bemerken wir im Vorüberfahren eine Bewegung an der Straßenböschung. Ehe wir bremsen und zurücksetzen können, sind kostbare Sekunden vergangen, und wir fürchten schon, nicht mehr herauszufinden, was die Bewegung verursacht haben könnte. Doch dann kommen wir gerade noch zurecht, um zu sehen, wie ein Urson den letzten Meter des steilen Abhanges hinaufklettert. Ursons sind Baumstachler, große Nagetiere, die fast über ganz Nordamerika und Kanada verbreitet sind. Trotz des großen Verbreitungsgebietes sieht man sie nur recht selten, denn sie verbringen den Tag in Erdhöhlen und Felsspalten und werden erst in der Dämmerung aktiv. Ursons sind gefährliche Gegner: Mit einem geschickten Schlag ihres Schwanzes treiben sie dem Angreifer ihre spitzen Stacheln in die Haut. Damit ist es aber noch nicht genug – die abgebrochenen Stacheln sind mit Widerhaken besetzt und bohren sich mit jeder Bewegung des Opfers tiefer in dessen Körper. Auf diese Weise kann der Gegner noch lange nach der Begegnung mit dem Urson getötet werden, zum mindesten aber wird er noch lange Zeit von Schmerzen gequält. Wir haben kein großes Verlangen, das Abwehrsystem unseres Ursons praktisch zu erproben, und so verschwindet der Stachelritter mit eiligen Schritten im Gesträuch am Waldrand.

Nach den Parks von Jasper und Banff wollen wir nun den Yoho-Nationalpark besuchen, der jenseits der großen Wasserscheide am Westhang der Rocky Mountains liegt. Wir fahren zuerst wieder einige Kilometer nordwärts. Es herrscht starker Verkehr, denn wir befinden uns ja auf einer der wichtigsten Straßen Kanadas, der berühmten Trans-Kanada-Straße. Sie ist die längste asphaltierte Straße der Welt und führt über 8.000 Kilometer weit quer durch den Kontinent hindurch vom Atlantik bis zur Küste des Pazifik. Für kurze Zeit durchzieht sie auf diesem unglaublichen Weg auch den Banff- und den Yoho-Nationalpark, und auf diesem kleinen Stück hat sie sich den veränderten Umweltbedingungen wunderbar angepaßt: Auf welcher Autobahn sonst könnte man ein Schild mit einem schwarzen Bären und der Aufschrift „Das Füttern der Bären ist gefährlich und verboten" entdecken? Oder an welcher anderen Raststätte sind die Mülltonnen an Ketten gelegt, damit die Bären, die Müllexperten der Rockies, nicht mit den scheppernden Tonnen ballspielen?

Über den Kicking Horse-Paß erreichen wir den Yoho-Park. „Yoho" ist in der Sprache der Cree-Indianer ein Ausruf des Staunens, den jeder Besucher nachempfindet. Yohos enge Täler und Schluchten, seine tosenden Wasserfälle und durchsichtigen Bergseen sind unbeschreiblich schön. Der ganze Park ist im Grunde das Abflußbecken des Kicking Horse-Flusses und seiner Nebenflüsse, deren Namen noch von der Zeit künden, als die Rocky Mountains das große Revier der Pelzjäger waren. Da finden wir den Ottertail und den Otterhead-Fluß (Otterschwanz und Otterkopf), den Beaverhead-Fluß und den Porcupine-Bach (Biberkopf und Stachelschwein). Einer der eindrucksvollsten Wasserfälle dieses Gebietes ist der Takakkaw-Fall. Über 300 Meter tief stürzt er eine steile Felswand herab, schlägt in einer Wolke von Gischt am Fuße des Felsens

Yoho-National-
park: eine Wapiti-
kuh betrachtet
unser Auto.

auf und schießt als reißender Bach durch den Wald zu Tal. Am
Bach entlang laufen wir zurück zum Parkplatz. Noch immer
tost der Wasserfall so laut, daß man sein eigenes Wort nicht versteht. Da ist plötzlich eine leise Bewegung am Bachufer: Unbekümmert um Lärm und Tosen hüpft eine Wasseramsel von
Stein zu Stein, verschwindet ab und zu zwischen den großen
Blöcken, taucht ein wenig zögernd tief hinein in den Bach, so
daß das Wasser über ihr zusammenschlägt, und schüttelt sich
später auf einem Stein, daß die Tropfen nur so davonstieben.

Yoho hat, wie die anderen Rocky Mountain-Parks auch, einen
guten Wildbesatz. Immer wieder sehen wir Maultierhirsche,
auch einmal einen Kojoten, der schnell im Dickicht verschwindet, und vor allem zahlreiche Wapitis. Der Wapiti ist eine
Unterart des Rothirsches, er war früher in großer Zahl in den
Wäldern des zentralen und westlichen Nordamerika und Kanada heimisch. Um die Jahrhundertwende schrumpfte der Be-

315

stand beängstigend zusammen. Die Gründe dafür waren eine Serie sehr strenger Winter und vor allem die ständig zunehmende Kultivierung des Landes.

Im Gelände des Banff-Nationalparks, wo Wapitis um 1800 noch überall häufig anzutreffen waren, verschwanden sie Anfang des 20. Jahrhunderts völlig. 1920 wurden deshalb Wapitis aus dem Yellowstone-Nationalpark im Banff-Park ausgesetzt, die sich hervorragend eingewöhnten. Große Waldbrände hatten kurz vor diesem Zeitpunkt geradezu ideale Bedingungen für die Wapitis geschaffen, so daß ihr Bestand sich explosiv vermehrte und sie bald in Futterschwierigkeiten gerieten. Das Futter wurde so knapp, daß die Tiere begannen, die Rinde von den Espen im Park zu schälen. Noch heute zeugen die schwarzen Narben an den Espenstämmen von dieser Hungersnot. Die Nationalparkverwaltung ist deshalb gezwungen, durch Herausfangen der überzähligen Tiere den Bestand an Wapitis in tragbaren Grenzen zu halten. Das kommt auch den Maultierhirschen und Waldkaribus zugute, die von den dominierenden Wapitis sehr zurückgedrängt wurden.

Der Tag in Yoho hält noch eine besondere Überraschung mit Wapitis für uns bereit: Auf einer stillen Seitenstraße begegnet uns ein Alttier mit zwei Kälbern. Es läßt sich bis zu uns heranlocken und steht lange Zeit völlig vertraut neben uns am Wagen. Erst als ein zweites Auto hält, fiept es nach den Kälbern und verläßt mit ihnen die Straße.

Einen kurzen Abstecher wollen wir noch zum Glacier-Nationalpark machen. Aber als wir am Rogers-Paß angelangt sind, beginnt es zu schneien, und statt den herrlichen Ausblick auf Bergriesen und Täler genießen zu können, tasten wir uns im Schrittempo mit eingeschalteten Scheinwerfern durch die tiefhängenden Wolken. Es schneit und regnet sich ein. Die Hoffnung, entweder hier oder im Kootenay-Park, den wir auf der Rückfahrt nach Banff durchqueren, doch vielleicht irgendwo noch Schneeziegen zu sehen, ist endgültig dahin. Während der letzten Tage hatten wir beide uneingestanden jeden Hang abgesucht.

Kein Tier ist zu sehen, weder auf der Straße noch auf einem

Fußweg, den wir etwa eine Stunde entlanglaufen. In den Rocky Mountain-Parks darf man nämlich wandern und wird dazu überall ermuntert. Gut gekennzeichnete Fußwege führen zu besonders interessanten Stellen im Park. Unterwegs wird mit kleinen Schildern immer wieder auf botanische oder geologische Besonderheiten hingewiesen. Außerdem gibt es Zettelkästen am Parkplatz, in denen kleine gedruckte Broschüren ausliegen, die den Besucher über das Großwild informieren. Das Straßennetz in den Parks ist jedoch sehr wenig ausgebaut. Mit besonderer Erlaubnis des Game-Departments darf man auch die Feuerschneisen befahren, die sonst mit einem Schlagbaum und einem Schloß versperrt sind. Aber auch ihre Zahl ist verschwindend gering, wenn man sie mit den vielen Wegen in den ostafrikanischen Parks vergleicht.

Kurz vor Sonnenuntergang stehen wir am Vermilionpaß, der uns wieder auf die östliche Seite der Rocky Mountains führt. Hier auf dem Grat verläuft die große Wasserscheide des Felsengebirges, von der aus Flüsse in drei Meere fließen: Fraser und Columbia in den Pazifik, der Athabasca als Nebenfluß des Mackenzie in das nördliche Eismeer und der Saskatchewan durch den Winnipegsee und den Nelson in die Hudson-Bai.

Es ist dunkel, als wir nach unserer Rundfahrt wieder in der Trutzburg in Banff eintreffen. Noch ein Morgen bleibt uns für die Umgebung Banffs, dann müssen wir zurück nach Edmonton. An diesem Morgen strahlt die Sonne von einem wolkenlosen Himmel und zeigt uns noch einmal die ganze Schönheit und Farbenpracht der Herbstwälder. Als wir zu einer kleinen Seenkette ganz nahe bei der Stadt kommen, steht dort ein junger Elchschaufler halb im Wasser und trinkt in langen Zügen. Wir warten, bis er sich gemächlich umdreht und langsam auf überhohen Beinen durch die Grasfläche zum Wald schreitet. Das war unser Abschied von den Rocky Mountains.

Bald darauf sind wir wieder auf der großen Hauptverkehrsstraße und fahren nach Edmonton. Unterwegs machen wir noch eine kurze Pause in Calgary und besuchen den Zoo, der auf einer kleinen Insel im Bow-Fluß, ziemlich im Zentrum der

Stadt, gelegen ist. Der Zoo von Calgary wurde 1929 gegründet. Zu diesem Zeitpunkt stellte man auch Tom Baines als Tierpfleger ein. Herr Baines hat „seinen" Zoo wachsen und aufblühen sehen, und als er 1964 in den Ruhestand trat, hatte er ihn jahrelang als Direktor geleitet. Sein Nachfolger wurde Peter Karsten aus Göttingen, ein überaus fähiger Kollege, der den Zoo zur großen Blüte führte. Seit 1995 ist er im Ruhestand.

Mitte der sechziger Jahre begann er mit der Umgestaltung und Modernisierung der gesamten Anlage. Neu ist z. B. ein Freiflug-Vogelhaus, das aus mehreren Gewächshäusern besteht und dessen Pflanzenwelt nach Landschaftszonen gruppiert ist. In diesem Komplex von Gewächshäusern leben Reptilien und Vögel in den ihnen gemäßen Pflanzenzonen, allerdings liegt das Hauptgewicht der Anlage auf den Pflanzen und weniger auf den Tieren.

Der Zoo hat eine recht gute Sammlung von Tieren. Darunter sind alle drei Menschenaffenarten zu erwähnen, eine sehr reichhaltige Sammlung von Bären (Eisbär, Malayenbär, Kragenbär, Lippenbär, Brillenbär, Braunbär, Baribal, Kodiak, Grizzly und dessen geographische Rasse, der Flachlandgrizzly). Von zwei 1969 unternommenen Expeditionen stammen Moschusochsen und Dallschafe. Ausgesprochen gut wirkt sich die enge Zusammenarbeit mit dem staatlichen Wildlife-Department für den Zoo aus: In der Umgebung Calgarys aufgefundene Tiere gelangen in die Hände der Zooleute. Den Rekord hielten in einem Winter 28 Luchse (Kanadischer Luchs und Rotluchs), die fast alle innerhalb des Stadtgebietes von Telegraphenmasten und Gebäuden heruntergeholt worden waren!

Mehrere große Gehege für Huftiere liegen außerhalb des Inselgeländes an einem der Flußufer. Hier werden Maultier-, Virginia- und Wapitihirsche gehalten und gezüchtet, ebenso wie die seltsamen Pronghornantilopen. Der blühenden Maultierhirschzucht des Calgary-Zoos verdankten wir als großzügiges Jubiläumsgeschenk drei Maultierhirsche, die unsere Besucher bald darauf im Berliner Zoo bewundern konnten.

Ein Teil des Zoos ist als naturgeschichtlicher Park gestaltet, in dem 20 lebensgroße Plastiken prähistorischer Tiere der verschiedenen Epochen aufgestellt und beschrieben sind.

318

Wir wurden von Direktor Peter Karsten empfangen und durch den Zoo geführt. Diesem Rundgang schloß sich zu unserer Freude auch der Oberwärter der Vogelsammlung, Walter Hoffmann, an. Er stammte aus Deutschland und war in Calgary ansässig geworden. So entspann sich sofort ein sehr lebhafter Gedanken- und Erfahrungsaustausch, den wir gerne noch sehr viel länger fortgesetzt hätten. Leider aber drängte die Zeit, denn wir wollten noch vor Einbruch der Dunkelheit in Edmonton eintreffen.

Edmonton hatten wir erneut als Ausgangspunkt für eine andere interessante Tour geplant. Von hier aus wollten wir mit einem kleinen Privatflugzeug in den Norden fliegen, soweit es möglich sein würde, über die „Barren Lands" bis zu den großen Karibuherden in der Tundra. Dazu brauchten wir jedoch klaren Himmel und gute Sicht, und da es in Edmonton und weiter im Norden seit Tagen regnete, mußten wir abwarten und uns die Zeit irgendwie vertreiben.

Ein Regentag vergeht recht schnell mit einem Besuch der Alberta Game Farm. Die 405 Hektar oder gut 4 Quadratkilometer große Tierfarm wurde erst 1959 eröffnet. Sie liegt 22 Kilometer östlich von Edmonton und umfaßt ein hügeliges, leicht bewaldetes Gelände mit einem langgestreckten See im Mittelpunkt. Besitzer und Leiter ist Al Oeming, ein Kanadier deutscher Abstammung. Die Tierfarm ist kein Zoo im eigentlichen Sinne. Sie besitzt kein Warmhaus und beschränkt sich vorwiegend auf die Haltung winterharter Tiere. Wie so häufig ist aber auch hier das Grundkonzept bald durchbrochen worden, und wir finden nun in der Tierfarm z. B. einen jungen Elefanten, ein Paar Weiße Nashörner, südamerikanische Tapire und drei Zebraarten. Das Hauptgewicht liegt jedoch auf der Haltung von Huftieren und Raubtieren. So findet der Besucher 14 Hirscharten, darunter drei Rassen des Karibus und auch die kleinste Kariburasse, das fast weiße Peary-Insel-Karibu. Unter den Antilopen sind besonders die Gruppen der Weißschwanzgnus, der Mendesantilopen und der Damagazellen erwähnenswert. Die Pronghornantilopen, die merkwürdigen Gabelböcke der nordamerikanischen Prärien, sind ebenso im Park vertreten

wie die recht selten in Zoos gehaltenen Schneeziegen. Besonders interessieren wir uns für ein großes Gehege, in dem Dickhornschaf, Steinschaf und Dallschaf in kleineren Gruppen untergebracht sind. Alle drei sind Unterarten einer einzigen Wild-
schafart und unterscheiden sich sowohl in der Form ihres
Gehörns als auch in der Fellfarbe. Deswegen kann man in manchen Büchern statt „Steinschaf" auch die Bezeichnung
„Schwarzes Dickhornschaf" und statt „Dallschaf" „Weißes Dickhornschaf" finden. 1960 fing Al Oeming in der Tundra einige
Moschusochsen, die sich im Park inzwischen zu einer stattlichen Herde vermehrten. Aus dieser Herde stammt auch jenes
Paar, das der Berliner Zoo 1968 erwarb.

Etwa 45 km östlich von Edmonton liegt der Elk Island National
Park, ein umzäunter Park von rund 194 Quadratkilometer
Fläche, in dem neben Elchen, Wapitis und Maultierhirschen vor
allem eine Herde von Bisons erwähnenswert ist. Aus 40 Tieren,
die 1907 in diesem Park ausgesetzt wurden, entwickelte sich
die jetzt etwa 600 Tiere zählende Herde. Wir verbringen dort
einen ganzen Vormittag beobachtend und fotografierend .

Das Wetter wird zwar nicht viel besser, dennoch entschließen
wir uns, den Versuch zu wagen, und starten am nächsten Vormittag gen Norden. Die kleine viersitzige Cessna wässert auf
einem See am Stadtrand von Edmonton. Wir verstauen unsere
Fotoapparate und die Lufthansatasche unter den Sitzen und
steigen auf. Der Pilot entpuppt sich als Artist – am Anfang nicht
immer zu unserer reinen Freude, denn wenn er plötzlich ohne
Warnung die Maschine steil nach oben zieht oder eine enge
Schleife nach der anderen fliegt, um sich am Boden etwas ge-
nauer umzusehen, dann streikt doch mitunter unser Magen!
Allmählich gewöhnen wir uns jedoch an diese besondere Art
des Fliegens und finden es bald sogar ausgesprochen schön.
Zuerst fliegen wir noch über Farmland mit quadratischen Feldern in Gelbbraun, Grün und Schwarz, deren Schachbrettmuster immer wieder durch kleine Seen unterbrochen wird. Die
abgeernteten gelben Felder tragen bizarre geometrische Muster, deren Form davon abhängt, wie der Farmer mit der Mäh-

Eine Cessna bringt uns weit in den Norden Kanadas.

maschine den kleinen Wassertümpeln und Sumpfaugen ausweichen mußte. Dann hören die Felder auf, und das Waldland
beginnt. Auch hier stehen dunkle Nadelhölzer zwischen leuchtenden Pappeln und Birken. Bäche und kleine Flüsse schlängeln sich in unzähligen Windungen durch das flache Land. Am
schönsten sind die vielen kleinen Seen, deren Zahl man erst
von oben so recht überblicken kann. In Kanada nehmen die
Süßwasserseen sechs Prozent der Landfläche ein! In fast allen
Seen haben Biber ihre großen Burgen gebaut. Man sieht, wie
sie mit Hilfe langer Dämme ganze Flüßchen zu Seen und Teichen aufgestaut, und wie fleißig sie den umliegenden Wald ge-
zehntet haben. Überall nämlich liegen gefällte Bäume halb
noch an Land, halb schon im Wasser, und scheinen eine Art
Bauholzlagerplatz darzustellen. Die Zahl der Biber muß hier
noch unbeschreiblich groß sein. Das wird uns später auch von
einigen Pelzjägern bestätigt.

Unaufhörlich schleppen die Biber Baumaterial für ihre Burgen heran.

An einem der Seen sitzen wie weiße Punkte etwa 30 Schneegänse. Als wir zu tief heranfliegen, steigen sie auf und lassen sich am anderen Ufer nieder. Noch eindrucksvoller wird es weiter im Norden, als an einem anderen See ein Schwarm von ungefähr 40 Nashornpelikanen aufsteigt. Mit ruhigem Flügelschlag ziehen die schneeweißen Vögel mit den schwarzen Schwungfedern unter uns dahin. Lange Zeit kreisen sie über dem See, der ihr Bild widerspiegelt, dann schwenken sie schließlich mit einer eleganten Wendung ab und verschwinden. Je weiter wir in den Norden kommen, desto häufiger werden die fahlgrünen Flecken auf dem Waldboden. Es ist Rentierflechte, die hier im Überfluß wächst und für die wir als Rentierfutter im Berliner Zoo viel Geld bezahlen müssen!

Längst gibt es schon keine Straßen mehr unter uns, und als wir gegen Abend auf dem kleinen Chipewyan-See niedergehen, kommen wir uns wirklich wie an das Ende der Welt verschlagen vor. Aber nur für kurze Zeit, dann tauchen wir ein in die herzliche Gastfreundschaft der einzigen nicht indianischen Familie im Ort. Alle anderen Dorfbewohner sind Indianer, die im Sommer von staatlicher Unterstützung, im Winter vom Pelztierfang leben. Das Leben unserer Gastgeber ist karg und einfach wie zu den Zeiten, als die ersten Pioniere das unermeßliche Land erforschten – allerdings sind als großer Luxus inzwischen Kleinflugzeug, Tiefkühltruhe und Funkanlage dazugekommen. Das Ehepaar betreibt einen Laden, in dem vom Salz bis zum Pullover alles verkauft wird. Die Waren holt der Ehemann mit dem Flugzeug heran. Seine Frau ist in erster Hilfe ausgebildet und verarztet die Indianerbevölkerung. Ihre beiden Kinder gehen mit den Indianerkindern in die einklassige Dorfschule und sprechen natürlich Cree, die Sprache der Indianer.

Das Wetter bessert sich nicht, es scheint sogar noch dunkler geworden zu sein, als wir am nächsten Morgen Ausschau halten. Es hat keinen Sinn, weiter nach Norden zu fliegen. Wir würden Gefahr laufen, uns im Nebel zu verfliegen und eventuell tagelang an einem einsamen See kampieren zu müssen. So bleiben die großen Renherden, die mit knackenden Hufen über die Tundra ziehen, ein unerfüllter Traum. Auf dem Rückweg fliegen wir noch einmal über Seen und Wälder, sehen Elche an den Flußufern stehen und landen schließlich, trotz allem glücklich und zufrieden, wieder auf dem Halbmondsee bei Edmonton.

Mit einem nochmaligen Besuch der Alberta Game Farm neigte sich unsere Kanadareise ihrem Ende zu. Wir hatten interessante und unvergeßliche Eindrücke gewonnen – das Land der Berge und Seen mit seiner unermeßlichen Weite fasziniert uns bis heute.

13
Japan, Singapur, Indonesien – Zooeindrücke in Asien

Die Jahrestagung des internationalen Verbandes von Direktoren Zoologischer Gärten fand 1973 in Japan statt. Deshalb flog ich im September mit der Pol-Linie der Deutschen Lufthansa über Anchorage nach Tokio, das sich auf den ersten Blick kaum von anderen Großstädten der Welt unterscheidet: Stadtautobahnen, lärmender Verkehr, sich überschreiende Lichtreklamen, Hochhäuser – und dann endlich unser Hotel.

Wer etwa erwartet haben sollte, friedvolle Gärten, kunstvolle Tempel und Schreine kennzeichneten das Stadtbild Tokios,

Tausende von ziehenden Wildenten fallen jedes Jahr zwischen Dezember und Februar auf dem Shinobazu-Teich ein.

der wird enttäuscht. Und er wird noch einmal enttäuscht, wenn er geglaubt hat, traditionelle, harmonische Gartenarchitektur in den japanischen Zoos wiederzufinden. Oft ist allerdings der Gegensatz zwischen Tradition und Neuzeit recht reizvoll, wie er uns z. B. im Ueno-Zoo in Tokio vor Augen steht: Optischer Mittelpunkt ist der 300 Jahre alte heilige Toshogu-Schrein, der die Tierhäuser und den Shinobazu-See mit seiner Kolonie freifliegender Kormorane mitten im Zoo weit überragt.

Der Ueno-Zoo weist manche Parallele zu unserem Berliner Zoo auf. 1882 wurde er gegründet, die schwierigen „Kinderjahre" waren erst 1924 überwunden, die Blüte des Gartens fiel in das Jahr 1935, 1945 war der Zoo zerstört, und von den ehemals 1.473 Tieren lebten noch 282. Zur Zeit unseres Aufenthalts zählte der Ueno-Zoo 6,5 Millionen Besucher pro Jahr und hatte einen Tierbestand von insgesamt 8.088 Tieren in 925 Arten.

Besonders wertvolle und für uns interessante Tiere waren die beiden Großen Pandas, die als Zeichen der Normalisierung im gegenseitigen Verhältnis dem japanischen Volke 1972 von der Volksrepublik China geschenkt wurden. Das Männchen „Kang-Kang" und das Weibchen „Lan-Lan" sind beide als Jungtiere in ihrer Heimat, den Bambusdschungeln Szetschuans, gefangen und im Zoo von Peking akklimatisiert worden, ehe sie die Reise nach Tokio antraten. Hier bezogen sie 1973 ein für diese kostbaren Pfleglinge speziell errichtetes Haus. Seine Außenanlage ist von Glaswänden umgeben und abgeschirmt, der beheizte Fußboden sorgt für gleichmäßige Wärme. Die Innenräume sind klimatisiert, haben ein Badebecken, zwei Schlafboxen, Kranken- und Behandlungsräume.

Der Große Panda oder Bambusbär ist schon Mitte der vierziger Jahre von der chinesischen Regierung unter Naturschutz gestellt worden, und außerhalb Chinas gab es 1973 nur in den Zoos von Washington, Tokio, Paris und London Tiere dieser Art. Gezüchtet wurde der Große Panda in Menschenobhut bis dahin nur im Zoo von Peking. So ist der Aufwand erklärlich, der im Ueno-Zoo für die Großen Pandas betrieben wird und die Hoffnung, die japanische Tiergärtner beim Anblick des Paares hegten.

Die vielen Besucher jedoch, die sich vor „Lan-Lans" und

Beim Besuch der Bambus-
bären 1973 im Zoo Tokio
konnte ich noch nicht
ahnen, daß wir im Zoo Berlin 1980 ein Paar dieser seltenen Tiere erhalten wür-
den. Die Aufnahme von
1982 zeigt das Männchen
„Bao Bao".

„Kang-Kangs" Käfig drän-
gen, bewundern weniger
den Wert und die Selten-
heit der Tiere als vielmehr
die Clownerie, mit der die
schwarzweiß gezeichne-
ten Bären durch ihre Kä-
fige tollen, hingegeben
mit Autoreifen spielen
oder voller Genuß Bam-
busstengel verzehren.
An all dies wurde ich
natürlich wieder erinnert,
als dann im November 1980 der damalige Bundeskanzler Helmut Schmidt unserem Berliner Zoo das Panda-Paar „Bao Bao"
(Schätzchen) und „Tian Tian" (Himmelchen) – ein Geschenk
der chinesischen Regierung an die Bundesrepublik Deutschland – übergab.

Vielleicht erinnert sich einer der älteren Berliner Zoobesucher auch noch des Gastspieles, das „Happy", ein Bambus-
bärenweibchen, 1939 in unserem Zoo gab? „Happy" wurde als
erster Bambusbär in Europa im März und April in der Palmen-
halle des Antilopenhauses gezeigt, und zog damals Zehntau-
sende von Besuchern an.

Bemerkenswert ist die Kranichsammlung im Ueno-Zoo. Unter
den 10 Arten interessierte uns vor allem der Mandschurenkra-
nich, der geradezu als Wappentier Japans angesehen werden

Diese nahezu fleckenlose Giraffe wurde im Ueno-Zoo geboren.
Das Fell beider Eltern zeigt dagegen die arttypische Zeichnung.

kann, und der in überaus anmutigen Bildern auf alten japanischen Wand- und Seidenmalereien festgehalten ist. Heute sind
die Mandschurenkraniche infolge der Kultivierung von Sumpf-
gelände in ihrem Bestand stark gefährdet. Brutgebiete dieses
schönen Vogels gibt es noch in der Mandschurei, im Ussuri-Ge-
biet, in Korea und in Japan. Über den Bestand der Kraniche auf
dem Festland weiß man wenig. Auf Hokkaido, dem letzten
Brutplatz in Japan, nahm jedoch die Zahl der Kraniche seit 1956
ständig ab, so daß man bemüht ist, das entsprechende Gelände zum Naturschutzgebiet zu erklären und außerdem in Zusammenarbeit mit den Zoologischen Gärten die Probleme der
Nachzucht zu lösen.

Japan ist übrigens das Land mit der prozentual größten Zahl
von Tiergärten und Schau-Aquarien. 108 Zoos und Aquarien
verteilen sich auf das Territorium des Landes von 370.000 Quadratkilometern. So ist es kein Wunder, daß Tokio außer dem

328

Ueno-Zoo im Stadtzentrum noch einen zweiten Zoologischen Garten in einem Vorort – rund 40 km vom Ueno-Zoo entfernt – unterhält. Dieser erst 1958 eröffnete Tama-Zoo liegt in einer üppig bewaldeten Landschaft mit tiefen Tälern und bedeckt insgesamt eine Fläche von 287.000 Quadratmetern. Er ist nach zoo-geographischen Gesichtspunkten angelegt und besteht im wesentlichen aus einem afrikanischen und einem asiatischen Teil, von dem uns natürlich das japanische Areal besonders interessierte. Hier werden u. a. in einem felsigen Gehege japanische Seraus gehalten, wollhaarige Gemsenverwandte aus den Gebirgen der japanischen Inseln Honshu, Kiushu und Shikoku. Die japanischen Seraus leben unter strengem Naturschutz, und nur wenige Paare sind von der japanischen Regierung zur Errichtung von Zuchtstätten an japanische Zoos und ein spezielles Serau-Forschungsinstitut verteilt worden. Im Dezember 1986 erhielt der Zoo Berlin als Geschenk des damaligen japanischen Ministerpräsidenten Nakasone ein Paar dieser besonders seltenen Tiere, die in der langen Geschichte unseres Zoos noch niemals gezeigt worden waren.

Die stämmigen Seraus, gewandte Kletterkünstler in den Gebirgen der japanischen Inseln, sind Verwandte unserer einheimischen Gemsen.

Die zinnenbewehrte Burg bildet einen merkwürdigen Kontrast zu den beiden indischen Elefanten im Tama-Zoo.

Mancher Berliner Zoobesucher wird sich noch an „Oshima", unseren japanischen Storch erinnern, der als eines der wenigen Tiere den Krieg überdauert und bei uns 30 Jahre gelebt hat. Im Tama-Zoo trafen wir ein Paar der stattlichen, schwarzschnäbeligen Weißstörche an, deren Bestand in der Freiheit leider ebenfalls ständig abnimmt. In Japan zählt die freilebende Storchenpopulation nur noch 15 Tiere.

Einige der großen Tierhäuser des Tama-Zoos sind als Stilbauten errichtet: Da wird ein Hügel von einer Burg gekrönt, im Tal leuchten die vergoldeten Kuppeln einer Moschee – eine Epoche im Zoobau, die auch wir Anfang des Jahrhunderts durchschritten haben. Bekannt wurde der Tama-Zoo auch durch seinen Löwenpark, der als Miniatur-Safari-Park von Bussen durchquert wird. Helles Entzücken löste ein Schmetterlingshaus bei uns aus, in dem zwischen üppig bepflanzten Beeten leuchtende Schmetterlinge umhergaukelten.

An einem Abend empfing uns der Tenno, Kaiser Hirohito von Japan, in seinem Palast – eine außerordentliche Auszeichnung für die Mitglieder eines Kongresses. Der kaiserliche Palast liegt inmitten der Stadt, von hohen Mauern umschlossen, in einem herrlichen Parkgelände. Was man sich auch immer unter dem Prunkbau eines Kaisers vorstellen mochte: Hier muß man es vergessen. Der Palast wirkt schlicht und harmonisch in perfekt aufgeteilten Linien und Räumen, schmucklos, lebendig nur durch die Wärme der Hölzer und das gedämpfte Licht, das durch die Reispapierwände fällt.

Der anfänglich sehr steife Empfang verwandelte sich bald in eine interessante Unterhaltung über zoologische Fragen; der Tenno ist selbst Zoologe, sein Interessengebiet ist allerdings die Meeresbiologie. Dennoch war er über die Zoowelt sehr gut informiert und fragte mich z. B. gezielt nach dem Wiederaufbau unseres Zoos und unserer Gaurzucht.

Einer der nächsten Tage führte uns zur südlich von Tokio gelegenen Küste, um dort zwei berühmte Aquarien zu besichtigen. Da wir mit unserem Bus in die Rush-hour gerieten, die damals noch für europäische Verhältnisse kaum vorstellbar war, brauchten wir für eine Strecke von rund 50 km drei Stunden. (Was einem heute in Berlin freilich auch passieren kann!) Das gab uns Muße, Tokio durch die Busfenster zu betrachten. Auch hier beeindruckten wieder die Gegensätze: Zwischen Hochhäusern und sich drei- bis viermal überkreuzenden Stadtautobahnen eingepfercht scheinen winzige Holzhäuschen kaum atmen zu können. Gingkos als Straßenbäume triumphieren standhaft wie Zinnsoldaten über Autoabgase und Smog. Abends, bei der Heimfahrt im Dunkeln, wirkt das emsige Tokio in den Außenbezirken regelrecht anheimelnd mit winzigen, vollgepfropften Geschäften, bunten Reklameschildern und den Milchglasscheiben, durch die das Licht aus den Wohnungen gedämpft herausschimmert.

Aburatsubo, das erste große Aquarium, das wir besichtigten, stellt seine Tiere nach bestimmten Themen geordnet aus. Wir fanden dort Fischgesellschaften bestimmter Wassertypen, Farbanpassung, Symbiose usw. In mehreren kleinen Becken werden dressierte Fische vorgeführt. Besonders eindrucksvoll war ein großes Rundbecken an der Außenwand eines Raumes mit künstlicher Strömung, gegen die ständig etwa 2.000 große Fische verschiedener Art anschwammen.

Enoshima, das zweite Aquarium, ist eigentlich mehr ein Meereszoo. Neben Fischen werden hier auch verschiedene Robbenarten, darunter ein Paar der seltenen Stellers Seelöwen, und Delphine ausgestellt und dressiert.

Der zweite Teil des Kongresses fand in Inuyama, einer kleinen Stadt in der Nähe von Nagoya statt. Der Tokaido-Express, Japans berühmter Schnellzug, brachte uns in Nonstop-Fahrt in drei Stunden von Tokio nach Nagoya. Den Zoo dieser bedeutenden Industriestadt besichtigten wir im Dauerregen und versäumten so sicherlich manche Schönheit, vor allem im anschließenden Botanischen Garten. Unter mehreren modernen Tierhäusern fällt vor allem ein Affenhaus auf, das zur Freizeitbeschäftigung seiner Insassen mit Fernsehgeräten ausgestattet ist. Wir beobachteten Menschenaffen, die der flimmernden Mattscheibe desinteressiert den breiten Rücken zuwandten, und andere, die ein Auge riskierten. Begeistert schien keines der Tiere. Ob es am Programm lag?

Das Affenzentrum in Inuyama, unser Gastgeber für die nächsten Tage, wurde 1956 als Institut für Primatenforschung gegründet und hat seit dieser Zeit gute Ergebnisse erzielt. Eines der wichtigsten Studienobjekte ist der Japan-Makak, ein Verwandter des Rhesusaffen, der in verschiedenen Formen in Japan lebt. Einige dieser Formen haben erstaunliche Anpassungen an ihren Lebensraum entwickelt. So lebt eine Population der Japan-Makaken in den Shiga-Höhen nördlich von Tokio, wo der Schnee vier Monate lang liegenbleibt. Hier „erfanden" um 1960 einige Jungtiere das Baden in einer heißen Quelle, und allmählich übernahm die ganze Gruppe diese Angewohnheit.

Vier Affenhäuser, ein Raum für dämmerungsaktive Affen und Halbaffen und vier Freianlagen beherbergen die zahlreichen Insassen des Zoos. Darunter sind so interessante und seltene Tiere wie die Goldlanguren. Eine bergige, bewaldete Anlage ist

Im Affenzentrum von Inuyama, mit einer Gruppe von Hulmans.

von Draht überspannt. Die Besucher können auf einem Pfad ins Tal hinab zu der Herde dort nahezu frei lebender Hulmans steigen und sich ungestört zwischen ihnen bewegen. In einer anderen Freianlage leben Husarenaffen und Springböcke friedlich nebeneinander. In einer Halle im Zoogelände hat ein ehemaliger japanischer Bunraku-Spieler (eine Form des japanischen Puppentheaters) in geduldiger Arbeit Affenfiguren gesammelt, und großzügig stehen Kunst und Kitsch nebeneinander. Der Kitsch war jedoch vergessen, als der alte Herr zwei Bunraku-Puppen hervorholte, ihren Mechanismus erklärte und uns ein kurzes – viel zu kurzes – Stück vorspielte.

Hier im Affenzentrum machten wir auch die erste Bekanntschaft mit dem berühmten japanischen grünen Tee – einem schaumigen und entsetzlich bitteren Getränk, dessen Reiz sicherlich in der vorausgehenden feierlichen Zeremonie der Zubereitung liegt, die wir später einmal erleben durften.

Am Abend ließen unsere Gastgeber uns zu Ehren vor dem Hotel ein besonderes Schauspiel vorführen: das Fischen mit Kormoranen. Auf einem großen Schwimmbecken treibt ein Fischerkahn, wie er noch heute in manchen Gegenden Japans zur Flußfischerei benutzt wird. Am Bug hängt ein Drahtkorb mit brennendem Holz, das den Teich mit flackerndem Licht erhellt. Der Fischer hat 12 etwa fünf Meter lange Leinen in der

Hand, an jeder Leine ist ein Kormoran angebunden. Das Leinenende führt unter den Flügeln des Vogels hindurch und ist als lockerer Ring um den Hals befestigt. Nun werden die Kormorane zum Fischen ins Wasser gelassen. Wendig jagen sie hinter ihrer Beute her. Der Ring um ihren Hals verhindert jedoch, daß sie Fische von einer bestimmten Größe an schlucken. Sie liefern die Beute nach jedem Fischzug dem Fischer ab und bekommen dafür eine Belohnung. Diese Fangmethode ist in Japan heute noch gebräuchlich – jedoch nur für den Eigenbedarf.

Unser nächstes Ziel war Kyoto, wo wir uns in einem modernen Hotel, in dessen unmittelbarer Nachbarschaft zwei prachtvolle Tempel stehen, einquartierten. Noch am Abend liefen wir durch den Tempelbezirk, versuchten, im schwindenden Licht die geschnitzten Giebel zu erkennen und betraten in Strümpfen die große Innenhalle mit der gewaltigen Buddhafigur. Es war schon dunkel, als wir unter den ausladenden Ästen eines uralten Gingkobaumes durch ein hölzernes Tor wieder auf die belebte Hauptstraße zurückkehrten.

Von Kyoto aus fuhren wir in das nahe gelegene Nara, das als die Wiege japanischer Kunst bezeichnet wird. Nara ist eine der schönsten Städte – von bewaldeten Hügeln umringt, geschmückt mit einigen der ältesten Bauwerke Japans und durchwoben von Parks und Gärten. Eine der größten Grünanlagen ist der Nara-Park, an dessen Ostende einer der berühmtesten Shintu-Schreine Japans, der Kasuba-Schrein, liegt. 3.000 alte Steinlaternen – zum Teil aus dem 13. und 14. Jahrhundert – säumen die Hauptallee des Schreines. Zweimal jährlich werden die Laternen erleuchtet und müssen dann wohl einen märchenhaften Anblick bieten. In der Zwischenzeit jedoch stehen sie dunkel – nur ab und zu wechselt aus dem Buschwerk im Hintergrund ein Sikahirsch zwischen ihnen hindurch. Etwa 1.000 zahme Hirsche leben im Nara-Park und werden von der Bevölkerung als göttliche Boten verehrt. Unserem Ausflug gaben sie den notwendigen zoologischen Hauch, so daß wir guten Gewissens noch zum Todaiji-Tempel fahren konnten.

Zwischen Flugkäfigen und Tiergehegen durchquert eine Hoch-
straße den Zoo von Osaka.

Hier steht im größten Holzbauwerk des Landes die größte
Bronzestatue der Welt: 16 Meter mißt die Figur des Daibutsu
(Großer Buddha). Ebenso eindrucksvoll – wenn auch viel weniger gewaltig in den Ausmaßen – waren zwei Tempelwäch-
terfiguren im Hintergrund, deren grimmige Gesichter zu leben
schienen.

Den Nachmittag verbrachten wir im Zoo von Osaka, einem
großen Garten mit einer reichhaltigen Sammlung und interessanten Anlagen. Als Zuchtergebnisse sind besonders ein
schwarzes Nashorn und junge Kronenkraniche zu erwähnen.
Unter den Anlagen fiel uns ein besonders gelungenes, durch
Wasserläufe geschickt unterteiltes Antilopengehege auf. Nicht

gelungen war allerdings eine Felsenfreianlage für Affen. Nachdem die Tiere mehrmals über den Graben hinweggesprungen waren, hatte man die gesamte Anlage mit einer Drahtkuppel überspannt, und nun steht dort ein wahres Monstrum: ein Berg hinter Gittern!

In einem Winkel des Zoos bot sich uns ein fremdartiges und sehr reizvolles Bild: Vater und kleine Tochter standen an einem Wasserbecken mit Goldfischen und versuchten, gegen ein Entgelt mit einem Kescher einen der Fische für das Goldfischglas daheim herauszufangen.

Zwei riesige Flugvolieren beherrschen das Bild des Zoos – oder doch nicht ganz? Als letzter Eindruck bleibt nämlich trotz aller Schönheiten des Zoos von Osaka der eines Gartens, welcher von Hochhäusern bedrängt, von Stadtautobahnen überquert, eingeengt und beschattet wird.

Unsere Japanreise endete dann wieder in Kyoto, das sich mit Nara den Ruhm der schönsten Stadt mit den ältesten Kunstwerken teilen muß. Hier wurden wir der Tiergärtnerei noch einmal untreu und unternahmen eine ausführliche Fahrt zu den Tempeln und Schreinen der Stadt. Unvergeßlich bleibt uns der Garten der kaiserlichen Villa Katsura mit kunstvoll gezogenen Bäumen, herrlichen Durchblicken auf Teiche, einzelne Felsstücke, kleine Brücken oder Steinlaternen, alles ausgewogen und friedvoll. Ebenso unvergeßlich ist das Nijo-Schloß. Die Ausstattung der Säle des Palastes gehört zur prächtigsten aller japanischen Schlösser. Wandgemälde aus der Schule von Kano sind von einer unbeschreiblichen Schönheit. Eine besonders drollige Einrichtung muß ich noch erwähnen: Eine Galerie, deren Fußbodenbretter so kunstvoll verankert sind, daß sie bei jedem Schritt „knarren", und das Knarren klingt wie das Zwitschern von tausend Vögeln.

Daß die schönste Stadt Japans auch gleichzeitig den schönsten Zoo besitzt, interessiert sicher nur die Zoologen und ist vielleicht auch ein bißchen subjektiv gesehen. Es ist ein relativ kleiner, aber sehr schmucker, freundlicher Zoo mit guten Zuchterfolgen. 1903 wurde er gegründet, kam vor dem Ausbruch des Zweiten Weltkriegs zu großem Ansehen, in den

Kriegsjahren wurde der größte Teil seines Tierbestandes getötet, ein Teil seines Geländes von amerikanischen Truppen zum
Parkplatz gemacht. Erst 1950 begann ein langsamer Wiederaufbau, und als 1952 der Parkplatz dem Zoo zurückgegeben
wurde, konnte ein Generalbebauungsplan in Angriff genommen werden. Inzwischen ist der Zoo neu erstanden. In seinen
modernen Häusern und Gehegen wurden u. a. ein Gibbon, ein
Schimpanse und ein Gorilla geboren, außerdem 12 Tiger, 10
Seelöwen, 4 Giraffen, 10 japanische Seraus, eine ganze Herde
von Humboldt-Pinguinen und 18 Kronenkraniche! Ein Zoo,
dem man nur bewundernd weiterhin Glück wünschen kann.

Singapur hat einen neuen Zoo, und weil es sozusagen auf dem
Wege lag, unterbrachen wir unseren Rückflug dort für zwei
Tage. Der Zoo von Singapur ist erst 1973 eröffnet worden, er
war also seinerzeit so neu, daß unser Taxifahrer sich prompt
verfuhr. Er liegt 18 km vom Stadtzentrum entfernt auf einer
Halbinsel in einem gewaltigen Wasserreservoir. Das Gelände
von etwa 45 ha ist gärtnerisch sehr geschickt angelegt, Gehege
und Häuser schmiegen sich harmonisch an Hänge und in kleine Täler ein. Und da der Zoo von drei Seiten von Wasser umgeben ist, werden auch die meisten Gehege an der Rückseite
von Wasser begrenzt und täuschen eine enorme Größe vor.
Der Tierbestand war 1973 noch recht klein, es wurden in der
Hauptsache Säugetiere Südostasiens gezeigt. Welch ein Er-
staunen übrigens, als wir in einem Gehege plötzlich alte Bekannte entdeckten: zwei in unserem Zoo geborene Oryx-Anti-
lopen, die einwandfrei an der Hornstellung zu identifizieren
sind! Immer wieder freuten wir uns an der gärtnerisch so überaus reizvollen Anlage und wunderten uns im stillen über die
leichte Art der Absperrung, die auf diese Weise niemals das Ge-
samtbild der Landschaft stört. Als wir wieder in Berlin waren,
fanden wir dann allerdings einen Brief meines charmanten Kollegen aus Singapur, übrigens ein Chinese, vor: „Die weibliche
Elenantilope übersprang den Zaun und verschwand im nahegelegenen Wald; das Tigerweibchen konnte gerade noch daran
gehindert werden, einfach den Drahtzaun zu erklettern, und
ein Flußpferd sitzt im Wasserreservoir der Stadt!"

Glückliches Flußpferd und armer Kollege, der seine Absperrungen nun doch verstärken mußte!

Dem Kollegen Tan Tiang Yeo verdankten wir übrigens eine besonders schöne Führung durch Singapur, eine blitzsaubere, lebendige, moderne Stadt, die die Handschrift geschickter Städteplaner und glücklicher Investitionen trägt. Wohnkomplexe sind aus dem Boden geschossen, wie Payo oder Jurong, wo etwa jeweils 40.000 Menschen leben. Alles ist durch Gärten aufgelockert, lebt, ist keine Anhäufung toten Zements und keine „Batterie von Ställen für Nutzmenschen", wie Konrad Lorenz moderne Wohnblocks einmal sarkastisch bezeichnet hat.

Abends fuhren wir dann durch ein altes Stadtviertel mit malerischen, zweistöckigen Chinesenhäuschen: unten ein vollgestopfter Laden, oben die Wohnung, davor der Nachtmarkt mit kleinen Obst- und Gemüseständen, die jede Nacht in einem anderen Bezirk aufgestellt werden. Menschen verschiedener Sprachen und Hautfarben quirlen durcheinander: Malaien, Tamilen und Chinesen; jeder trägt seinen Teil zum bunten Bild der Stadt bei.

In Jurong, einem Industrievorort Singapurs, wurde 1970 ein Vogelpark eröffnet, der sehenswert ist. Auf einem Gelände von 35 ha, landschaftlich wiederum sehr hübsch an einen Hügel angelehnt, werden 350 Vogelarten in 7.000 Exemplaren gezeigt. (Leider waren damals viele Arten falsch bestimmt). Käfige sind locker im Gelände verstreut (beheizte Häuser sind in diesem günstigen Klima nicht notwendig), der Pflanzenwuchs ist üppig und von den Käfiginsassen kaum zu zerstören. Besonders interessant sind eine Sammlung der verschiedensten Paradiesvogelarten und eine große Anzahl von Fasanen. Greifvögel leben in zwei großen, langgestreckten Gemeinschaftsvolieren am Berghang. Dominierend ist jedoch eine gewaltige Freiflughalle: 133 m lang, 170 m breit, 23 m hoch! An der Rückwand stürzt ein Wasserfall etwa 20 Meter tief über Felsen hinab und durchzieht danach als Bach die gesamte Halle. Dieser phantastische Freiflugraum wird von rund 3.000 Vögeln in etwa 60 Arten bewohnt.

Von Singapur flogen wir nach Djakarta, der Hauptstadt Indonesiens, einem lange erträumten Reiseziel, vor allem für meine Frau, die dort geboren ist. Wer mit dem Gedanken an das alte Batavia (so hieß Djakarta vor der Unabhängigkeit) durch die Straßen fährt, muß sehr rasch umdenken. Djakarta ist heute eine moderne Stadt (1973 zählte sie 4,5 Millionen Einwohner), mit Hochhäusern, breiten Straßen und monumentalen Plätzen. Nur ein Stück des alten Batavia ist geblieben: der Hafen und die Chinesenstadt mit ihrem wimmelnden Leben, den flinken Betiaks – von einem Fahrrad gezogene, kleine Wagen – und Straßenhändlern, die heiße Suppe und Reis verkaufen.

Wir hatten uns in einem Vorort einquartiert, an dessen Rande der neue Zoologische Garten von Djakarta liegt. Über unserer Zimmertür begrüßte uns eine Gottesanbeterin in Lauerstellung. Sehr bald stellte sich heraus, daß wir unser Hotel nur zum Schlafen brauchten: Den Tag verbrachten wir unterwegs oder im Hause des Kollegen Benjamin Galstaun und seiner Frau Henriette, die uns sehr rasch zu liebevollen Freunden wurden.

Der neue Ragunan-Zoo von Djakarta ist ein Garten, für den das Attribut paradiesisch nicht übertrieben ist. Er wurde erst 1966-1968 gebaut. Bewußt als Dschungellandschaft angelegt, wechseln sich dichter Baumbestand, mit Epiphyten übersät, Bambusdickichte und Lichtungen ab. In einer Senke des 140 ha großen, hügeligen Geländes ist ein riesiger Teich aufgestaut mit verschiedenen Seerosen und zwei Inseln, auf deren gewaltigen Bäumen Gibbons und Siamangs umherturnen und ihre Morgengesänge erschallen lassen. Krokodile leben in einem flachen Tümpel, Tiger hinter Gräben in einer natürlichen Landschaft, Elefanten bewohnen ein Gehege mit steilen Partien und einer kleinen Hochebene, zu der sie hinaufklettern und sich dabei reichlich bewegen müssen. Und in zwei Vogelhäusern weiß man nicht so recht, ob die dichten Pflanzen aus den Käfigen heraus – oder von außen in die Käfige hineinwachsen. Dieses Pflanzenparadies kommt nicht von ungefähr: Frau Galstaun ist eine geschickte Gartenarchitektin, und infolge des günstigen Klimas sind kleine Bäumchen innerhalb von nur sechs Jahren zu Riesen herangewachsen. Besonders kostbar im Zoo von Djakarta sind die Anoas, die unsere Besucher ja auch im Berliner Zoo betrachten können. Anoas sind recht urtümliche, zierliche Rinder, deren Schulterhöhe 1 m nicht übertrifft. Die Heimat der drei Unterarten ist die indonesische Insel Celebes, oder wie sie nun heißt: Sulawesi. Dort bewohnen die Anoas sumpfige Dickichte und dichte Bergwälder. Durch Abholzen der ursprünglichen Dschungel wurde der Lebensraum der kleinen Büffel immer mehr eingeengt, und nach Einführung der Feuerwaffen wurden sie wegen ihres schmackhaften Fleisches übermäßig gejagt und verspeist. So gehört der Anoa heute zu den gefährdeten Tieren, und es wäre zu wünschen, daß ihm in den indonesischen Zoos große Freistätten geschaffen würden.

Nach dem Mittagessen, einem stark gewürzten indonesischen Mahl, entlud sich ein Tropengewitter mit unvorstellbarer Gewalt. Es kühlte rasch ab, wir saßen auf der Terrasse, diskutierten, sahen den kleinen Geckos zu, die flink und gewandt an der Zimmerdecke auf Jagd gingen, und hörten irgendwo im Hintergrund ihren großen Verwandten, den Tockeh, seinen schallenden Ruf ausstoßen.

Sehr bald kam das Gespräch auf das zweite tierische Sorgenkind Indonesiens: den Orang-Utan. Auch dieser, nur auf den Inseln Borneo und Sumatra heimische Menschenaffe ist von der Ausrottung bedroht. Der wichtigste Grund für das Schwinden der Bestände ist das Abholzen des Waldes, in dem der Orang-Utan lebt. Die Regierung von Borneo z. B. ist bemüht, zur Hebung des Lebensstandards der Bevölkerung die Wälder zu schlagen. In den Jahren bis zu unserem Besuch war auf Borneo pro Jahr Holz im Werte von 500 Millionen DM geschlagen und verkauft worden.

Der Orang-Utan ist zwar unter Schutz gestellt – aber der Holzschlag geht weiter. Eines der Schutzgesetze besagt, daß die roten Menschenaffen nur mit Genehmigung der Regierung exportiert werden dürfen. Illegal gefangene Orang-Utans, meist sind es Babies, werden vom Staat eingezogen. Im Nachbarbungalow, gleich hinter dem Haus, spielte und tollte ein ganzer Kindergarten solcher beschlagnahmter Orang-Utans, liebevoll umsorgt von Frau Ulla von Mengden, einer deutschen Botschaftsangestellten, die damals ihre gesamte Freizeit den klei-

340

In Orang-Utan-Kindergärten, wie hier im Zoo von Djakarta, werden vom Staat beschlagnahmte Orang-Utans fachgerecht versorgt und aufgezogen.

nen Kerlen widmete. Die Tiere kommen zum Teil von Händlern, zum Teil von javanischen Besitzern und zeigen leider häufig bereits Aufzuchtschäden, die auch bei bester Haltung nachträglich nicht mehr alle zu beheben sind. Auch in anderen javanischen Zoos sahen wir später solche Kinderstuben, und für den ersten Augenblick beruhigt der Gedanke, daß die kleinen Waldmenschen – so heißt nämlich das Wort Orang-Utan auf deutsch – dort ein zufriedenstellendes Leben führen. Jedoch nur für den Augenblick: Denn was geschieht, wenn die Orang-Utans in 6 bis 7 Jahren ausgewachsen sind und nicht mehr im Garten spielen können? Die Affenkäfige der javanischen Zoos waren bereits 1973 überfüllt, exportiert sollen die Tiere nicht werden, und sie wieder in geschützte Gebiete auszusetzen, wie man das an verschiedenen Stellen in Indonesien getan hat, ist sehr mühevoll und wenig erfolgversprechend. Die Jungtiere sind in Menschenobhut zu sehr verhätschelt worden und haben vieles – vom Futtererwerb bis zu bestimmten Verhaltensweisen – nicht von ihren Eltern lernen können. Es sieht trübe aus um die roten Orang-Utans, und bei aller Freude über den Anblick der drolligen Tierkinder, bei aller Hochachtung vor dem Einsatz von Frau von Mengden und vielen anderen Idealisten deprimierte uns der Gedanke an die Zukunft der Orang-Utans sehr. Frau von Mengden war jedoch nicht nur Vizemutter vieler Tiere, sondern sie barg in ihrem Haus wahre Schätze indonesischer Kunst, auf vielen Reisen durch die Inselwelt gesammelt. Darunter sahen wir Stücke, Masken z. B. oder die verschiedenen Arten der Wayang (Schattenspiel)-Figuren, die das Herz höher schlagen ließen.

Eines Tages starteten wir frühmorgens mit unserem Freund Galstaun zur etwa 650 km langen Fahrt nach Jogjakarta. Ich gestehe es gleich: Wir erreichten Jogja erst um Mitternacht. Das lag einmal daran, daß wir unterwegs so viele Dinge ansehen wollten: Reisfelder in allen Stadien des Wachstums und der Reife, Kapokbäume, unzählige uns als „exotisch" bekannte Früchte, wie Mangos, Djambus, Nangkas und die Salak, die uns mit ihrer Säure den Gaumen zusammenzog. Wasserbüffel, dunkle und albinotische Tiere, dösten in ihren Suhlen, stattliche Zebus, deren Hufe durch eine Art Lederschuh geschützt sind, zogen prachtvoll bemalte Karren, in einem Bambuswäldchen boten javanische Kinder junge Alexandersittiche zum Kauf an, und in eine Flußmündung liefen buntbemalte Fischerboote mit leuchtenden Segeln ein.

Der andere Grund für unsere Verspätung war jedoch, daß die Straßen dort niemals menschenleer sind. Und das ist kein Wunder, denn Java ist das dichtbevölkerteste Gebiet Indonesiens. Auf einer Fläche von 126.000 Quadratkilometern lebten 1973 dort 80 Millionen Menschen, 70 Prozent davon auf dem Lande. Die Hälfte der javanischen Bauern bearbeitet weniger als 1 ha Land, und mit dessen Ertrag ist eine Familie nur knapp zu ernähren. Trotz groß angelegter Umsiedlungsprojekte drängt sich aus vielerlei Gründen die Bevölkerung auf Java zusammen, und die lächelnden Gesichter der Javaner an der Straße und auf den Feldern verbergen nur unzulänglich Armut und Elend.

Jogjakarta ist der kulturelle Mittelpunkt Zentral-Javas und spielte in der Geschichte als Sitz der mächtigsten Sultane stets eine führende Rolle. In seiner nächsten Umgebung stehen so einmalige architektonische Wunder wie der buddhistische Tempel Borobudur und der stark hinduistisch geprägte Prambaman. Da man über den Zoo von Jogjakarta, seine Anlage und den Zustand seiner Gehege besser schweigt, schauten wir uns lieber noch einmal die Tiere auf dem Relief der Tempel an: den

Absonderliche Tiergestalten sind die Babirussas oder Hirscheber, eine sehr ursprüngliche Schweineart von der Insel Celebes. Im Zoo Berlin werden sie regelmäßig gezüchtet.

stilisierten, grimmigen Löwen vom Prambaman; den Nandi-stier, das Reittier Shivas; oder Ganesha, den Gott in Elefan-tengestalt. Als wir die Spitze des Borobudur erklommen hatten und dort durch die glockenförmigen Stupas hin-durch auf die Wälder im Hin-tergrund blickten, spürten wir einen Hauch der einstigen Größe und Macht Javas.

Der Komodowaran „Moritz" im Berliner Zooaquarium. Aufnahme von 1939.

Einen interessanten Zoo hat auch Surabaja, die Hafenstadt an der Nordküste Javas. Auf dem 16 ha großen Gelände wird ein reichhaltiger Tierbe-stand gezeigt. Auch hier tummelten sich wieder 12 junge Orang-Utans; auf 8 großen Freianlagen leben Lutongs, Javaneraffen, Mantelpaviane, Schweinsaffen, schwarze Makaken und eine ganze Gruppe von Nasenaffen. Alle drei Anoa-Unterarten stehen nebeneinander, leider nicht in Zuchtgruppen. Wir sahen auch einen kurzbei-nigen stämmigen Hirsch. der nur auf einer Insel nördlich von Surabaja vorkommt, den Kuhlhirsch.

Vier Freianlagen gibt es für Krokodile und Warane und eine besondere Anlage für den absoluten Höhepunkt des Tierbe-standes: Komodowarane. Diese größten lebenden Echsen kön-nen eine Länge von 3m und ein Gewicht von 135 kg erreichen. Sie leben nur auf der 30 x 20 km großen Insel Komodo sowie drei weiteren winzigen Inselchen, und dort nur in einer Zahl von 700 bis 1000 Tieren. Die großen Echsen sind also eine zoo-logische Besonderheit. Vor dem Zweiten Weltkrieg hatte auch Berlin einen Komodowaran, der friedlich neben seinem Wär-ter zwischen den Aquariumbesuchern spazierenging. Auf Java sahen wir sie außer in Surabaja auch in Jogjakarta und natürlich Jakarta. Das Paar im Zoo von Jakarta hatte bereits drei Gelege gehabt, ein Zuchterfolg war jedoch bis zur Zeit unseres Besuches leider ausgeblieben.

Zwei Tage blieben uns noch für Jakarta. Einen davon verbrachten wir auf einer Vogelschutzinsel mit einer überaus reichen Vogelwelt und Tausenden von Kalongs, malaiischen Flughunden, die dort kopfunter an den Bäumen hängen und schlafen. Der letzte Tag gehörte noch einmal dem so herrlichen Zoo in Jakarta und unseren Freunden dort, dann hieß es Abschied nehmen.

Bildnachweis

Foto Ursula Klös (58)
Archiv Prof. Klös (38)
Klaus Kussmann, Berlin (12)
Archiv Carl Hagenbecks Tierpark, Hamburg-Stellingen (9)
Archiv Zoo Berlin (4)
Dr. Ernst Jacobi (†), Amsterdam (4)
Fred Kleinschmidt, Berlin (3)
Archiv Circus Busch (Schaaff), Berlin (3)
Günter Peters, Berlin (1)
Liselotte Orgel-Köhne, Berlin (1)
Foto-Leppin, Berlin (1)
Peter Rondholz, Berlin (1)

Verlag und Autor danken allen Leihgebern.

Berlin-Bücher von edition q

Alexander Haeder/
Ulrich Wüst
Prenzlauer Berg
Besichtigung einer Legende
308 Seiten mit 240 teils
farbigen Abb., Hardcover mit
Schutzumschlag
Format 28,5 x 23,5 cm
ISBN 3-86124-140-4

Der Bezirk Prenzlauer Berg im Nordosten Berlins, einst Wohn-
ort für über 300.000 Menschen, gilt heute als das größte Sanie-
rungsgebiet in der Mitte Europas. Dennoch gibt es Gründe zur
Faszination: Hinter den ornamentreichen Fassaden aus der
Gründerzeit offenbart sich eine ebenso zweckmäßige wie
effektiv funktionierende städtische Struktur aus der Epoche
der industriellen Revolution. Sie erfährt hier in sachkundigen
Texten und fotografischen Exkursionen ihre Würdigung.

Pressestimmen:

„Liebeserklärung an einen Stadtteil, Baugeschichte der
Industrialisierung en miniature, fundiertes Plädoyer für den
sorgsamen Umgang mit einer Hinterlassenschaft . . .“ *(Die Zeit)*

„Ein Kompendium für alle, die den berlinischsten aller Stadt-
bezirke besser kennenlernen möchten . . .“   *(Berliner Zeitung)*

„Der Band besticht durch das spannungsvolle Verhältnis von
Text und Bild . . .“   *(FAZ)*

  edition q Verlags-GmbH

Berlin-Bücher von edition q

REINHARD APPEL

Die Regierenden
von Berlin
seit 1945

EDITION Q

Reinhard Appel
**Die Regierenden von Berlin
seit 1945**
Die Nachkriegsgeschichte
der Stadt im Spiegel ihrer
Bürgermeister
472 Seiten
mit 178 historischen Fotos,
Hardcover
mit Schutzumschlag
ISBN 3-86124-288-5

Von Arthur Werner – der das Amt wenige Tage nach Kriegsende übernahm – bis zu Eberhard Diepgen reicht die Palette
der Berliner Oberbürgermeister und Regierenden Bürgermeister von Mai 1945 bis heute. Reinhard Appel läßt in geschliffenen Porträtstudien und Interviews sämtliche 20 Amtsinhaber
(zunächst für Groß-Berlin, danach für den West- und Ostteil der
Stadt und schließlich für das wiedervereinte Berlin) und ihre
jeweilige Regierungszeit lebendig werden. Damit entsteht ein
fesselndes Panorama der Berliner Nachkriegsgeschichte.

Pressestimmen:
„Hier entstand keine sterile Sammlung politischer Porträts,
sondern ein gehaltvolles Nachschlagwerk, das für eine
angemessene Würdigung der Entwicklung in beiden Teilen
Berlins seit Kriegsende bald unentbehrlich sein dürfte.“
(Berliner Morgenpost)

„Ein pralles Stück Berlin-Geschichte . . .“ *(Die Welt)*

edition q Verlags-GmbH